„Verteidigung der Rechtsordnung"
(§§ 14, 23 StGB)

Schriften zum Strafrecht

Band 13

„Verteidigung der Rechtsordnung"
(§§ 14, 23 StGB)

Kritik an der Entstehung und Handhabung
eines strafrechtlichen Begriffs

Mit einem Anhang:

Ein strafrechtliches Seminar als hochschuldidaktisches Problem

Von

Wolfgang Naucke, Uwe Bake, Hermann Bartling, Lutz
Bewersdorf, Hans-E. Böttcher, Friedrich Engelmann,
Ralph Hansen, Martin Hartleben, Konrad Martin,
Klaus Marxen, Hans-Wilhelm Meyer-Goldau, Heinrich
Schnitger, Jürgen Schünemann, Antje Struve, Reinhart
Traulsen, Helene Weineck.

(Strafrechtliches Seminar Prof. Dr. W. Naucke / Kiel)

DUNCKER & HUMBLOT / BERLIN

Alle Rechte vorbehalten
© 1971 Duncker & Humblot, Berlin 41
Gedruckt 1971 bei Buchdruckerei Bruno Luck, Berlin 65
Printed in Germany
ISBN 3 428 02493 1

Inhaltsverzeichnis

Einleitung 13

1. Kapitel

Die Entstehung des Begriffs „Verteidigung der Rechtsordnung" in den §§ 14, 23 StGB

A. *Erörterung des Problems der Freiheitsstrafe unter 6 Monaten und der Frist für die Strafaussetzung zur Bewährung vom Entwurf 1960 bis zum Alternativ-Entwurf 1966* 16

    I. Entwurf 1960 (E 60) 16

        1. Stellungnahme zum Problem der kurzen Freiheitsstrafe .. 16
        2. Folgerungen für die Freiheitsstrafe unter 6 Monaten und für die Frist für die Strafaussetzung zur Bewährung 17
        3. Ziel des E 60: Vermeidung von Lücken (Formulierungskonsequenzen) 17

    II. Entwurf 1962 (E 62) 18

    III. Alternativ-Entwurf 1966 (AE) 18

        1. Stellungnahme zum Problem der kurzen Freiheitsstrafe 18
        2. Folgerungen für die Freiheitsstrafe unter 6 Monaten und für die Frist für die Strafaussetzung zur Bewährung 19
        3. Ziel des AE 1966: Inkaufnehmen von Lücken (Formulierungskonsequenzen) 20

    IV. Die möglichen Lösungen des Problems nach dem Stand der Diskussion 1966 20

B. *Die Beratungen im Sonderausschuß* 21

    I. Argumente gegen die kurze Freiheitsstrafe 21
    II. Argumente für die kurze Freiheitsstrafe 22
    III. Die Entscheidung des Sonderausschusses 22

        1. Die Haltung des Sonderausschusses zu den Strafgründen und -zwecken 22
        2. Die Suche nach einer geeigneten Einschränkungsformel 24

            a) Ziel: anwendbare Formulierung 24
            b) Die verschiedenen Formulierungen und ihre Begründungen 24

3. Der Inhalt der Endformulierung	27
IV. Lösung	29

C. Begriff der „Verteidigung der Rechtsordnung" in den Bundestagsberatungen 1969 30

I. Argumente gegen die kurze Freiheitsstrafe und für eine Erweiterung der Strafaussetzung zur Bewährung	30
II. Argumente für die kurze Freiheitsstrafe und gegen eine Erweiterung der Strafaussetzung zur Bewährung	33
III. Diskussion der Strafzwecke und -gründe	34
IV. Einführung des Begriffs der „Verteidigung der Rechtsordnung" und seine Abgrenzung von anderen, ähnlichen Begriffen	38
V. Der Begriff der „Verteidigung der Rechtsordnung" und die Ratschläge an die Praxis	40
VI. Das Ergebnis: ein Kompromiß	42

D. Kritische Bemerkungen zur Entstehungsgeschichte 44

I. Kriterien für die Kritik (Forderungen an die Arbeitsweise des Gesetzgebers)	44
II. Folgerungen	45
III. Ausblick	46

2. Kapitel

Die Literatur zum Begriff „Verteidigung der Rechtsordnung"

Einleitung 47

A. Verhalten der Literatur gegenüber dem neuen Begriff 47

I. Beurteilung des Begriffs als zwar ungenau aber auslegungsfähig	47
II. Historische Auslegung	49
1. Bezugnahme auf die Entstehungsgeschichte	49
2. Argumente aus der Entstehungsgeschichte	50
a) Teilaspekt der Generalprävention	50
b) Engere Maßstäbe als bei § 27 b StGB a. F.	51
c) Auslegung des Begriffs enger als die der Begriffe „öffentliches Interesse" und „Aufgabe der Strafe, Straftaten entgegenzuwirken"	52
d) Schuld- und Sühnegesichtspunkte nicht allein maßgebend	52
3. Aus der Entstehungsgeschichte abgeleitete Ergebnisse	53
a) Ausgangspunkt für die eigene Auslegung	53

		b) Praktikable Formulierungen	53
		c) Fallgruppen	54
	III.	Sonstige Auslegungsmethoden	55
		1. Deutung des Wortsinns	55
		a) Oberflächliche Betrachtung des Begriffs durch die Literatur	55
		b) Analyse des Wortes „Verteidigung"	56
		c) Zusammenfassung	57
		2. Deutung des Sinnzusammenhangs	57
		a) Äußere Systematik	58
		b) Innerer Sinnzusammenhang des Rechts und der Rechtsentwicklung	58
		c) Zusammenfassung	59
		3. Kriminalpolitische Argumentation	59
		a) Einleitung der Argumentation	59
		b) Begründung für das Vorgehen	60
		c) Die kriminalpolitische Argumentation	60
		d) Die Formulierung der Entscheidung	62
		4. Sonstige Richtigkeitskriterien	62
		a) Zitieren von Gerichtsentscheidungen	62
		b) Nennung einer Auslegung ohne Begründung	62
		c) Abstellen auf den Einzelfall	63
B.	*Kritik am Vorgehen der Literatur*		63
	I.	Die grundsätzliche Fragestellung und ihre Kritik	63
	II.	Die Auswirkung der grundsätzlichen Fragestellung	64
	III.	Die vom Gesetzgeber erfolgte Delegation einer Entscheidung an die rechtsanwendenden Berufe. Beurteilung nach Betrachtung der Literatur	65

3. Kapitel

Die Gerichtspraxis zum Begriff „Verteidigung der Rechtsordnung"

A.	*Analyse der Entscheidungen*		67
	I.	Arten der Entscheidungen	67
	II.	Anwendungsfälle	67
	III.	Methodischer Ausgangspunkt der Rechtsprechung: Ausblick auf die Ergebnisse der Rechtsprechung	72
	IV.	Verhältnis von Geld- und Freiheitsstrafe	74

V. Durch Auslegung gewonnene allgemeine Abgrenzungskriterien 75
   1. Ausnahmeregelung 75
   2. Enger als „öffentliches Interesse" 78
   3. Erheblicher Angriff 79
   4. Verteidigung der Rechtsordnung als Strafzweck; Durchsetzung der Strafrechtsordnung selbst; Rechtsgüterschutz 80
   5. Schuldvergeltung, Sühne, Genugtuung 81
   6. Spezialprävention 83
   7. Generalprävention 84
   8. Gefährdung der Rechtstreue 88
   9. Weitere Strafzwecke; Verhältnis der Strafzwecke zueinander 95
  10. Unterordnung der Tätereinwirkung unter die Einwirkung auf die Allgemeinheit 96

VI. Ermessen 97

VII. Versuch, Fallgruppen zu bilden, und Einzelfallentscheidungen 99

   1. Gegen generalisierende Betrachtung; Abstellen auf den Einzelfall; gegen Abstellen auf bestimmte Tatbestandsgruppen 99

   2. Negative Kriterien für die Abgrenzung von Fallgruppen 101
     a) Nicht allein wegen (schwerer) Tatfolgen 101
     b) Nicht bei Ersttaten (durchschnittlichen Schweregrades) 103
     c) Nicht nowendig bei Wiederholungstaten 104
     d) Nicht notwendig bei vorsätzlicher Trunkenheitsfahrt 105

   3. Positive Kriterien für die Abgrenzung von Fallgruppen 105
     a) Bei gleichen Taten kein Übergang zu milderer Strafart 105
     b) Wenn die verletzte Rechtsnorm nicht ernst genommen wird 106
     c) Bei ungewöhnlicher Gleichgültigkeit 107
     d) Bei besonders hartnäckigem, rechtsmißachtendem Verhalten 107
     e) Bei Wiederholungstätern häufiger 108
     f) Bei Ersttätern, jedenfalls bei nicht wiedergutzumachenden Schäden 110
     g) Weniger Tatfolgen als Maß der Schuld und Gefährlichkeit entscheidend 111
     h) Bei gewissen Tatbeständen häufiger 111
     i) Auch bei vorsätzlichen Wirtschaftsdelikten 112
     j) Auch bei Fahrlässigkeitstaten 112

VIII. Die BGH-Entscheidungen vom 8. Dezember 1970 und vom 21. Januar 1971 113

B. Kritik der Rechtsprechung 116

I. Kritik an der Arbeitsweise der Rechtsprechung, ausgehend von ihren Ergebnissen 116

1. Maßstab: Voraussehbare und überprüfbare Ergebnisse.... 116
2. Gelingen der Rechtsprechung voraussehbare und überprüfbare Ergebnisse? ....

   a) Gelingen der Rechtsprechung die geforderten Ergebnisse durch Auslegung des Begriffs? 116

   aa) Subjektive Auslegung 116
   bb) Versuch mit anderen (objektiven) Auslegungsmethoden 117

   b) Gelingen der Rechtsprechung die geforderten Ergebnisse durch Bildung von Fallgruppen? 119
   c) Gelingen der Rechtsprechung die geforderten Ergebnisse durch Entscheidung im Einzelfall? 119

   aa) Keine Klarheit über Strafzwecke 120
   bb) Fehlen empirischer Unterlagen 120

II. Entspricht das Gesamtergebnis der Rechtsprechung dem Charakter der Norm als Ausnahmeregelung? 121

1. Erster Anschein: Anerkennung als Ausnahmeregelung 121
2. Mögliche Vorbehalte 122

   a) Unsicher, ob die Ergebnisse repräsentativ für die Oberlandesgerichte sind 122
   b) Die Vorinstanzen und ihr Verhältnis zur Reformgesetzgebung 122
   c) Vorwiegend Verkehrsdelikte 122

III. Selbstverständnis und Funktion der Rechtsprechung zu den §§ 14, 23 StGB 123

1. Gegenüberstellung von Selbstverständnis und Funktion 123

   a) Selbstverständnis der Rechtsprechung: Gesetzesinterpretation 123
   b) Grenze der Interpretation 124

   aa) Grenze der Interpretation im Strafrecht allgemein 124
   bb) Bestimmung der Grenze bei der Anwendung des Begriffs „Verteidigung der Rechtsordnung" durch die Gerichte 124

   c) Tatsächliche Funktion der Rechtsprechung 125

2. Bewertung des Widerspruchs zwischen Selbstverständnis und tatsächlicher Funktion 127

   a) Stellungnahme der Gerichte 127

        aa) Ergebnislose Anwendung der subjektiven Methode   127
        bb) Stilistische Vorbereitung der Einzelfallentscheidung   127
        cc) Pragmatische Gründe, den Widerspruch zwischen Selbstverständnis und Funktion nicht ausdrücklich zu erörtern   128

    b) Läßt sich der Widerspruch zwischen Selbstverständnis und Funktion mit Erfolg erörtern?   129

        aa) Gewaltenteilung   129
        bb) Bestimmtheit der Strafbarkeit   129

    c) Konsequenzen des Widerspruchs zwischen Funktion und Selbstverständnis   132

        aa) Gesichtspunkte für die Beibehaltung des Widerspruchs zwischen Funktion und Selbstverständnis   132
        bb) Gesichtspunkte gegen die Beibehaltung des Widerspruchs   133

Zusammenfassung

Auf den Begriff „Verteidigung der Rechtsordnung" (§§ 14, 23 StGB) kann die Verhängung bzw. Vollstreckung einer Freiheitsstrafe nicht gestützt werden   134

Anhang

Ein strafrechtliches Seminar als hochschuldidaktisches Problem

A. Anlaß für das Seminar   142

B. Bericht über Ablauf und Verfahren des Seminars   147

    I. Darstellung des zeitlichen Ablaufs   147
    II. Darstellung zur Methode   151

C. Kritische Bemerkungen zum Seminar   155

    I. Probleme   155
    II. Positive Erfahrungen, Ausgangsbasis für Empfehlungen   159
    III. Fazit   161

Entscheidungsverzeichnis   162

Literaturverzeichnis   165

Abkürzungsverzeichnis

aaO	am angegebenen Ort
AE	Alternativentwurf
a. E.	am Ende
a. F.	alte Fassung
AG	Amtsgericht
Art.	Artikel
AT	Allgemeiner Teil
BA	Blutalkohol
Bay	Bayerisches Oberstes Landesgericht
BGBl	Bundesgesetzblatt
BGH	Bundesgerichtshof
BMJ	Bundesministerium der Justiz
Br	Braunschweig
BVerfG	Bundesverfassungsgericht
BVerfGG	Gesetz über das Bundesverfassungsgericht
BVGG	Gesetz über das Bundesverfassungsgericht
Ce	Celle
d.	das, des
DAR	Deutsches Autorecht
DJZ	Deutsche Juristenzeitung
Drs. V.	Bundestagsdrucksachen V. Wahlperiode
DRiZ	Deutsche Richterzeitung
Dü	Düsseldorf
E 59	Entwurf 1959
E 60	Entwurf 1960
E 62	Entwurf 1962
f., ff.	folgende
Fr	Frankfurt
GA	Goltdammers Archiv
gem.	gemäß
GG	Grundgesetz
GVG	Gerichtsverfassungsgesetz
Ha	Hamm
Hg	Hamburg
h. M.	herrschende Meinung
i. S.	im Sinne
JA	Juristische Arbeitsblätter
JR	Juristische Rundschau
JurA	Juristische Analysen
JuS	Juristische Schulung

Justiz, Die	Arbeitsblätter des Justizministeriums Baden-Württemberg
JustizverwBl.	Justizverwaltungsblatt
JZ	Juristenzeitung
Ka	Karlsruhe
KG	Kammergericht
KN	Kieler Nachrichten
Ko	Koblenz
Kö	Köln
l	links
lm	links mitte
lo	links oben
lu	links unten
m	mit
MDR	Monatsschrift für Deutsches Recht
m. w. N.	mit weiteren Nachweisen
n. F.	neue Fassung
NJW	Neue Juristische Wochenschrift
OGHSt	Entscheidungen des Obersten Gerichtshofes für die Britische Zone in Strafsachen
Ol	Oldenburg
OLG	Oberlandesgericht
Prot. V.	Protokolle der Sitzungen des Sonderausschusses für die Strafrechtsreform V. Wahlperiode
r	rechts
rm	rechts mitte
Rn.	Randnummer
ro	rechts oben
ru	rechts unten
RVO	Reichsversicherungsordnung
s.	siehe
S.	Seite
SchlHA	Schleswig-Holsteinische Anzeigen
Sl	Schleswig
s. o.	siehe oben
Sp.	Spalte
St	Stuttgart
StÄG	Strafrechtsänderungsgesetz
StGB	Strafgesetzbuch
StPO	Strafprozeßordnung
StrRG	Strafrechtsreformgesetz
StRG	Strafrechtsreformgesetz
u. a.	und andere; unter anderem
u. U.	unter Umständen
v	von
VRM	Verkehrsrechtliche Mitteilungen
VRS	Verkehrsrechtssammlung
ZRP	Zeitschrift für Rechtspolitik
Zw	Zweibrücken

Einleitung

Der Ausdruck „Verteidigung der Rechtsordnung" taucht in der strafrechtlichen Gesetzgebung zum ersten Mal in den §§ 23 Abs. 1, 27 b Abs. 1 StGB in der Übergangsfassung des Art. 106 1. StRG[1] und dann in der seit dem 1. 4. 1970 geltenden Fassung der §§ 14 Abs. 1, 23 Abs. 3 StGB auf.

Dieser Ausdruck muß besonderes Interesse auf sich ziehen, und zwar einmal deswegen, weil er im Zusammenhang mit den viel erörterten Problemen der Verhängung und der Vollstreckung kurzzeitiger Freiheitsstrafen verwendet wird: Eine Freiheitsstrafe unter sechs Monaten soll verhängt werden dürfen, wenn sie „zur Verteidigung der Rechtsordnung" unerläßlich ist (§ 14 Abs. 1 StGB)[2]; die Vollstreckung der Freiheitsstrafen von mindestens sechs Monaten wird nicht ausgesetzt, „wenn die Verteidigung der Rechtsordnung sie gebietet" (§ 23 Abs. 3 StGB).

Dieser Ausdruck muß zweitens interessieren, weil man ihn in einer Gesetzesbestimmung nicht erwartet; er ist von unverbindlicher Unbestimmtheit. „Der Begriff ‚Verteidigung der Rechtsordnung' ist noch weitgehend ungeklärt"; das ist nicht etwa das Fazit einer kritischen monographischen Untersuchung, sondern die lapidare Feststellung im Urteil eines Amtsgerichts[3] unmittelbar nach Inkrafttreten des § 27 b StGB in der Übergangsfassung des 1. StRG. Es läßt sich schwerlich bestreiten, daß das Amtsgericht die Sache richtig beschrieben hat; nur die zurückhaltende Formulierung des Richters läßt sich bemängeln. Ein ungeklärter Begriff in zwei wichtigen Bestimmungen des Strafgesetzbuchs: diese Annahme war der Ausgangspunkt der folgenden Untersuchung.

Damit entstand aber erst die Frage, in welcher Richtung die Annahme zu behandeln wäre. Die im Regelfall geübte juristische Arbeitsweise hätte es nahegelegt, den Schwerpunkt auf „ n o c h " ungeklärt zu legen und eine Klärung zu versuchen. Diese Richtung der Arbeit haben wir ausdrücklich diskutiert[4], aber verworfen. An solchen Ver-

---

[1] Erstes Gesetz zur Reform des Strafrechts vom 25. Juni 1969 (BGBl. I, 645).
[2] Eine Freiheitsstrafe unter 6 Monaten ist auch dann zulässig, wenn sie zur „Einwirkung auf den Täter" unerläßlich ist; diese Möglichkeit des § 14 Abs. 1 StGB wird im folgenden Text nicht mitberücksichtigt.
[3] AG Oldenburg i. H., Urteil vom 26. 11. 1969 — Ds 68/69 —.
[4] Vgl. dazu die Ausführungen im Anhang.

suchen ist in Rechtsprechung und Literatur — das wird in den Kapiteln 2 und 3 ausführlich beschrieben — kein spürbarer Mangel. Für unsere Entscheidung war jedoch wichtiger, daß diese Versuche unserer Meinung nach scheitern müssen; sie gelangen über willkürliche Setzungen nicht hinaus. Diese Versuche verdecken, daß die §§ 14, 23 StGB, soweit sie auf „die Verteidigung der Rechtsordnung" als Merkmale für eine gesetzliche Regelung verweisen, einen nicht heilbaren Mangel enthalten, eben die Ungeklärtheit jenes Ausdruckes, was bedeutet: die Unentschiedenheit des Gesetzgebers.

Zum Begriff „Verteidigung der Rechtsordnung" sind folgende Fragen unabweisbar:

— Wie kommt es zu derartiger Unentschiedenheit im Laufe des Gesetzgebungsverfahrens,
— welchen Umfang im einzelnen hat diese Unentschiedenheit,
— welche juristischen Folgerungen zeitigt diese Unentschiedenheit in der Literatur und vor allem in der Rechtsprechung,
— welche Anweisungen für den juristischen Umgang mit dem Begriff „Verteidigung der Rechtsordnung" können nach einer Aufbereitung des bisher vorliegenden Materials gegeben werden?

Unsere im folgenden zu entwickelnde Antwort auf diese letzte Frage lautet zusammengefaßt: der Begriff „Verteidigung der Rechtsordnung" ist so unklar und läßt sich so wenig klären, daß über diesen Begriff keine Freiheitsstrafen unter sechs Monaten begründet (§ 14 StGB) und daß über diesen Begriff keine Aussetzungen von Strafvollstreckungen verweigert (§ 23 StGB) werden dürften.

Die vorhin genannten Fragen führten zu einem klaren Aufbau der Untersuchung. Im 1. Kapitel werden die Gesetzesmaterialien seit dem E 60 dargestellt mit dem Ziel, herauszufinden, welche anwendbaren oder zumindest überprüfbaren oder entwickelbaren Vorstellungen in den Ausdruck „Verteidigung der Rechtsordnung" eingegangen sind. Das 2. Kapitel stellt die bis Dezember 1970 erschienene Literatur zum Begriff „Verteidigung der Rechtsordnung" dar; die Erwartung, mit der die Literatur gelesen worden ist, war diese: die Literatur müßte den Gesetzgeber energisch auf seine Versäumnisse hinweisen und erörtern, was zu tun ist, wenn der Gesetzgeber ein Problem nicht entscheidet. Das 3. Kapitel verfolgt das „Schicksal" des Begriffs „Verteidigung der Rechtsordnung", d. h. das Schicksal der von diesem Begriff erfaßten Taten und Täter in der Rechtsprechung, vor allem der Oberlandesgerichte[5]. Dieses Schicksal ist schwankend und unvorhersehbar.

---

[5] Für die Bereitschaft, uns auch unveröffentlichte Urteile zur Auswertung zu überlassen, danken wir den Oberlandesgerichten Celle (Ce), Frankfurt

Eine Bemerkung zur Begrenzung der Untersuchung: Sie beschränkt sich auf das spezielle Problem, das in dieser Einleitung beschrieben worden ist.

Die Grundsatzfragen, die mit dem Spezialthema zusammenhängen, sind nur so weit verfolgt worden, wie es die Auseinandersetzung mit dem Begriff „Verteidigung der Rechtsordnung" unserer Meinung nach erforderte. Zu diesen Grundsatzfragen gehören: Bestimmtheit der Vorschriften des Allgemeinen Teils des Strafrechts, insbesondere der Vorschriften über die Rechtsfolgen der Straftat; Problem der kurzen Freiheitsstrafe überhaupt; Arbeitsweise des Gesetzgebers; Verfahren der Auslegung bei unentschiedenen Gesetzesformulierungen; Verhältnis Gesetzgebung-Rechtsanwendung; Richterrecht, insbesondere Ermessen bei der Strafzumessung. Es ergab sich im Laufe der Untersuchung, daß die Erörterungen zu diesen allgemeinen Fragen bei der Stellungnahme zum speziellen Problem nur bedingt benutzt werden konnten. Man wird daher die eine oder andere heftig umstrittene Grundsatzfrage nicht oder nur als Skizze finden.

(Fr), Koblenz (Ko), Köln (Kö), Oldenburg (Ol), Schleswig (Sl), Stuttgart (St), dem Bayerischen Obersten Landesgericht (Bay) sowie dem Bundesverfassungsgericht (BVG) und dem Landgericht Mainz.

Die bis Ende Dezember 1970 (Redaktionsschluß) veröffentlichte Rechtsprechung ist vollständig verwertet.

1. Kapitel

Die Entstehung des Begriffs „Verteidigung der Rechtsordnung" in den §§ 14, 23 StGB

A. Erörterung des Problems der Freiheitsstrafe unter 6 Monaten und der Frist für die Strafaussetzung zur Bewährung vom Entwurf 1960 bis zum Alternativ-Entwurf 1966

I. Entwurf 1960 (E 60)

1. Stellungnahme zum Problem der kurzen Freiheitsstrafe

Die Problematik, die 1969 zur Aufnahme des Ausdrucks „Verteidigung der Rechtsordnung" in §§ 14, 23 StGB führt, ist konkret und klar schon im E 60 sichtbar. Dieser Entwurf behält Zuchthaus, Gefängnis und Strafhaft als drei Arten der Freiheitsstrafe bei (§ 43). Bei der Gefängnisstrafe (§ 46) wird ein Mindestmaß, nämlich 1 Monat, vorgesehen. Gegenüber dem 1960 geltenden Recht wurde mit diesem Vorschlag das Mindestmaß der Gefängnisstrafe heraufgesetzt. Eine Ausnahme von dieser Mindeststrafe von 1 Monat war nicht vorgesehen, auch nicht für Einzelfälle. Der E 60 wollte mit dieser Regelung erreichen, daß die kurzzeitige Gefängnisstrafe eingeschränkt wird. Die Begründung zu dieser Regelung hebt hervor, daß von der kurzen Freiheitsstrafe eine „resozialisierende Wirkung" nicht zu erwarten sei, sondern allenfalls „eine Denkzettelwirkung"; überraschenderweise fügt die Begründung aber hinzu, daß auf diese Denkzettelwirkung jedoch nicht entscheidend abzustellen sei, weil sie bei der für die Gefängnisstrafe in Betracht kommenden Tätergruppe vielfach ausbleiben werde[1]. Weiter gesteht der E 60 zu, es könne kein Zweifel darüber bestehen, daß die Resozialisierungsbemühungen im Vollzug erst bei längeren Gefängnisstrafen Aussicht auf Erfolg hätten. Der E 60 hält es daher auch durchaus nicht für unberechtigt, daß von vielen Seiten die Forderung erhoben worden ist, das Mindestmaß der Gefängnisstrafe nicht auf 1 Monat, sondern auf 6 Monate oder noch höher festzusetzen[2].

---

[1] E 60, S. 159.
[2] E 60, S. 159.

Im Anschluß an diese Erörterung fährt die Begründung zum E 60 fort, daß „nach unten eine Lücke im Freiheitsstrafensystem" entstehen würde, die „nicht erträglich wäre"³, wenn man das Mindestmaß der Gefängnisstrafe auf 6 Monate festsetzen würde. Diese Lücke ließen „allein schon die Verkehrsstraftaten"⁴ erkennen. Das würde nach Meinung des E 60 zur Folge haben, daß die Funktion der kurzen Gefängnisstrafe zwischen 1 und 6 Monaten auf die kurzzeitige Haftstrafe, die beibehalten wird, übergehen müßte, was aber der Aufgabe dieser Haftstrafe nicht gerecht werde⁵.

2. Folgerungen für die Freiheitsstrafe unter 6 Monaten und für die Frist für die Strafaussetzung zur Bewährung

Aus diesen Überlegungen ergibt sich die schon mitgeteilte Mindestgrenze von einem Monat für die Gefängnisstrafe. Das Mindestmaß für die Strafhaft (§ 47) wird auf eine Woche festgelegt. Auch hierin kann im E 60 — ähnlich wie bei der Gefängnisstrafe — eine Stellungnahme gegen die kurzzeitige Haftstrafe, die nach dem Stand des positiven Rechts von 1960 bis auf einen Tag heruntergehen konnte, gesehen werden. Auch in diesem Zusammenhang wird klargestellt, daß eine Haftstrafe unter einer Woche „kriminalpolitisch wenig sinnvoll" sei⁶.

Bei der Strafaussetzung zur Bewährung wird nichts geändert. Es bleibt dabei, daß nur Strafen bis zu 9 Monaten Gefängnis ausgesetzt werden können (§ 71).

3. Ziel des E 60: Vermeidung von Lücken (Formulierungskonsequenzen)

Es ist im E 60 deutlich sichtbar, daß die Verfasser dieses Entwurfs das Problem der kurzzeitigen Freiheitsstrafe dadurch zu lösen versuchen, daß sie das Mindestmaß von Gefängnis und Strafhaft heraufsetzen und die Strafaussetzung auf Strafen unter 9 Monaten beschränken. Die Verfasser dieses Entwurfs sehen durchaus, daß das Mindestmaß der Gefängnisstrafe und der Haftstrafe noch weiter heraufgesetzt werden könnte, daß dann aber unvermeidlich das Problem der Einzelfälle, d. h. der Ausnahmen, entstehen würde. Offenbar wird dieses Problem für so schwer lösbar gehalten, daß man sich einer Lösung — etwa in Form eines Formulierungsvorschlags — nicht nähert.

---

³ E 60, S. 159.
⁴ E 60, S. 159.
⁵ E 60, S. 159.
⁶ E 60, S. 159, rechte Spalte.

Es gibt allerdings eine Stelle im E 60, an der das später für die §§ 14, 23 StGB n. F. entstehende Formulierungsproblem doch schon aufgegriffen wird. In § 53 E 60 heißt es, daß an Stelle einer Freiheitsstrafe bis zu 3 Monaten eine Geldstrafe verhängt wird, „wenn zur erwarten ist, daß sie (die Geldstrafe) genügen wird, dem Täter zur Warnung zu dienen und weder seine Schuld noch die Aufgabe der Strafe, der Begehung von Straftaten entgegenzuwirken, eine Freiheitsstrafe erfordern"[7]. Es ist an dieser Stelle deutlich, daß die Entwurfsverfasser sich bemühen, den Hinweis auf den „Strafzweck" in § 27 b StGB a. F. genauer auszuformulieren[8]. Die Begründung macht allerdings kein Hehl daraus, daß diese Formulierung nur die maßgebenden Gesichtspunkte umschreibt[9]. Was für die Auswahl gerade dieser Gesichtspunkte entscheidend gewesen ist und wofür die Gesichtspunkte maßgebend sein sollen, wird nicht gesagt.

II. Entwurf 1962 (E 62)

Der E 62, der dann künftig die Diskussion mitbestimmt, übernimmt die bereits im E 60 enthaltenen Vorschriften und Argumente zur kurzen Freiheitsstrafe und zu ihrem Mindestmaß unverändert (vgl. §§ 46, 47, 53, 71 E 62).

III. Alternativ-Entwurf 1966[10] (AE)

1. Stellungnahme zum Problem der kurzen Freiheitsstrafe

Im AE wird das Problem von vornherein anders gestellt. Der AE akzeptiert das seit langem erörterte Konzept der Einheitsstrafe, das sich dann auch später in der Gesetzgebung durchsetzt. Das Mindestmaß der Freiheitsstrafe ist eindeutig auf 6 Monate festgelegt (§ 36 Abs. 1). Die Möglichkeit der Strafaussetzung zur Bewährung wird für Freiheitsstrafen bis zu 2 Jahren eröffnet (§ 40 Abs. 1).

Damit ist die Stellungnahme zur kurzen Freiheitsstrafe deutlich ausgesprochen. Der AE folgt „der viele Jahrzehnte alten internationalen Erkenntnis, daß die kurze Freiheitsstrafe spezialpräventiv in aller Regel mehr schadet als nützt"[11].

---

[7] E 60, § 53 Abs. 1.
[8] So auch Begründung zu § 53 E 60, S. 164.
[9] E 60, S. 164.
[10] Der AE ist hier, soweit nicht anders vermerkt, in der 1. Aufl. 1966 benutzt.
[11] AE „Vorbemerkung zum Strafensystem", S. 71.

Der Täter, der mit einer kurzen Freiheitsstrafe bestraft werde, müsse seine Arbeitsstelle und seine Familie verlassen, die Haft gefährde ihn durch die Berührung mit anderen Straffälligen und dadurch, daß sie ihn zum Kriminellen stempele; tiefgreifende Resozialisierungsbemühungen scheiterten an der Kürze der Zeit[12].

2. Folgerungen für die Freiheitsstrafe unter 6 Monaten und für die Frist für die Strafaussetzung zur Bewährung

Mit der genannten Stellungnahme erklären sich die mitgeteilten Bestimmungen ohne weiteres. Es ist nur konsequent, wenn die Mindestgrenze für die Freiheitsstrafe heraufgesetzt und für Freiheitsstrafen bis zu zwei Jahren die Aussetzung der Vollstreckung vorgesehen wird. Eine Begründung dafür, daß diese Grenze gerade bei 6 Monaten bzw. 2 Jahren liegt, vermag der AE allerdings nicht zu geben[13].

Daß aber der Grundsatz: keine kurzen Freiheitsstrafen unter 6 Monaten möglicherweise leichter auszusprechen als dann konsequent durchzuhalten ist, zeigt eine Randbemerkung in der Begründung des Strafensystems des AE. In der kurzen Auseinandersetzung mit der Frage, ob eine Freiheitsstrafe unter 6 Monaten nicht doch vorgesehen werden solle, wird gesagt, daß man diese Frage gründlich erwogen, aber die Möglichkeit einer kürzeren Freiheitsstrafe als 6 Monate nicht vorgesehen habe. Nach der Begründung ist diese Möglichkeit diskutiert worden anhand bestimmter Tätergruppen; diese Tätergruppen sind aber nicht benannt. Offenbar hat man in den Erörterungen des AE nicht von der Hand weisen können, daß für bestimmte Tätergruppen eine kürzere Freiheitsstrafe als 6 Monate als zweckmäßig angesehen werden könnte. Man hat dann schließlich doch von dieser Möglichkeit vor allem deshalb abgesehen, weil man befürchtete, daß „die Gerichte auf der Suche nach einem geeigneten Vergeltungsmittel" vermutlich zu häufig von einer solchen Freiheitsstrafe Gebrauch machen würden[14]. Hier zeigt sich eben jenes Problem, das später der Sonderausschuß für die Strafrechtsreform und das der Bundestag zu lösen versuchen.

---

[12] AE „Vorbemerkung zum Strafensystem", S. 71.
[13] AE „Vorbemerkung zum Strafensystem", S. 71 f., S. 73 f., S. 79 (hier findet sich für die 2-Jahres-Frist bei der Strafaussetzung aber die Bezugnahme auf schwedische Regelungen).
[14] AE „Vorbemerkung zum Strafensystem", S. 73.

3. Ziel des AE 1966: Inkaufnehmen von Lücken (Formulierungskonsequenzen)

Das vom AE übernommene Ziel, die kurze Freiheitsstrafe weitgehend einzuschränken, führt zu scheinbar klaren gesetzlichen Formulierungen. Die Freiheitsstrafe (Einheitsstrafe) wird auf 6 Monate heraufgesetzt. Ausnahmen werden dem Formulierungsvorschlag nach nicht zugelassen.

Ebenso eindeutig ist dann die erhebliche Heraufsetzung der Frist für die Strafaussetzung zur Bewährung.

Daß mit der Festsetzung der kurzen Freiheitsstrafe auf 6 Monate das Problem aber eher zur Seite gedrängt als gelöst ist, läßt sich der Begründung zum AE selbst entnehmen. Mit der Festsetzung der aussetzbaren Freiheitsstrafe auf zwei Jahre entsteht notwendig das Problem, was in Ausnahmefällen zu geschehen hat. Diese Ausnahme kann vom AE nicht klar ausformuliert werden. Es kommt daher zu dem Vorschlag, daß die Strafaussetzung „in der Regel" versagt werden soll, wenn der Täter innerhalb einer bestimmten Frist zu bestimmten Strafen verurteilt worden oder wenn die neue Tat innerhalb einer Probe- oder Bewährungszeit begangen worden ist (§ 40 Abs. 2 AE).

IV. Die möglichen Lösungen des Problems nach dem Stand der Diskussion 1966

Am Beginn der neueren Reformarbeiten bieten sich dem Gesetzgeber drei Lösungsmöglichkeiten an:

a) Die Mindestfreiheitsstrafe wird sehr weit nach unten festgesetzt; entsprechend wird festgesetzt, daß nur relativ niedrige Freiheitsstrafen zur Bewährung ausgesetzt werden können. Dann sind alle Fälle, die irgendwann auftauchen könnten, erfaßt, allerdings auch jene Fälle, für die eine kurze Freiheitsstrafe sinnlos ist. Das ist die Lösung des E 60/62.

b) Das Mindestmaß für die Freiheitsstrafe wird relativ weit nach oben geschoben; entsprechend weit nach oben geschoben wird das Maß der Freiheitsstrafe, deren Vollstreckung zur Bewährung ausgesetzt werden kann. Ausnahmeregelungen werden nicht vorgesehen. Dann kann man davon ausgehen, daß die Fälle, in denen die Verhängung längerer Freiheitsstrafen nach dem jetzigen Stand der Diskussion auf jeden Fall begründet ist, erfaßt sind. Die Fälle, in denen eine kurze Freiheitsstrafe nach dem Stand der bisherigen Diskussion unbegründet ist, sind nach dieser Regelung aus dem Bereich, in dem eine Freiheitsstrafe verhängt werden kann, ausdrücklich ausgenommen. Ausgenommen sind aber auch die Fälle, in denen — als

I. Argumente gegen die kurze Freiheitsstrafe

Ausnahme — eine kurze Freiheitsstrafe von vielen Juristen und Politikern als notwendig angesehen wird. Das ist die Lösung des AE 1966.

c) In beiden Lösungen — weniger in den vorgeschlagenen Gesetzestexten als in den Begründungen — bietet sich aber ein drittes Modell an. Man setzt das Mindestmaß für die Verhängung der Freiheitsstrafe und entsprechend die Grenze für die aussetzbare Freiheitsstrafe relativ hoch an und findet eine Ausnahmeregelung für die dann entstehende „Lücke". Das ist die Lösung, die die Reformgesetzgebung nach 1966 anstrebt. Das Entstehen dieser Lösung wird in den folgenden Abschnitten nachgezeichnet.

B. Die Beratungen im Sonderausschuß

I. Argumente gegen die kurze Freiheitsstrafe

Die wesentlichen Argumente, die für eine Abschaffung der kurzen Freiheitsstrafe sprechen, waren dem Sonderausschuß bekannt. Der Alternativentwurf, der die Mindestgrenze der Freiheitsstrafe auf 6 Monate (§ 36 Abs. 1 S. 1 AE) festsetzte, war Beratungsgegenstand; außerdem war den Verfassern des Alternativentwurfs Gelegenheit gegeben worden, ihren Entwurf vor dem Sonderausschuß mündlich zu erläutern[15]. Bekannt war schließlich auch die Stellungnahme der vom Bundesjustizministerium eingesetzten Strafvollzugskommission, die ebenfalls die Abschaffung der kurzen Freiheitsstrafe unter 6 Monaten forderte[16].

Für die Abschaffung der kurzen Freiheitsstrafe trat im Sonderausschuß nur eine — anfangs starke, später kleinere — Minderheit ein[17]. Aber auch die Ausschußmehrheit war der Ansicht, daß die Praxis kurze Freiheitsstrafen in viel zu großem Umfang verhängte und vollstrecken ließ[18].

Folgende Argumente gegen die kurze Freiheitsstrafe tauchen in den Berichten des Sonderausschusses auf, wobei dieser die Begründung zum Alternativentwurf und die Stellungnahme der Strafvollzugskommission wiedergibt[19]:

Die kurze Freiheitsstrafe schade spezialpräventiv mehr als sie nütze, da sie den Täter zwinge, Arbeitsstelle und Familie zu verlassen. Außer-

---

[15] Bundestags-Drucksache, 5. Wahlperiode, (Drs. V) Nr. 4094/1 r, 2 lo; 4095/1 r, 2 lo.
[16] Drs. V/4095/18 lm.
[17] Drs. V/4095/18 lo; 4094/5 ru.
[18] Drs. V/4094/5 ru.
[19] Drs. V/4095/18 l.

dem werde er als Krimineller angesehen und der Gefahr der kriminellen Ansteckung in der Haft ausgesetzt.

Ernsthafte Resozialisierungsbemühungen seien bei der Kürze der Haftzeit kaum möglich, eher werde die in der Freiheitsstrafe liegende Demütigung die Besserung verhindern.

Durch die Überlastung der Strafanstalten mit dem Vollzug von kurzen Freiheitsstrafen[20] werde ein sinnvoller, resozialisierender Vollzug auch in den anderen Fällen, d. h. bei Tätern, die zu langer Freiheitsstrafe verurteilt sind, verhindert.

II. Argumente für die kurze Freiheitsstrafe

Der Sonderausschuß war jedoch der Meinung, daß es gewichtige Gründe gegen die völlige Abschaffung der kurzen Freiheitsstrafe gebe. Sein Hauptgrund war, daß andere strafrechtliche Mittel gleicher Wirksamkeit und Praktikabilität nicht zur Verfügung stünden[21]. Der Sonderausschuß untersuchte in diesem Zusammenhang andere strafrechtliche Mittel und beurteilte sie negativ, so die Laufzeitgeldstrafe[22], die Arbeitsauflagen[23] und die Nebenstrafen[24].

Wiederholt wurde darauf hingewiesen, daß auch das Ausland nicht zu einer völligen Abschaffung, sondern nur zur Zurückdrängung der kurzen Freiheitsstrafe tendiere[25].

III. Die Entscheidung des Sonderausschusses

*1. Die Haltung des Sonderausschusses zu
den Strafgründen und -zwecken*

Die Entscheidung über Abschaffung oder Beibehaltung der kurzen Freiheitsstrafe wie die über die obligatorische oder nicht obligatorische Strafaussetzung zur Bewährung bei Freiheitsstrafen bis zu einem festzulegenden Höchstmaß kann nicht getroffen werden, ohne daß vorher eine Entscheidung über Zweck und Grund der Strafe gefallen ist. Der Standpunkt des Sonderausschusses hierzu sei daher kurz dargestellt.

Der Sonderausschuß geht in den Erläuterungen zu § 13 in der Fassung des 1. StRG auf den Strafgrund der Vergeltung und auf die verschiede-

---

[20] Vgl. Drs. V/4095/19 rm.
[21] Drs. V/4094/6 lo; 4095/18 ru; 19 lo.
[22] Drs. V/4094/6 lo; 4095/20 ru; 21 l.
[23] Drs. V/4094/6 lo; 4095/18 ru; 19 lo.
[24] Drs. V/4094/6 lm.
[25] Drs. V/4094/6 lm; 4095/19 lm.

nen Strafzwecke ein[26]. Die Vorschrift entspricht bis auf Abs. 1 Satz 2 im wesentlichen dem § 60 des E 62; sie entstand im Gegensatz zu den §§ 2 und 59 AE.

Nur eine Ausschußminderheit setzte sich für die Übernahme des § 59 Abs. 1 AE oder wenigstens des § 2 Abs. 2 AE anstelle des vorgeschlagenen § 13 Abs. 1 StGB ein[27]. Nach den genannten Vorschriften des Alternativentwurfs bestimmt die Tatschuld das Höchstmaß der Strafe (§ 59 Abs. 1 S. 1, § 2 Abs. 2 1. Halbsatz). Dabei ist dieses Maß nur insoweit auszuschöpfen, wie es die Wiedereingliederung des Täters in die Rechtsgemeinschaft oder der Schutz der Rechtsgüter erfordert (§ 59 Abs. 2 AE; vgl. § 2 Abs. 1 AE).

Demgegenüber bildet nach § 13 Abs. 1 S. 1 StGB die *Schuld* des Täters die Grundlage für die Zumessung der Strafe. Neben die Anerkennung der Schuldstrafe durch Abs. 1 S. 1 der Vorschrift[28] treten jedoch mit S. 2 andere Gesichtspunkte. Diese erschöpfen sich nach Meinung des Sonderausschusses nicht in einem Hinweis auf die Resozialisierung des Täters, sondern sollen auch die Möglichkeit eröffnen, durch die Strafe zu warnen oder Denkzettel zu erteilen[29], haben also spezialpräventiven Charakter. Auch eine Strafzumessung unter generalpräventivem Aspekt hielt der Sonderausschuß für möglich, solange nur das der Schuld angemessene Maß nicht überschritten wird[30].

Demnach anerkennt der Sonderausschuß nebeneinander die schuldangemessene Strafzumessung sowie die bei der Strafzumessung zu berücksichtigenden Strafzwecke der Resozialisierung des Täters, der Spezial- und der Generalprävention. Ihre Widersprüchlichkeit untereinander wird nicht dargestellt. Ebensowenig findet sich in der Gesetzesfassung oder im Bericht des Sonderausschusses ein Hinweis darauf, welcher der Strafzwecke in welchen Fällen den Vorrang vor anderen haben soll. Letztlich bedeutet dies, daß die Entscheidung hierüber dem Richter überlassen bleibt, während der Gesetzgeber sie vermieden hat.

Aus dieser Haltung des Sonderausschusses ergibt sich schon, daß er sich nicht aus Gründen der Resozialisierung zu einer generellen Abschaffung der kurzen Freiheitsstrafe wie zur obligatorischen Strafaussetzung zur Bewährung bei kürzeren Freiheitsstrafen würde entschließen können. Vielmehr suchte er nach einer Formulierung, mit der die grundsätzliche Regelung einer Abschaffung der kurzen Freiheitsstrafe wie einer weitgehenden Strafaussetzung zur Bewährung in Einzelfällen

---

[26] Drs. V/4094/4 f.
[27] Drs. V/4094/4 ru.
[28] Drs. V/4094/4 f, insb. 5 lu.
[29] Drs. V/4094/4 ru.
[30] Drs. V/4094/5 lu.

durchbrochen werden konnte. Daß ihm hier eine klare Lösung gelingen würde, ist bei der Unklarheit seiner Haltung zu den Strafgründen und -zwecken zweifelhaft.

2. Die Suche nach einer geeigneten Einschränkungsformel

a) Ziel: anwendbare Formulierung

Seit dem 3. StÄG (1953) enthält das StGB im § 23 das Institut der „Strafaussetzung zur Bewährung". Diese Einrichtung soll dem Täter Gelegenheit geben, sich durch „Wohlverhalten nach der Tat Straffreiheit zu verdienen"[31]. Hierdurch werde einerseits die Resozialisierung gefördert, zum anderen sollten Schäden vermieden werden, die der Vollzug kurzer Freiheitsstrafen regelmäßig mit sich bringt. Nach § 23 Abs. 3 S. 1 StGB a. F. durfte die Strafaussetzung zur Bewährung jedoch nicht angeordnet werden, wenn das „öffentliche Interesse" die Vollstreckung der Strafe erforderte.

Am Anfang der dreijährigen (1966—1969) Diskussion im Sonderausschuß begründete Sturm (BMJ) die Reformbedürftigkeit jener Bestimmung mit den Worten: „Der Begriff des öffentlichen Interesses im § 23 Abs. 3 hat der Rechtsprechung beträchtliche Schwierigkeiten gemacht[32]."

Das Ziel der Debatten im Sonderausschuß mußte demnach sein, dem Richter eine brauchbare Formulierung in die Hand zu geben, mit deren Hilfe sich eine Ausnahme vom Prinzip der Strafaussetzung zur Bewährung in bestimmten Fällen motivieren läßt. Allerdings wäre es auch möglich gewesen, eine Ausnahmeregelung überhaupt wegzulassen. Das gleiche Problem tauchte auf im Verhältnis der Abschaffung der kurzen Freiheitsstrafe als Regel zu den möglichen Ausnahmen.

Bedeutsam ist, daß der Sonderausschuß sogleich versuchte, eine relativ abstrakte Formulierung zu finden, die als Begriff ins Gesetz eingehen konnte. Eine Diskussion darüber, bei welchen konkreten Täter- oder Tatgruppen die kurze Freiheitsstrafe zweckmäßig wäre, findet nicht statt. Vereinzelte Hinweise auf Fallgruppen wurden nicht genügend beachtet. Möglicherweise verursachte diese falsche Weichenstellung das unbefriedigende Endergebnis.

b) Die verschiedenen Formulierungen und ihre Begründungen

Die Formel „öffentliches Interesse" hatte der Rechtsprechung beträchtliche Schwierigkeiten gemacht. Ein Begriff von einer derartigen Allge-

---
[31] *Schönke-Schröder*, § 23, Nr. 4.
[32] Protokolle der Sitzungen des Sonderausschusses für die Strafrechtsreform, 5. Wahlperiode, (Prot.V) S. 619.

III. Entscheidung des Sonderausschusses

meinheit sei daher ungeeignet, darüber war sich der Sonderausschuß durchaus einig. Neue Formulierungen waren zunächst daraufhin zu prüfen, ob sie nicht ebenso vieldeutig oder nichtssagend seien. Demzufolge wurde die Formel des österreichischen StGB-Entwurfs (§ 48 Abs. 1) „ohne Nachteile für die Rechtsordnung" als dem „öffentlichen Interesse" zu ähnlich abgelehnt[33].

Ein ähnliches Schicksal widerfuhr der Formel: „Aufgabe der Strafe, Straftaten entgegenzuwirken" des E 62 (§§ 53, 72). Auch sie sei dunkel im Sinngehalt, wenig praktikabel und kaum besser als das „öffentliche Interesse"[34]. Sie wirke zudem lediglich generalpräventiv[35]. Dies ist schon ein Hinweis darauf, daß die zu findende Formel mehr als nur einem Strafzweck gerecht werden solle.

Eingehender befaßte sich der Sonderausschuß mit einer Formel, die dem schwedischen StGB von 1962 (1965) entlehnt worden ist[36]. Hier ist die Rede von „Wahrung der Rechtstreue der Bevölkerung", „allgemeiner Gesetzestreue", „public law obedience" — die Übersetzungen sind unterschiedlich.

Diese Formel sei ausdruckskräftiger als „Nachteile für die Rechtsordnung"[37], sie enthalte jedoch starke subjektive Elemente[38], sei daher weniger präzise[39]. Dreher hält sie für unklar, bzw. in den wichtigen Fällen der Trunkenheit am Steuer sei der Begriff „Rechtstreue des Volkes" völlig unanwendbar: Der Fußgänger werde verlangen, daß die Strafe gegen den Kraftfahrer nicht ausgesetzt werde, während der Kraftfahrer meinen werde, daß er dann schlechter behandelt werde als der Dieb[40].

Auch das Wort „Rechtstreue" stelle einen zu romantischen Begriff dar und sei daher ungeeignet[41]. Zudem ordne sich der schwedische Begriff nicht nahtlos in unser StGB ein; er entstamme einem spezialpräventiv konzipierten Gesetzbuch und bilde dort nur einen generalpräventiven Gegenakzent.

Der Sonderausschuß entschied sich schließlich für eine Formulierung, die dann doch nicht in den endgültigen Gesetzestext der §§ 14, 23 n. F. übernommen wurde. Sie lautete „Bewährung der Rechtsordnung" und

---

[33] *Schafheutle*, Prot. V, S. 622.
[34] *Sturm*, Prot. V, S. 643.
[35] *Güde*, Prot. V, S. 622.
[36] Kap. 27, Sektion 1, Abs. 2.
[37] *Güde*, Prot. V, S. 622.
[38] *Dreher*, Prot. V, S. 645.
[39] *Sturm*, Prot. V, S. 643.
[40] *Dreher*, Prot. V, S. 645.
[41] *Güde*, Prot. V, S. 3250.

stammt aus den Vorschlägen der Großen Strafrechts-Kommission zum E 59 über den Zweck der Strafe. Schon 1966 wies Dreher[42] darauf hin, daß „Bewährung der Rechtsordnung" ebenso unklar sei wie „Wahrung der Rechtstreue" und „öffentliches Interesse". Die Praxis werde auch mit einem solchen Begriff nur schwer arbeiten können. Dennoch wurde an ihm festgehalten.

Den „Schwarzen Peter" schob man jedoch alsbald den Richtern zu: „Die Rechtsprechung", so erklärte Güde am 25. 9. 68[43], „dürfe den Begriff ‚Bewährung der Rechtsordnung' nicht nach Willkür auslegen. Sie müsse diesen Begriff gegenüber dem ‚öffentlichen Interesse' einzugrenzen versuchen"; „Bewährung der Rechtsordnung" sei etwas Objektiveres als „öffentliches Interesse". Hinzukommt, wie Frau Diemer-Nicolaus (FDP) bemerkte[44], daß die Rechtsprechung lediglich dem Gesetzestext als solchem unterworfen, an die Interpretation in den Materialien jedoch nicht gebunden ist. Folgerichtig beharrte sie — wenn auch ohne Erfolg — darauf, den Begriff „Bewährung der Rechtsordnung" völlig zu streichen.

Die „Bewährung der Rechtsordnung" findet auch in anderen Gremien keine begeisterte Aufnahme. Auf einer Tagung von Vertretern der Landesjustizverwaltungen und des Bundesjustizministeriums in Bad Tönisstein vom 19.—21. 2. 69 war das Mißvergnügen über den Terminus „Bewährung der Rechtsordnung" übrigens allgemein[45]. Es handele sich „um ein zu großes, zu pathetisches Wort", es sei ungeeignet, in den Fragen der kleinen Delinquenz die Zumessungsgesichtspunkte richtig zu kennzeichnen. Auch Müller-Emmert findet mit „Bewährung der Rechtsordnung" in der SPD-Fraktion keinen Anklang[46]: „Bewährung" sei schon vom Sprachlichen her ein schillernder, vieldeutiger Begriff. Im übrigen sei zu fragen, ob die Rechtsordnung sich überhaupt bewähren könne.

Es zeichnet sich im Sonderausschuß zusehends ab, daß in dieser Frage ein Kompromiß geschlossen werden muß. Zwar sei keine befriedigende Formulierung zu finden, aber einen Verzicht auf die kurze Freiheitsstrafe könne man der Praxis schwerlich zumuten. Man müsse zufrieden sein, wenn man „das Problem halbwegs reguliere"[47]. Es zeichnet sich folgender Meinungsstand ab: Die FDP beharrt weiterhin auf Streichung, die SPD neigt trotz schwerer Bedenken zur Beibehaltung,

---

[42] Dreher, Prot. V, S. 645.
[43] Prot. V, S. 2137.
[44] Prot. V, S. 2137.
[45] So Horstkotte, Prot. V, S. 2796.
[46] Prot. V, S. 3247.
[47] Güde, Prot. V, S. 2798.

die CDU tritt entschieden für die gefundene Formulierung „Bewährung der Rechtsordnung" ein.

Man findet hier und da sogar Vorzüge in dem Erreichten: Bühler (CDU/CSU) spricht sich für die Beibehaltung der „Bewährung der Rechtsordnung" aus, „schon um zu verhindern, daß Staranwälte mit ihren Bemühungen, zum Begriff ‚zur Einwirkung auf den Täter' das Blaue vom Himmel herunterzuzaubern, zu leichtes Spiel hätten"[48].

Corves (BMJ) findet gar einen „Vorzug in der Ambivalenz des Begriffes. Es ist kein Zufall, daß trotz aller Bemühungen bisher niemandem etwas Besseres eingefallen ist"[49].

Kehren wir noch einmal zu unserem Ausgangspunkt zurück. Es ging in den Debatten des Sonderausschusses darum, einen Begriff, der der Rechtsprechung „beträchtliche Schwierigkeiten" gemacht hatte, durch einen brauchbaren neuen zu ersetzen, bzw. ihn ganz zu streichen. Hat der Sonderausschuß dieses Ziel in 3-jähriger Arbeit erreicht?

3. Der Inhalt der Endformulierung

Der Sonderausschuß hat mehrfach, oft in wenig klaren Formulierungen, den Inhalt des von ihm gewählten Begriffes „Bewährung der Rechtsordnung" darzustellen versucht.

Wenig ergiebig ist die Angabe, daß durch diese Formulierung erreicht werden solle, daß Freiheitsstrafen in einem ganz engen Bereich auch aus anderen Gründen als zur Einwirkung auf den Täter möglich sind[50]: Damit ist nur gesagt, daß die Strafzwecke der Spezialprävention und der Resozialisierung hier nicht zu berücksichtigen sind, nicht aber, was an ihre Stelle tritt. Auch der Satz, daß kurze Freiheitsstrafen dann zu verhängen seien, „wenn dies um des unverbrüchlichen Bestandes der Rechtsordnung willen unerläßlich ist"[51], ist unklar.

Aus anderen Umschreibungen des Begriffes wird jedoch deutlich, daß er eine Verhängung von Freiheitsstrafen unter 6 Monaten bzw. eine Vollstreckung von Freiheitsstrafen von nicht mehr als einem Jahr aus generalpräventiven Gründen ermöglichen soll. So z. B. in der Begründung der Ablehnung der Formel des § 72 Abs. 1 E 62, weil diese den Gedanken der Schuld und damit den der Vergeltung neben dem der Generalprävention zu sehr betone[52]. Ferner hat der Sonderausschuß die

---

[48] *Bühler,* Prot. V, S. 2798.
[49] *Corves,* Prot. V, S. 3250.
[50] Drs. V/4094/6 ro.
[51] Drs. V/4094/6 ro.
[52] Drs. V/4094/11 ro.

Befürchtung, daß der Verzicht auf die Vollstreckung zu einer schwer hinnehmbaren Einschränkung des Rechtsgüterschutzes führen werde[53]; die Statistik über Trunkenheit am Steuer würde vielleicht anders aussehen, wenn Autofahrer wüßten, daß ihnen nur eine Geldstrafe drohe[54]. Bei der Entscheidung über die Zulässigkeit von kurzen Freiheitsstrafen dürfe nicht einseitig auf den Gesichtspunkt der Resozialisierung abgestellt werden. Wesentliche Bedeutung habe auch hier der Rechtsgüterschutz. Mit diesem wäre aber ein radikaler Verzicht auf Freiheitsstrafen unter 6 Monaten kaum vereinbar[55].

Daneben scheint der Strafzweck einer „Verhaltensprägung" (Generalprävention i. S. H. Mayers)[56] bzw. der Bestärkung der nichtstraffälligen Bevölkerung in ihrer „sozialethischen Grundhaltung"[57] eine Rolle gespielt zu haben. Dies wird durch die geäußerte Auffassung belegt, daß die Strafdrohungen des Gesetzes auch zur Erhaltung der Rechtstreue der Bevölkerung in bestimmten Fällen verwirklicht werden müßten, was die Vollstreckung auch bei günstiger Täterprognose zur Folge haben müßte[58]. Sichtbar wird dieser Strafzweck auch in dem Satz, daß keine brutale Abschreckung angestrebt werde, sondern ein Rechtsgüterschutz auf besondere Weise, nämlich durch die Geltung des Rechts als eines geistigen Phänomens durch die gleichmäßige und unverbrüchliche Handhabung des Strafrechts[59].

Schwieriger zu beantworten ist die Frage, ob nach dem Willen des Sonderausschusses auch der Strafgrund der Vergeltung seinen Ausdruck in der Formulierung „Bewährung der Rechtsordnung" finden sollte. Dagegen scheint zu sprechen, daß der Begriff deutlich machen sollte, „daß die Schuldvergeltung um ihrer selbst willen keinen Ausschlußgrund darstellt"[60] und daß man deshalb nicht mehr auf den Begriff der Schuld abstellte, um nicht einem hier unangemessenen Vergeltungsdenken Vorschub zu leisten[61].

Nach einer entgegenstehenden Meinung[62] ist jedoch auch die der Schwere der Tat angemessene Bestrafung, also die Vergeltungsstrafe, einer der Gesichtspunkte, die durch den Begriff „Bewährung der Rechtsordnung" berücksichtigt werden sollten. Als Rücksichtnahme auf das

---

[53] Drs. V/4094/11.
[54] *Dreher*, Prot. V, S. 2797.
[55] Drs. V/4095/18 rm zur kurzen Freiheitsstrafe allgemein.
[56] Strafrecht, AT, Stuttgart, 1967, S. 21 f.
[57] *Mayer*, aaO.
[58] Drs. V/4094/11 ro.
[59] *Horstkotte*, Prot. V, S. 2797.
[60] Drs. V/4094/11 ro.
[61] *Sturm*, Prot. V, S. 2135.
[62] *Güde*, Prot. V, S. 2798.

Vergeltungsdenken der Bevölkerung erscheint die Argumentation, daß deren Vorstellung von der Bewährung der Rechtsordnung erschüttert würde, wenn in manchen Fällen nicht einmal eine Freiheitsstrafe unter 6 Monaten, sondern nur eine Geldstrafe verhängt würde[63].

Nach anderen Aussagen ist der Gesichtspunkt der Vergeltung zu berücksichtigen, doch soll dieser allein nicht ausreichen, die dem Täter ungünstige Ausnahmeregelung der §§ 14 und 23 StGB eingreifen zu lassen: Der Begriff der Bewährung der Rechtsordnung schließe es aus, um der reinen (!) Vergeltung willen eine Strafe zu verhängen"[64]. Die Klausel des § 72 Abs. 1 E 62 sei unbefriedigend, weil sie den Gedanken der Schuld und damit den der Vergeltung zu sehr (!) betone[65].

Demnach ist auch die Vergeltung einer der im Einzelfall zu berücksichtigenden Gesichtspunkte. Aus den Materialien wird allerdings nicht ganz klar, in welchem Ausmaß dieser sich auswirken soll; nach dem 1. Bericht des Sonderausschusses[66] tritt er nur zusätzlich zu den Strafzwecken hinzu, genügt jedoch allein nicht, den Täter ungünstiger zu stellen[66a].

IV. Lösung

Die im Zusammenhang mit der kurzen Freiheitsstrafe auftretende Frage nach Grund und Zweck der Strafe beantwortete der Sonderausschuß mit der Schaffung eines Regel-Ausnahme-Verhältnisses, wie es uns in den §§ 14 und 23 StGB begegnet. Grundsätzlich darf demnach eine Freiheitsstrafe unter 6 Monaten nicht verhängt, muß eine solche von nicht mehr als einem Jahr zur Bewährung ausgesetzt werden. Jedoch ist in Ausnahmefällen[67] hiervon abzuweichen, und zwar im Falle des § 14 Abs. 1 unter anderem, im Falle des § 23 Abs. 3 — günstige Täterprognose vorausgesetzt — ausschließlich, wenn die „Bewährung der Rechtsordnung" es gebietet.

Der Sonderausschuß erkannte jedoch selbst, daß seine Lösung jedenfalls hinsichtlich der Genauigkeit der Formulierung der Ausnahmeregel unzureichend war. Die Abgrenzung des Begriffs „Bewährung der Rechtsordnung" im Einzelfall wollte er der Rechtsprechung überlassen[68].

---

[63] *Dreher*, Prot. V, S. 2797.
[64] *Sturm*, Prot. V, S. 2798.
[65] Drs. V/4094/11 ro.
[66] Drs. V/4094.
[66a] Drs V/4094/11 ro.
[67] Drs. V/4094/6 lo, lu, ro, rm.
[68] Drs. V/4094/6 ro.

An dieser Stelle sei auf einen anderen möglichen Lösungsweg hingewiesen, den der Sonderausschuß allerdings nicht beschritten hat. Da den Mitgliedern des Sonderausschusses eine grundsätzliche Einigung über die kurze Freiheitsstrafe nicht möglich gewesen war, hätte es nahegelegen, eine pragmatische Lösung anzustreben. Diese hätte darin bestehen können, die Verhängung einer kurzen Freiheitsstrafe in der Regel für unzulässig zu erklären, die Ausnahmemöglichkeit, auf die man nicht verzichten wollte, aber zu präzisieren, indem man Fallgruppen bildete. Darunter wird hier verstanden

— die Angabe aller typischen Merkmale dieser Straftaten und Täter
— die erschöpfende Aufzählung dieser Ausnahmefälle.

In den Materialien fehlt es aber an jedem Ansatz in dieser Richtung; die Gesetzgeber sind über gelegentliche Beispielsfälle nicht hinausgelangt[68a].

C. Begriff der „Verteidigung der Rechtsordnung" in den Bundestagsberatungen 1969

I. Argumente gegen die kurze Freiheitsstrafe und für eine Erweiterung der Strafaussetzung zur Bewährung

Der Bundestag ist von der „grundsätzlichen Erkenntnis der Sinnlosigkeit kurzer Freiheitsstrafen" ausgegangen. Grundlage für die Beratungen des Bundestages waren die Vorlagen des Sonderausschusses[69].

Entscheidende neue Gesichtspunkte haben sich dabei, verglichen mit der vorangegangenen Diskussion, nicht ergeben. Dennoch ist die Formulierung dieser Gesichtspunkte hier ausführlich zu wiederholen, da diese Formulierung unmittelbar zur Fassung der §§ 14, 23 StGB und damit zur Aufnahme des Begriffs „Verteidigung der Rechtsordnung" in das StGB geführt hat.

Als Hauptnachteile für die Person des zu einer solchen Strafe Verurteilten wurden der Verlust des Arbeitsplatzes, familiäre Schwierigkeiten[70], eine sehr große „Gefahr der Ansteckung für kriminelle Taten"[71]

[68a] z. B. Drs. V/4095/18 ro: manche Rocker-Fälle; besonders rücksichtslose und gewissenlose Verkehrstäter (Wiedergabe der Stellungnahme der Vertreter des Strafrechtsausschusses des Deutschen Richterbundes).
[69] *Ehmke*, Verhandlungen des Deutschen Bundestages, 5. Wahlperiode, Stenographische Berichte Band 70, S. 12714; ebenso *Müller-Emmert*, S. 12704; da in der Folge ausschließlich die Verhandlungen des Deutschen Bundestages in der 5. Wahlperiode zitiert werden, genügt die Angabe der Seitenzahlen in den Stenographischen Berichten des 70. Bandes.
[70] *Müller-Emmert*, S. 12704; *Genscher*, S. 12763.
[71] *Diemer-Nicolaus*, S. 12759.

I. Argumente gegen die kurze Freiheitsstrafe   31

sowie die Zerschneidung wertvoller und die Herbeiführung schlechter Sozialkontakte in den Strafanstalten[72] genannt.

Die Schockwirkung der kurzen Freiheitsstrafe wurde im Bundestag von den Vertretern der oppositionellen FDP teilweise bezweifelt[73] und teilweise ganz verneint[74]. Sie sei zwar bei einzelnen Tätern möglich, aber dafür würde eine große Zahl anderer Täter den verderblichen Einflüssen wirklicher Krimineller ausgesetzt[75].

Auch zum Problem der Resozialisierung und Erziehung der betreffenden Tätergruppen wurde im Bundestag Stellung genommen: die Zurückdrängung der kurzen Freiheitsstrafe sei vom „Gedanken der Resozialisierung" geprägt[76]. Die von einer kurzen Freiheitsstrafe betroffenen Täter seien weit überwiegend schon sozial eingegliedert und bedürften deshalb keiner Resozialisierung[77]. Auch sei in dieser kurzen Zeit kein erzieherischer Effekt möglich[78]. Die kurze Freiheitsstrafe lasse keine wirksame Einwirkung auf den Täter zu und schade in aller Regel mehr als sie nütze[79].

Besonders hervorgehoben wurde im Bundestag die negative Einwirkung der kurzen Freiheitsstrafe auf den Strafvollzug. Durch die Zurückdrängung der kurzen Freiheitsstrafe würde mit der Entlastung der Strafanstalten Raum für eine wirksame Reform des Strafvollzuges und für seine Konzentration auf einen erzieherisch einwirkenden Vollzug geschaffen[80]. Die Überbelegung in den Strafanstalten könne beseitigt werden, so daß die Resozialisierungsbemühungen auf die wirklich schweren Täter konzentriert werden könnten, was heute leider wegen der Überlastung mit zu kurzer Freiheitsstrafe Verurteilten nicht möglich sei. Der Strafvollzug solle nicht für die gefährdet werden, für die er erforderlich sei[81].

Mehrere Sprecher verwiesen auf die Ablösung der kurzen Freiheitsstrafe durch die Geldstrafe und die erweiterte Möglichkeit der Strafaussetzung zur Bewährung.

Der allzu weite Bereich der kurzen Freiheitsstrafe werde durch die Intensivierung der Geldstrafe und den Ausbau der Strafaussetzung zur

---

[72] *Genscher,* S. 12763.
[73] *Diemer-Nicolaus,* S. 12759; *Genscher,* S. 12763.
[74] *Diemer-Nicolaus,* S. 12840.
[75] *Genscher,* S. 12763.
[76] *Güde,* S. 12718.
[77] *Müller-Emmert,* S. 12704.
[78] *Müller-Emmert,* S. 12835.
[79] *Güde,* S. 12719.
[80] *Güde,* S. 12719.
[81] *Genscher,* S. 12763.

Bewährung auszufüllen sein[82]. Die Belastung mit einer Geldstrafe könne dem Täter möglicherweise das Unrecht seiner Tat viel stärker vor Augen führen als eine kurze Freiheitsstrafe, aber die Geldstrafe führe nicht dazu, daß der Täter am Ende noch ein Resozialisierungsfall werde. Da es sich zumeist um Gelegenheitstäter handle, könnten in den Strafanstalten durch den verderblichen Einfluß wirklich Krimineller aus ihnen Rückfalltäter werden[83].

Die „gleiche Grundtendenz"[84], die zur Zurückdrängung der kurzen Freiheitsstrafe geführt hat, bewog den Sonderausschuß und den Bundestag, die Möglichkeit der Strafaussetzung zur Bewährung erheblich zu erweitern.

Unterschiedliche Äußerungen wurden zum Anwendungsbereich der neuen Bestimmung gemacht. Es wurde ausgeführt, das neue Gesetz sei für die Praxis von wesentlicher Bedeutung und lasse im „unteren Bereich der Strafe eine erhebliche Einschränkung" erwarten[85]. Der Bundesjustizminister nannte die neue Regelung ein „kriminalpolitisch höchst bedeutsames Instrument im Bereich der leichten und mittleren Kriminalität". Die Strafaussetzung sei nicht ein „Nochmal-laufen-lassen", sondern eine eigenständige nichtfreiheitsentziehende Reaktion auf die Straftat[86]. Die resozialisierende Wirkung einer bloßen „Warnstrafe" könne stärker sein als der Entzug der Freiheit. Im Ergebnis werde die „kleine bis mittlere Kriminalität von der kurzen Freiheitsstrafe in erheblichem Ausmaß verschont bleiben"[87].

Übereinstimmend wurde von Regierung und Opposition vom bewährten Rechtsinstitut der Strafaussetzung zur Bewährung gesprochen, wobei aber von der FDP beklagt wurde, daß die Rechtsprechung davon zu wenig Gebrauch mache[88].

Zusammenfassend läßt sich sagen, daß im Bundestag für die Abschaffung der kurzen Freiheitsstrafe und für eine Erweiterung der Strafaussetzung zur Bewährung im wesentlichen zwei Gesichtspunkte maßgebend waren: die Entlastung des Strafvollzugs und mehr noch die Verhinderung schädlicher Einwirkungen im Gefängnis für die zu kurzen Freiheitsstrafen Verurteilten.

---

[82] *Ehmke*, S. 12714.
[83] *Genscher*, S. 12763.
[84] *Güde*, S. 12719.
[85] *Müller-Emmert*, S. 12704.
[86] *Ehmke*, S. 12714.
[87] *Güde*, S. 12719.
[88] *Ehmke*, S. 12714; *Diemer-Nicolaus*, S. 12759.

II. Argumente für die kurze Freiheitsstrafe und gegen eine Erweiterung der Strafaussetzung zur Bewährung

Gegen eine Abschaffung der kurzen Freiheitsstrafe und gegen eine Erweiterung der Strafaussetzung zur Bewährung wurde vor allem die mangelnde Anpassungsfähigkeit der Praxis ins Feld geführt.

Nach Ehmkes Ansicht würde ein solcher Schritt schwerlich von der Praxis auf einmal vollzogen werden können, so daß die Gefahr bestünde, daß zum Nachteil des Angeklagten statt bisher auf vier oder fünf Monate künftig auf sechs oder acht Monate Gefängnis erkannt würde, um überhaupt zu einer Freiheitsstrafe zu kommen[89].

Die Regel-Ausnahme-Lösung bei der kurzen Freiheitsstrafe lasse der Praxis noch einen gewissen Spielraum, um im Übergang auf das Ziel völligen Verzichts eine sachgemäße Abwägung von Rechtsgüterschutz und Resozialisierung zu ermöglichen[90]. Die Praxis müsse langsam an die Umstellung gewöhnt werden, um keine Brüche hervorzurufen[91].

Daneben wurde auf eine Entscheidung des 2. Kongresses der Vereinten Nationen über Verbrechensverhütung und Behandlung Straffälliger im August 1960 in London zum Thema der kurzen Freiheitsstrafe verwiesen, in der betont wird, daß die „Ziele der Rechtspflege" in einigen Fällen die Verhängung einer kurzen Freiheitsstrafe notwendig machen können. Die völlige Abschaffung der kurzen Freiheitsstrafe sei deshalb in der Praxis undurchführbar. Die Entscheidung empfiehlt vielmehr, eine Einschränkung der Anwendung in den Fällen anzustreben, in denen die kurze Freiheitsstrafe unangebracht sei[92].

Die Vertreter der Koalition ziehen sich also von einem als notwendig erkannten Schritt unter Verweisung auf die mangelnde Flexibilität der Praxis zurück.

Neben dieser auf die Praxis verweisenden Argumentation wurde aber auch die Erhaltung der kurzen Freiheitsstrafe für bestimmte Täter gefordert, ohne allerdings besondere Tätergruppen zu nennen. Eine radikale Abschaffung der Freiheitsstrafen unter sechs Monaten „auf einen Schlag" ohne die Möglichkeit der Korrektur im individuellen Fall könnte danach in zahlreichen Fällen zu einem „nicht vertretbaren Verzicht auf eine angemessene und sinnvolle Tatreaktion" führen[93].

Es gebe nach wie vor „einzelne Täter", für die der „Schock einer kurzen Freiheitsstrafe" über eine Geldstrafe hinaus im Strafgesetzbuch

---
[89] S. 12714.
[90] *Güde*, S. 12718.
[91] *Güde*, S. 12719.
[92] *Schlee*, S. 12762.
[93] *Ehmke*, S. 12714.

möglich und vorgesehen bleiben sollte. Die Geldstrafe solle aber die „Strafe schlechthin" werden, denn die Verhängung einer kurzen Freiheitsstrafe sei durch den neuen Ausdruck „unerläßlich" im Gegensatz zu früher auf gewisse Täter besonders eingeschränkt. Man dürfe auch in Zukunft „in diesem Strafgesetz die Organe der gesellschaftlichen Ordnung nicht so weit entmachten", daß sie nicht gegenüber „gewissen Tätern", die gegen die Geldstrafe unempfindlich seien, dieses letzte Mittel besäßen[94].

III. Diskussion der Strafzwecke und -gründe

Hier ist zu unterscheiden zwischen den die Regierung tragenden Koalitionsfraktionen CDU/CSU und SPD und der oppositionellen FDP.

Die FDP wollte Zweck und Grenze von Strafe und Maßregel nach § 2 Abs. 1 AE im neuen Strafgesetzbuch festgelegt wissen:

Strafe und Maßregel dienen dem Schutze der Rechtsgüter und der Wiedereingliederung des Täters in die Rechtsgemeinschaft.

Als Hauptstrafzweck wurde von dieser Partei der Rechtsgüterschutz genannt[95] und eine Verbindung von Schuldstrafrecht und Resozialisierung gefordert[96]. Mit ihrer Forderung, die Rechtsgüter durch das Strafrecht zu schützen, ging die FDP von einem Schuldstrafrecht mit der Tatschuld als Maßstab aus[97]. Eine Verbindung von Tatschuld und Wiedereingliederung des Täters sei nach ihrer Ansicht wünschenswert[98]. Die Strafe solle die Schuld des Täters berücksichtigen und eine seiner Persönlichkeit entsprechende Reaktion sein[99].

Ein weiterer wichtiger Grund für den FDP-Antrag zur Festlegung von Zweck und Grenze von Strafe und Maßregel war die Absicht der Opposition, Sühne- und Vergeltungsdenken zu verdrängen, denn auch hinter dem heutigen Wort „Sühne" stecke noch vielfach der alte Vergeltungsgedanke[100]. Die Definition der Strafzwecke solle zeigen, was der Gesetzgeber wolle. Sonst übertrage man den Richtern eine Aufgabe, die sie eigentlich nicht zu erfüllen hätten[101].

Der Kritik der den FDP-Antrag schließlich ablehnenden Koalitionsfraktionen, die Strafzwecke könnten sich in einigen Jahren ändern, be-

---

[94] *Schlee*, S. 12761.
[95] *Diemer-Nicolaus*, S. 12720.
[96] *Diemer-Nicolaus*, S. 12721.
[97] *Diemer-Nicolaus*, S. 12721.
[98] *Diemer-Nicolaus*, S. 12839.
[99] *Diemer-Nicolaus*, S. 12766.
[100] *Diemer-Nicolaus*, S. 12721.
[101] *Genscher*, S. 12723.

III. Diskussion der Strafzwecke und -gründe

gegnete die Opposition mit der Meinung, für diejenigen, die sich zu einem liberalen Strafrecht bekennen würden, könne der Strafzweck in vorausschaubarer Zukunft nicht wandelbar sein. Der Wandlung unterlägen vielmehr der Inhalt der geschützten Rechtsgüter und diese Rechtsgüter selbst. Durch die Aufnahme der Alternativ-Entwurf-Formulierung solle der Sühnegedanke ausgeschaltet werden. Man dürfe die Gerichte nicht im unklaren über die Motive und über den rechtspolitischen Willen des Gesetzgebers lassen[102].

Daß die Befürchtungen der Opposition im Hinblick auf ein Sühne- und Vergeltungsdenken nicht ganz unberechtigt waren, zeigen zwei Äußerungen von Abgeordneten der Koalitionsfraktionen. So betonte Müller-Emmert den Vorrang der Resozialisierungsfunktion der Strafe vor der Vergeltungsfunktion[103]. Der Abgeordnete Schlee meinte, die durch die Ausnahmeregelung betroffenen Täter bedürften keiner Resozialisierung, sondern nur eines „ernsthaften Anpackens", was bei einer entsprechenden Behandlung in einem nicht nach Strafarten, sondern nach Tätertypen eingerichteten Strafvollzug möglich sein könnte[104].

Um diese Gefahren auszuschalten, wollte die FDP, da sie die Tatschuld als Maß für die Obergrenze der Strafe ansieht, in § 13 StGB nach dem Satz, daß die Schuld des Täters die Grundlage für die Zumessung der Strafe sei, den Satz eingeschoben haben: „Die Strafe darf das Maß der Tatschuld nicht überschreiten"[105]. Bei der kurzen Freiheitsstrafe bzw. bei der Strafaussetzung zur Bewährung seien nur der Schuldgedanke und die Spezialprävention zu berücksichtigen. Hinter den generalpräventiven Gesichtspunkten bei dem Begriff „Verteidigung der Rechtsordnung" stecke „der bekannte Gedanke des öffentlichen Interesses", der nicht mehr gewollt sei. Der Sinn der gerechten Strafe fordere eine Ausrichtung auf die Spezialprävention[106]. Die schuldangemessene Höhe der Strafe verdiene aber den Vorrang gegenüber der Spezialprävention[107].

Die FDP deutete also im Bundestag die Gefahr an, daß durch die unklare Wendung „Verteidigung der Rechtsordnung" der aus dem Gesetz verdrängte Begriff des öffentlichen Interesses bei zu erwartenden Schwierigkeiten wieder angewendet werden könnte.

Der FDP-Antrag, die Tatschuld als Obergrenze der Strafe festzusetzen, wurde abgelehnt. Es wurde ausgeführt, daß „in geringen Gren-

---

[102] *Genscher*, S. 12724.
[103] S. 12834.
[104] S. 12762.
[105] *Diemer-Nicolaus*, S. 12766.
[106] *Diemer-Nicolaus*, S. 12766.
[107] *Diemer-Nicolaus*, S. 12767.

zen aus Gründen der Spezialprävention auch einmal über das der konkreten Schuld angemessene Maß hinausgegangen werden" dürfe. Außerdem würde sich, nach Meinung der Koalition, aus einer solchen Bestimmung eine „Flut von Revisionen" ergeben[108].

Die die Regierung tragenden Fraktionen CDU/CSU und SPD wollten sich aber auch nicht auf bestimmte, im Gesetz normierte Strafzwecke festlegen lassen. Der Antrag der FDP sei abzulehnen, weil er eine Festlegung auf Strafzwecke bewirke, die in wenigen Jahren sicher umgestoßen werde, „und zwar nach der positiven Seite hin" und „nicht in Richtung auf eine Verhärtung und auf das Vergeltungsstrafrecht hin". Fortschritte seien möglich, und deshalb sei keine Festlegung wünschenswert, die man in fünf, sechs oder zehn Jahren umstoßen müsse. Die Bedenken der FDP wurden durch die Bemerkung bestätigt, daß es sehr viele gebe, die sich als Zweck der Strafe wesentlich mehr vorstellen könnten, als die FDP regeln wollte. Die Abstinenz bei Strafzwecken sei in der pluralistischen Gesellschaft die einzige Möglichkeit für ein solches Reformwerk[109].

Die beiden Koalitionsfraktionen haben bewußt auf eine Definition und auf „Lehrbuchsätze" der Strafzwecke verzichtet, um eine Entscheidung der Rechtsprechung und der Rechtslehre zu überlassen. Es wurde erklärt, „versteinernde Formulierungen" belasteten nur, sie förderten nicht[110].

Auch das Argument, man habe bewußt keine Definitionen der Strafzwecke aufgenommen, weil die Entwicklung der Lehrmeinungen noch im Fluß sei, wurde im Bundestag vorgebracht. Es könne keine Entscheidung des Parlaments in Lehrfragen geben, weil sie als reine Willensentscheidung nicht die notwendige Überzeugungskraft hätte[111].

Mit der Abstinenz und dem bewußten Verzicht auf Definitionen nahm man es nicht genau, denn in den Beratungen nannten verschiedene Abgeordnete der Koalitionsfraktionen CDU/CSU und SPD einige Strafzwecke, und zwar meistens mehrere zusammen. So war im Hinblick auf die Zielsetzung des gesamten Reformentwurfs die Rede von Schuldstrafrecht, Resozialisierung, Rechtsgüterschutz, Tatschuldprinzip sowie Vergeltungsfunktion bzw. Abschreckung und Sühnestrafrecht.

Bei der eigentlichen Debatte über den Begriff „Verteidigung der Rechtsordnung" und seine von der FDP beantragte Streichung wurde vor allem über Spezial- und Generalprävention diskutiert, ohne daß

---

[108] *Schlee*, S. 12767.
[109] *Kaffka*, S. 12722/12723.
[110] *Güde*, S. 12723.
[111] *Güde*, S. 12828.

III. Diskussion der Strafzwecke und -gründe

diese Strafzwecke näher definiert wurden. Man muß diese beiden Strafzwecke im Zusammenhang mit der Auseinandersetzung über die Zielsetzung des Gesamtentwurfs und den dabei genannten Strafzwecken und -gründen sehen. Die Widersprüchlichkeit der dabei genannten Strafzwecke und -gründe zeigt sich nämlich auch bei der Diskussion um die Wendung „Verteidigung der Rechtsordnung". In diesem Abschnitt sollen deshalb zunächst vor allem die bei der Debatte des Gesamtentwurfs genannten Strafzwecke und -gründe aufgeführt werden.

Ehmke meinte[112], der Entwurf stehe auf dem Boden des Schuldstrafrechts, aber „Schuld" sei hier nicht im metaphysischen Sinne, sondern als Vorwerfbarkeit der individuellen Handlung, Zurechenbarkeit der Tat und Einstehen-Müssen für eigenverantwortliches Tun zu verstehen.

Im gewissen Gegensatz dazu steht eine Äußerung von Zimmermann[113], der das Festhalten am Schuldprinzip und damit an der „sittlichen Verantwortung des Menschen" als den „Grundgedanken des Entwurfs" begrüßte.

Es wurde eine gerechte, schuldangemessene Bestrafung des Täters gefordert und vom Vorrang der Resozialisierung gesprochen, der sich in der Einführung der sozialtherapeutischen Anstalt zeige. Der Resozialisierungsgedanke sei auch bei der Möglichkeit der Strafaussetzung zur Bewährung berücksichtigt. Ein umfassender Rechtsgüterschutz der Allgemeinheit und des einzelnen Bürgers wurde als ein weiteres Ziel der Reform bezeichnet[114].

Das neue Strafrecht sei ein „fruchtbarer Kompromiß" zwischen dem „konservativen Schuldstrafrecht" und dem „fortschrittlichen Resozialisierungsziel". Eine Freiheitstrafe sei heute nur noch zur resozialisierenden Einwirkung auf den Täter oder zur Sicherung der Gesellschaft vor dem gefährlichen Täter vertretbar. Es sei eine sachgemäße Abwägung von Rechtsgüterschutz und Resozialisierung erforderlich. Die Strafe sei in den Grenzen des Tatschuldprinzips nach Resozialisierungsgesichtspunkten zu bemessen. Diese Resozialisierung sei das Ziel der Strafrechtsreform. Im Hinblick auf die sozialtherapeutische Anstalt wurde die Ansicht vertreten, in ihr werde die Abschreckungswirkung der Freiheitstrafe mit der intensiveren Einwirkung auf den Täter selbst verbunden[115].

Wie diese kurze Aufzählung zeigt, wurden die unterschiedlichsten und sich teilweise widersprechenden Aussagen zur Frage der Straf-

---

[112] S. 12713.
[113] S. 12845.
[114] *Müller-Emmert*, S. 12703 und 12835.
[115] *Güde*, S. 12718, 12719, 12829, 12830.

zwecke und -gründe gemacht, ohne daß eine klare Haltung und Festlegung des Bundestages bei der Diskussion erkennbar wurde. Es wurde eine Mehrheit von Strafzwecken ohne eine eindeutige Festlegung genannt. Teilweise gaben sogar einzelne Abgeordnete wie Müller-Emmert und Güde verschiedene Definitionen und Absichtserklärungen. Das zeigt die Unsicherheit und Gegensätzlichkeit der Auffassungen im Bundestag.

IV. Einführung des Begriffs der „Verteidigung der Rechtsordnung" und seine Abgrenzung von anderen, ähnlichen Begriffen

Der Sonderausschuß für die Strafrechtsreform hatte in den §§ 14, 23 StGB dem Bundestag die Formulierung „Bewährung der Rechtsordnung" vorgeschlagen. Um etwaigen Bedenken vorzubeugen, stellte dann im Bundestag eine Gruppe von CDU/CSU- und SPD-Bundestagsabgeordneten um Güde und Müller-Emmert den Antrag, den Ausdruck „Bewährung" durch das Wort „Verteidigung" zu ersetzen. Dieser Antrag wurde schließlich von der Mehrheit des Bundestages angenommen, während der FDP-Antrag, die Worte „oder zur Bewährung der Rechtsordnung" ganz zu streichen, abgelehnt wurde.

Nach Meinung der FDP muß ein „eindeutiger Einschnitt" vorgenommen werden, um das Ziel der Zurückdämmung der Verbüßung der kurzfristigen Freiheitsstrafe zu erreichen. Deshalb wurde zum Begriff der „Verteidigung der Rechtsordnung" in § 23 StGB die Befürchtung geäußert, die sogenannte Ultima-ratio-Klausel in einer komplizierten Bestimmung, nach der auf die kurze Freiheitsstrafe nur als äußerste Maßnahme zurückgegriffen werden könne, lasse viele Möglichkeiten, der Aussetzung zur Bewährung auszuweichen[116].

Der Antrag auf Streichung der Wendung „oder zur Bewährung der Rechtsordnung" wurde damit begründet, der Schutz der Rechtsgüter und die Setzung der Normen des Strafrechts diene der Verteidigung der Rechtsordnung. Keinen Sinn hat nach Ansicht der FDP der Begriff der „Verteidigung der Rechtsordnung" bei der Strafaussetzung zur Bewährung, weil es dort allein auf die Spezialprävention ankommt und es nicht um die Verteidigung der Rechtsordnung geht. Die Rechtsordnung werde dadurch verteidigt, daß es dann überhaupt zu einer Bestrafung komme. Die Einschränkung der Möglichkeit der Strafaussetzung zur Bewährung, wenn die „Verteidigung der Rechtsordnung" das angeblich nicht zulasse, bedeute einen „Schönheitsfehler"[117].

Hinter den ganzen generalpräventiven Gesichtspunkten bei „Bewährung der Rechtsordnung" bzw. „Verteidigung der Rechtsordnung" stecke

---

[116] *Diemer-Nicolaus,* S 12759.
[117] *Diemer-Nicolaus,* S. 12840.

IV. Einführung der „Verteidigung der Rechtsordnung"

der bekannte Gedanke des öffentlichen Interesses, der nicht mehr gewollt sei[118].

Eines der Hauptargumente der FDP war, daß zur Verteidigung der Rechtsordnung das gesamte Strafrecht da sei[119]. Wo wirklich die Notwendigkeit dafür vorhanden sei, die Rechtsordnung angemessen zu verteidigen, müsse der Strafrahmen so gesetzt werden, daß wirklich eine Verteidigung der Rechtsordnung eintrete[120].

Die FDP warf der Koalition vor, sie bringe in das Strafgesetzbuch einen unbestimmten und nicht konkreten Begriff hinein, was sehr gefährlich sei und offenlasse, wie dann die Richter damit fertig werden sollten[121].

Schließlich wurde von der Opposition kritisiert, daß es für den umstrittenen Begriff der „Bewährung der Rechtsordnung" verschiedene Erklärungen gebe, wobei gerade „Bewährung" im Strafrecht in einer bestimmten Weise festgelegt sei[122].

Zum Begriff der „Bewährung der Rechtsordnung", der der Ausschußvorlage zugrunde lag, räumte der SPD-Abgeordnete Hirsch auf Befragen der FDP vor dem Bundestag ein, dieser Begriff entspreche nicht mehr unserem heutigen Sprachgebrauch und könne mißverständlich ausgelegt werden. Als Beispiel für eine heute nicht mehr zu billigende Interpretation verwies er auf Binding und Maurach. Der Begriff „Verteidigung" sei besser als „Bewährung", während die FDP-Vorschläge effektiv zu eng seien, weil dann „in einer ganzen Anzahl von Fällen nicht die richtige Maßnahme oder Strafe ausgesprochen werden" könnte[123].

Zur Auslegung der Wendung „Verteidigung der Rechtsordnung" wurde ausgeführt, sie enthalte ein „Stückchen Generalprävention". Es solle nicht nur auf die Spezialprävention abgestellt werden, sondern es werde in „besonderen Fällen" auch die „Rechtsordnung als solche" zu schützen sein. Es handle sich um Fälle, wo „etwas ganz Besonderes" geschehe, wo man durch die Strafmaßnahmen die „Rechtsordnung als solche" — hier taucht die Formulierung schon wieder auf — zu verteidigen habe. In gewissen, beschränkten Fällen wolle man nicht nur auf den „Täter als solchen", sondern auch auf die „Verteidigung der Rechtsordnung im allgemeinen" abstellen[124]. Zur richtigen Einschätzung

---

[118] *Diemer-Nicolaus*, S. 12766.
[119] *Busse*, S. 12765; *Rutschke*, S. 12764.
[120] *Busse*, S. 12765.
[121] *Rutschke*, S. 12764.
[122] *Rutschke*, S. 12764.
[123] *Hirsch*, S. 12764.
[124] *Hirsch*, S. 12764.

dieser in den späteren Erörterungen von Literatur und Rechtsprechung bedeutsamen Stelle ist schon hier zu betonen, daß diese Äußerung nur eine unter vielen ähnlichen, nicht aber die entscheidende oder die präziseste ist.

Im übrigen wurde im Bundestag nicht erläutert, was unter der „Rechtsordnung als solcher" und unter der „Rechtsordnung im allgemeinen" zu verstehen ist.

Auch die Ausführungen zur Entstehungsgeschichte des Begriffs der „Verteidigung der Rechtsordnung" brachten wenig Klarheit. Der geistige Ursprungsort liegt nach Ansicht der Koalition in einer Bestimmung des schwedischen Strafrechts: „Die Rücksicht auf die Rechtstreue des Volkes". Dieses „generalpräventive Element" in einem spezialpräventiven Gesetzbuch bedeute, wie wörtlich ausgeführt wurde: „Richter, überlege die Resozialisierung und auf der anderen Seite den Rechtsgüterschutz!" Man sei vom unklaren Ausdruck der „Bewährung der Rechtsordnung" und von der Überlegung „Schutz der Rechtsordnung" zu „Verteidigung der Rechtsordnung" gekommen und dabei verblieben[125].

Der FDP-Antrag auf Streichung dieser Wendung wurde abgelehnt, weil das, was die Opposition mit diesem Antrag wolle und was sie zuvor als Zweck von Strafe und Maßregel erfolglos festgelegt wissen wollte, widersprüchlich sei. Auch im Schutz der Rechtsgüter sei nämlich ein Stückchen Generalprävention[126].

Als oft genannter Grund für die Einführung des Begriffs der „Verteidigung der Rechtsordnung" kann festgehalten werden, daß man damit ein „Stückchen Generalprävention" oder — anders ausgedrückt — ein „generalpräventives Element" in die §§ 14, 23 StGB einführen wollte. Allerdings ersparte es sich die Koalition, den Begriff der Generalprävention näher zu erläutern, so daß einer ihrer Abgeordneten die Regelung der kurzzeitigen Freiheitsstrafe als einen „geglückten Kompromiß verschiedenartiger Auffassungen" bezeichnen konnte[127].

V. Der Begriff der „Verteidigung der Rechtsordnung" und die Ratschläge an die Praxis

Die Abgeordneten der Koalition gaben der Praxis allerlei Ratschläge zur Handhabung des Begriffs der „Verteidigung der Rechtsordnung" im besonderen und zur Anwendung des Allgemeinen Teils des neuen Strafrechts im allgemeinen.

---

[125] *Güde*, S. 12765.
[126] *Hirsch*, S. 12764/12765.
[127] *Zimmermann*, S. 12845.

So wurde betont, die Kompromißentscheidung des Sonderausschusses für eine wesentliche Einschränkung der kurzzeitigen Freiheitsstrafe sei für die Praxis von wesentlicher Bedeutung, denn grundsätzlich sei bei einer Strafe bis zu einem Jahr eine Strafaussetzung zur Bewährung durch das Gericht auszusprechen[128].

Die Regelungen seien auf das Bedürfnis der Justizpraxis abgestellt, wobei die kurze Freiheitsstrafe keineswegs die Regel, sondern die Ausnahme bilden werde. Die Lösung lasse der Praxis noch einen „gewissen Spielraum, um im Übergang auf das Ziel völligen Verzichts eine sachgemäße Abwägung von Rechtsgüterschutz und Resozialisierung zu ermöglichen"[129].

Ein Abgeordneter äußerte die Hoffnung, daß die Justiz die „bedeutsamen Möglichkeiten", die ihr die erheblich erweiterte Strafaussetzung zur Bewährung biete, „verantwortungsvoll" ausfülle[130].

Auch die Befürchtung, daß sich in der Strafpraxis nichts ändere und daß die Richter nach wie vor in der großen Zahl wie bisher kurze Freiheitsstrafen verhängen würden, wurde vor dem Bundestag als unberechtigt bezeichnet. Wenn man den deutschen Richtern schon ein neues Strafrecht an die Hand gebe, würden diese es „mit der gleichen Loyalität und mit dem gleichen Geiste praktizieren", wie sie das mit dem bisher geltenden Recht getan hätten[131].

Ein Abgeordneter wandte sich auch direkt an die Richter und empfahl ihnen, wie schon zitiert, für den Umgang mit dem Begriff der „Verteidigung der Rechtsordnung" die Regel: „Richter, überlege die Resozialisierung und auf der anderen Seite den Rechtsgüterschutz!"[132].

Die Gerichte wurden aufgefordert, das neue Recht in dem Geiste anzuwenden, aus dem heraus es geschaffen worden sei[133].

„Alle Gerichte und Staatsanwälte wie alle Organe der Justiz" wurden um „wohlwollende und gutwillige Mitarbeit" gebeten, denn in ihre Hände sei der Versuch einer Strafrechtsreform gelegt und nur mit ihrer Hilfe könne er Leben gewinnen und Erfolg erreichen[134].

Von der oppositionellen FDP wurden Zweifel daran geäußert, daß die Richter nur in Ausnahmefällen von der Verhängung einer kurzen Freiheitsstrafe Gebrauch machen würden. Wer wie die Koalitionsfraktionen die Entwicklung abwarten wolle, räume damit ein, daß eine

---

[128] *Müller-Emmert*, S. 12704.
[129] *Güde*, S. 12718.
[130] *Zimmermann*, S. 12845.
[131] *Schlee*, S. 12762.
[132] *Güde*, S. 12765.
[133] *Ehmke*, S. 12846.
[134] *Güde*, S. 12830.

Rechtsprechung denkbar sei, die wegen dieser „sehr akademischen Erklärung" auch in Zukunft oft zu einer Anwendung der kurzen Freiheitsstrafe komme[135]. Man müsse Erfahrungen sammeln, ob die Richter mit dem „Instrument" der Resozialisierung richtig umgingen und die kurzfristige Freiheitsstrafe einschränkten[136].

Neben diesen allgemeinen Ratschlägen und Erwartungen an die Praxis zur Handhabung des Begriffs der „Verteidigung der Rechtsordnung" im besonderen und des neuen Allgemeinen Teils des Strafrechts im allgemeinen wurden keine Entscheidungshilfen im Einzelfall durch Fallgruppen gegeben.

Lediglich zwei Sprecher der Opposition bezweifelten die Schockwirkung der kurzfristigen Freiheitsstrafe bei Verkehrstätern. Die wenig abschreckende Wirkung der kurzen Freiheitsstrafe in diesem Bereich zeige sich darin, daß sie als ein „Risiko" hingenommen werde, das man tragen müsse. Die abschreckende Wirkung, die innere Wandlung, die Einsicht, daß man so etwas nicht tun sollte, träten nicht in dem Maße ein, wie es richtig wäre[137].

Ein Abgeordneter der FDP erklärte kategorisch, die Autofahrer seien als mögliche Tätergruppe bei der Anwendung des Begriffs „Verteidigung der Rechtsordnung" ungeeignet[138].

VI. Das Ergebnis: ein Kompromiß

Bei den Ergebnissen der Strafrechtsreform von 1969, auch beim Begriff der „Verteidigung der Rechtsordnung", handelt es sich um Kompromißentscheidungen, wie immer wieder bei den Beratungen im Bundestag von den Vertretern der Koalitionsfraktionen und der Regierung betont wurde[139]. Daß es sich um einen guten Kompromiß handelt, wurde von der FDP angezweifelt[140].

In diesen Zusammenhang sind auch zwei Äußerungen von Ehmke zu stellen. Er hielt eine „breite Einigkeit im Parlament" in Rechtsfragen[141] und eine „wirklich breite Basis" des „Rechts für unser Volk" für erforderlich[142].

---

[135] *Genscher*, S. 12763.
[136] *Diemer-Nicolaus*, S. 12840.
[137] *Diemer-Nicolaus*, S. 12759/12760.
[138] *Busse*, S. 12765.
[139] *Ehmke*, S. 12713 und 12714; *Müller-Emmert*, S. 12703, 12704, 12762 und 12834 und *Kaffka*, S. 12722 für die SPD; *Güde*, S. 12718 und *Zimmermann*, S. 12845 für die CDU/CSU.
[140] *Diemer-Nicolaus*, S. 12839.
[141] S. 12711.
[142] S. 12713.

VI. Das Ergebnis: Ein Kompromiß

Wohl mehr als eine Entschuldigung zu werten ist die Bemerkung eines SPD-Abgeordneten, der — etwas enttäuscht — von der „Basis des gemeinsam erreichbaren Minimums" sprach[143].

Müller-Emmert, ebenfalls SPD, meinte, Recht könne nur die Zusammenfassung jener Überzeugung darstellen, die „einer weit überwiegenden Mehrheit in unserem Volk gemeinsam" sei und die „zugleich Minderheiten mit anderen, aber berechtigten Auffassungen nicht in Gewissenskonflikte bringen" wolle. Er führte an, die Sozialdemokraten hätten nicht alles erreichen können, was sie sich vorgenommen hätten, was aber unter Berücksichtigung der Mehrheitsverhältnisse im Bundestag verständlich sei[144].

Wohl um sich gegenüber dem sogenannten gesunden Volksempfinden — oder dem, was man dafür hält — abzusichern, wurde mehrmals im Bundestag ausgerechnet von Mitgliedern der SPD wörtlich oder sinngemäß ausgeführt, daß durch die Reform keine „weiche Welle" im Strafrecht eingeleitet werde[145]. Andererseits wurde aber von demselben Abgeordneten der SPD betont, eine wirksame Verbrechensbekämpfung verlange nicht drakonische und harte Strafen. Härte sei nicht der Maßstab für die Qualität eines Strafrechts[146].

Also alles in allem eine Mischung aus vielen verschiedenen, sich teilweise widersprechenden Auffassungen, die alle in das Gesetzgebungsverfahren im Bundestag Eingang gefunden haben. Aus diesem Strauß von Meinungen kann sich jeder die ihm gerade passende heraussuchen, ohne Gefahr zu laufen, die falsche zu finden. Das ist vor allem gegen die später in der Literatur unternommenen Versuche zu betonen, den Begriff „Verteidigung der Rechtsordnung" lediglich anhand weniger Zitate aus den Bundestagsdebatten von 1969 zu interpretieren.

Bei einem derartigen Verfahren und derartigen Äußerungen können keine anwendbaren, begrenzbaren Regeln geschaffen werden. So läßt die in den §§ 14, 23 StGB festgelegte Kompromißformel allen Interpretationen Spielraum.

---

[143] *Kaffka*, S. 12722.
[144] *Müller-Emmert*, S. 12834.
[145] *Müller-Emmert*, S. 12703, 12837; *Ehmke*, S. 12713.
[146] *Müller-Emmert*, S. 12837.

D. Kritische Bemerkungen zur Entstehungsgeschichte

I. Kriterien für die Kritik

(Forderungen an die Arbeitsweise des Gesetzgebers)

Gerade der durch das Strafrecht betroffene Bürger hat einen Anspruch auf klare gesetzliche Regelungen; der Bürger muß vorhersehen können, welche Folgen ein bestimmtes Handeln haben kann. Deutlichste Ausprägung dieses Grundsatzes ist Art. 103 Abs. 2 GG.

Was in diesem Zusammenhang Klarheit und Vorhersehbarkeit bedeutet, ist sicherlich interpretierbar. Aber diese Interpretation hat auf jeden Fall Grenzen. Man wird vom Gesetzgeber verlangen können, daß ein bekanntes und entscheidbares Problem nicht offengelassen, sondern entschieden wird[147].

Lange Zeit war die Meinung herrschend, die annahm, daß der Allgemeine Teil des Strafgesetzbuches nicht zu genau geregelt werden dürfe, damit wissenschaftlicher Weiterarbeit und richterlicher Weiterentwicklung genügend Raum bleibe[148]. Diese Tendenz schwächt sich aber — wie die Reformarbeiten etwa seit 1965 zeigen — unter Berufung auf rechtsstaatliche Erfordernisse ab.

Besonders das Ordnungswidrigkeitenrecht und die ab 1973 geltende Fassung des Allgemeinen Teils des Strafgesetzbuchs zeigen, daß auch die bis dahin dem Gesetzgeber entzogenen Teile des Strafrechts in gesetzlichen Vorschriften erfaßt werden. Davon sind auch die Bestimmungen über Strafen und Maßnahmen nicht ausgenommen. Hier hält sich zwar nach wie vor die Auffassung, daß der Rahmen für die Entscheidung des Juristen, der die Bestimmungen anwendet, nicht zu eng gezogen werden dürfe. Die Begründung sieht man darin, daß ein zu enger Rahmen die Individualisierung der Strafen und Maßnahmen erschwere[149]. Daraus ist jedoch niemals geschlossen worden, daß entscheidbare Probleme im Gesetz nicht entschieden, sondern etwa dem Richter zur Entscheidung überlassen werden.

Auch bei Anerkennung der Notwendigkeit eines größeren Rahmens für richterliche Entscheidung im Bereich der Strafen- und Maßnahmenzumessung ist aus Art. 103 Abs. 2 GG zu entnehmen, daß jedenfalls ein begrenzter Rahmen abgesteckt wird und daß jedenfalls die Fallgruppen angegeben werden oder doch auffindbar sein müssen, die zu einer bestimmten allgemeinen Formulierung Anlaß gegeben haben.

---

[147] *Maunz-Dürig*, Art. 103 Abs. II, Rn. 112 (a. E.); vgl. *Hamann*, S. 46/47, 48/49, 58/59, 89.

[148] *Welzel*, Materialien, 2. Strafrechtsref. 1, 1954, S. 45 ff. (45).

[149] *Sarstedt*, S. 260/261; vgl. *Bruns*, S. 13, 29/30, ferner S. 71; vgl. auch BVerfG NJW 1970, S. 1453 f.

Daraus ergeben sich folgende Mindestforderungen an die Arbeitsweise des Gesetzgebers: Klare Problemstellung und klare Entscheidung des Problems; möglichst präzise Formulierung der Entscheidung; ausführliche Begründung, aus der sich die Richtung der Entscheidung und die Fallgruppen, über die entschieden worden ist, ergeben. Damit sind zugleich die Anlässe entschiedener Kritik genannt: Unentschiedenheit bei der Problemstellung und Problementscheidung, übergroße Allgemeinheit und Ungenauigkeit der Formulierung, Abschieben von Entscheidungen an den Richter, ohne die Fallgruppen anzugeben, über die entschieden werden soll.

II. Folgerungen

Anhand dieser Maßstäbe der Kritik sind die §§ 14, 23 StGB n. F., soweit sie auf die „Verteidigung der Rechtsordnung" Bezug nehmen, nach der Entstehungsgeschichte völlig unklar. Der Begriff „Verteidigung der Rechtsordnung" ist weder isoliert noch im Zusammenhang mit den Vorschriften, in denen er auftaucht, auf einen Fall oder bestimmte Fallgruppen anwendbar. Man kann zuviel und zuviel Verschiedenes unter „Verteidigung der Rechtsordnung" verstehen. Die Vorschriften, soweit sie hier betrachtet werden, sind auch — von der Entstehungsgeschichte her — nicht präzisierbar. Entschieden worden ist lediglich, daß mit der Formulierung „Verteidigung der Rechtsordnung" ein Regel- Ausnahmeverhältnis bezeichnet werden soll, nämlich einmal die Ausnahme von der Regel, daß Freiheitsstrafen unter sechs Monaten nicht verhängt werden sollen und zum anderen die Ausnahme von der Regel, daß Freiheitsstrafen bis zu zwei Jahren zur Bewährung ausgesetzt werden können. Diese Entscheidung reicht aber nicht, um die gesetzgeberische Entscheidung eine klare Entscheidung eines bekannten Problems zu nennen. Die Entscheidung war weniger im Bereich des grundsätzlichen Regel-Ausnahmeverhältnisses, über das weitgehend Einigkeit bestand, zu treffen als in dem Bereich, der die Ausnahme kennzeichnet. In diesem Bereich ist aber eine Entscheidungsabstinenz festzustellen. Weder läßt sich mit einiger Deutlichkeit ermitteln, von welchen Prinzipien her die Ausnahme gedacht ist, noch läßt sich ermitteln, ob von bestimmten Details her, d. h. von bestimmten Fallgruppen her, diese Ausnahme beabsichtigt und formuliert worden ist. Eine theoretische Begründung hierfür mag man in der während der Beratungen geäußerten Meinung finden, eine Entscheidungsabstinenz bei den Strafzwecken sei in der pluralistischen Gesellschaft die einzige Möglichkeit für ein Reformwerk[150]. Doch das überzeugt nicht. In der pluralistischen Gesellschaft müssen Wertentscheidungen durch Mehrheitsbeschluß gefällt werden, um Entwicklungen

---

[150] *Kaffka*, S. 12722 f.

in gewünschte Richtungen lenken zu können. Aber weder von der Diskussion bestimmter Strafzwecke her noch von der Diskussion bestimmter Fallgruppen her ergeben sich Anhaltspunkte, in welchem Umfange die Ausnahme in den §§ 14, 23 StGB n. F. zu suchen ist.

Im Gegenteil finden sich Anhaltspunkte dafür, daß für die Anwendung des Begriffs „Verteidigung der Rechtsordnung" eine offene Delegation an Justiz, Staatsanwaltschaft und Rechtsanwaltschaft stattgefunden hat, die ihrerseits eine klare Entscheidung des Gesetzgebers erwarten können.

Wie oben angedeutet, wird man darüber streiten können, welche Anforderungen an die „Klarheit" einer Gesetzesvorschrift zu stellen sind. Jedenfalls wird man aber darüber nicht streiten können, daß eine Vorschrift, die im Grundsatz und im Detail keine Entscheidung enthält, und die überdies bewußt die Entscheidung überwälzt auf die rechtsanwendenden Berufe, eine unklare, inhaltlose Vorschrift ist.

Eine einfache Antwort auf die Frage, wie es dazu kommt, wird es nicht geben. *Ein* Grund für das Entstehen einer inhaltlosen Vorschrift läßt sich aber bereits in den Bundestagsberatungen 1969 klar feststellen. Ein Abgeordneter erklärt unwidersprochen, man müsse davon ausgehen, daß dem Bundestag „aus breiter politischer Verantwortung ein offener Blick auf die Volksanschauung, die gerichtliche Praxis und die erstrebten Wirkungen aufgegeben" sei[151]. Das ist keine Auffassung, aus der genaue Gesetze entstehen können.

III. Ausblick

Die §§ 14 Abs. 1, 23 Abs. 3 StGB n. F., soweit sie auf die „Verteidigung der Rechtsordnung" Bezug nehmen, haben im Laufe des Gesetzgebungsverfahrens einen abgrenzbaren Inhalt nicht erhalten; man muß diese Vorschriften daher, wenn man die Bedeutung der Gesetzgebungsgeschichte betont, als unanwendbare Vorschriften bezeichnen.

Es bedarf keiner Prophetie, um vorauszusagen, daß eine Untersuchung der Rechtsprechung zu den §§ 14 Abs. 1, 23 Abs. 3 StGB n. F., d. h. eine Untersuchung der Rechtsprechung zum Begriff „Verteidigung der Rechtsordnung" ergeben wird, daß die Rechtsprechung in unlösbare Schwierigkeiten, d. h. in zufällige Entscheidungen geraten muß. Es bedarf ebensowenig juristischer Sehergabe um festzustellen, daß die juristische Literatur zum Begriff „Verteidigung der Rechtsordnung" die gesetzlichen Vorschriften durch Interpretation, d. h. durch Entfaltung eines vorgegebenen Inhalts, nicht wird präzisieren können; der Begriff „Verteidigung der Rechtsordnung" hat keinen Inhalt.

---
[151] *Güde*, S. 12718.

2. Kapitel

Die Literatur zum Begriff „Verteidigung der Rechtsordnung"

Einleitung

Übereinstimmung besteht darin, daß die kurze Freiheitsstrafe diejenige Strafart sein soll, die im Regelfall nicht verhängt werden soll, daß sie aber für bestimmte Fälle, bei denen eine Geldstrafe für wirkungslos angesehen wird, als „ultima ratio"[1] im StGB beibehalten werden soll.

Die Ausgangssituation für die Auslegung des Begriffs „Verteidigung der Rechtsordnung" in der Literatur ist jedoch die:

1. Aus dem Begriff „Verteidigung der Rechtsordnung", so wie er im Gesetz steht, ergibt sich zumindest nicht ohne weiteres, welche Fälle erfaßt werden sollen.
2. Aus der Entstehungsgeschichte dieses Begriffs ergibt sich, wie oben dargelegt, ebenfalls nicht, in welchen Fällen der Gesetzgeber mit Hilfe dieses Begriffs die kurze Freiheitsstrafe verhängen lassen bzw. eine Strafaussetzung verhindern wollte.

Die Literatur wurde daher mit der Erwartung gelesen, daß die Autoren dies erkennen und kritisieren.

Soweit die Erwartung in dieser Richtung enttäuscht wurde, ist die Literatur unter der Fragestellung untersucht worden: Gelingt es der Literatur, den Begriff mit konkretem Inhalt zu füllen? Wie geht sie dabei methodisch vor?

A. Verhalten der Literatur gegenüber dem neuen Begriff

I. Beurteilung des Begriffs als zwar ungenau aber auslegungsfähig

Von den Schriftstellern wird teilweise ohne eine Stellungnahme[1a] zur Frage der Beurteilung der Genauigkeit des Begriffs zu Interpretations-

---

[1] z. B. *Jescheck*, S. 498, 502 ff.; *Schmidhäuser*, S. 614.
[1a] z. B. *Welzel*, S. 250, 253; *Mezger-Blei*, S. 338, 370.

versuchen übergegangen[1b], teilweise aber wird das Merkmal „Verteidigung der Rechtsordnung" ausdrücklich als ungenau bezeichnet. Hier bestehen dann zwischen den Schriftstellern wiederum Unterschiede in der Stärke der Beurteilung als ungenau oder auslegungsfähig.

Rein darstellend wird von besonderen Schwierigkeiten gesprochen, die der Begriff aufwerfe[2], und davon, daß er keine eindeutigen und praktikablen Regelungen getroffen habe[3] und nicht genauer sei als der der alten Fassung[4]. Wenn diese Schriftsteller den Begriff auch als ungenau bezeichnen, so halten sie ihn doch für auslegungsfähig. Dieses wird zwar nicht ausdrücklich ausgesprochen, folgt aber daraus, daß unterschiedliche Versuche zur Auslegung vorgenommen werden.

Schmidhäuser[4a] führt aus, die zur „Verteidigung der Rechtsordnung" verhängten Freiheitsstrafen wirken sozialpädagogisch in dem Sinne, daß sie ein „Gerechtigkeitserleben für die Allgemeinheit" auslösen.

V. Gerkan[5] geht über die bloße Feststellung der Ungenauigkeit hinaus und macht sie dem Gesetzgeber zum Vorwurf. Sehr viel schärfer wird dieser Vorwurf von Koch erhoben: Das 1. StrRG sei ein Beispiel dafür, wie man Gesetze nicht machen solle; im Allgemeinen Teil des StGB ließe sich kaum ein Begriff finden, der weniger faßbar, nebulöser und der freien Auslegung zugänglicher wäre als denjenigen der „Verteidigung der Rechtsordnung"; aus diesem von Haus aus unpraktikablen Gesetz müsse die Rechtsprechung nahezu rechtsschöpferisch und hart an der Grenze der Auslegung oder sie schon überschreitend etwas Brauchbares machen[7]; dieses gesetzgeberische Kuckucksei auszubrüten, sei fast unmöglich; die Gerichte seien nahezu überfordert, den Begriff richtig auszulegen[8]. Trotz dieses schweren Vorwurfs läßt Koch dennoch gleichzeitig einen geringen Grad der Auslegungsfähigkeit zu — mit Bezeichnungen wie „hart an der Grenze", „nahezu überfordert" —, und versucht selbst auch, dem Begriff Konturen abzugewinnen.

[1b] Vgl. z. B. *Hohler*, NJW 1969, S. 1225 ff., S. 1227; *Sturm*, JZ 1970, S. 82 ff., S. 85; ferner die Bemerkungen von *Lackner-Maassen* zu §§ 14, 23 und *Petters-Preisendanz* zu §§ 14, 23.
[2] *Horstkotte*, NJW 1969, S. 1601 ff., S. 1603; *Krüger*, Blutalkohol 1969, S. 352 ff., S. 357; *Cramer*, JurA 1970, S. 183 ff., S. 202 f.
[3] *v. Gerkan*, Kraftfahrt und Verkehrsrecht 1969, S. 291 ff., S. 292, vgl. auch *Quack*, ZRP 1971, S. 30, der von einem „beklagenswert schillernden Begriff" spricht.
[4] *Schönke-Schröder*, § 23, Nr. 35 a; *Martin*, Blutalkohol 1970, S. 13 ff., S. 20.
[4a] *Schmidhäuser*, S. 613.
[5] *v. Gerkan*, Kraftfahrt und Verkehrsrecht 1969, S. 291 ff., S. 292.
[6] *Koch*, NJW 1970, S. 842.
[7] *Koch*, NJW 1970, S. 842 ff., S. 844.
[8] *Koch*, NJW 1970, S. 842 ff., S. 842.

Als reine Verlegenheitsformel des Gesetzgebers, unter der „jeder Beteiligte sich etwas Verschiedenes vorstellen konnte" und die deshalb eine Einigung nur vortäusche, beurteilt auch Eickhoff[8a] den Begriff. Er zieht aber daraus keine grundsätzlichen Folgerungen für die Anwendbarkeit, sondern hält solche „dilatorischen Formelkompromisse" im Sinne Carl Schmitts offensichtlich für zulässig.

Ebenfalls als ungenau, nämlich als besonders intrikaten Begriff[9], sieht Dreher das neue Merkmal an. Im Unterschied zu den Vorgenannten erhebt er aber keinen Vorwurf, sondern er führt aus, unbestimmte Rechtsbegriffe seien im strafrechtlichen Gesetz ohne Zweifel ein Ärgernis, aber ebenso zweifellos seien sie unvermeidbar und insoweit legitim[10].

Schließlich bezeichnet Baumann den Begriff der „Verteidigung der Rechtsordnung" als eine Ziehharmonika, auf der der Richter nach Belieben Vergeltungs- oder Resozialisierungsmusik machen könne[11]. Baumann stellt keine Versuche an, den Begriff auszulegen. Er lehnt ihn vielmehr wegen der damit zum Ausdruck gebrachten kriminalpolitischen Entscheidung ab. Es ist nicht ersichtlich, ob diese Ablehnung auch daneben oder gerade wegen der Ungenauigkeit erfolgt.

Im Gegensatz zu diesen Autoren sieht Knoche[12] den Passus „Zur Verteidigung der Rechtsordnung" als inhaltslose und daher nicht zu beachtende Floskel an. Er kritisiert den Gesetzgeber, weil er ein von ihm zu entscheidendes Problem offen gelassen hat, so daß der Richter jetzt „je nach Bedarf und vielleicht auch Gutdünken" den Begriff gebrauchen kann. Den Richter fordert er auf, von der Formel „Verteidigung der Rechtsordnung" keine Kenntnis zu nehmen, da der Gesetzgeber vor einer an sich ihm zukommenden Verantwortung zurückgewichen sei.

II. Historische Auslegung

1. Bezugnahme auf die Entstehungsgeschichte

Vor allem die Aufsätze von Horstkotte und Kunert, die sich als erste mit dem Problem der Verteidigung der Rechtsordnung beschäftigen, geben eine eingehende Darstellung der Entstehungsgeschichte und versuchen, aus ihr einige Kriterien zur Anwendung des Begriffs zu ent-

---

[8a] *Eickhoff*, NJW 1971, S. 272.
[9] *Dreher*, JR 1970, S. 228 ff., S. 228.
[10] *Dreher*, JR 1970, S. 228 ff., S. 228.
[11] *Baumann*, DRiZ 1970, S. 2 ff., S. 6.
[12] *Knoche*, BA 1970, S. 198 ff.

wickeln[13]. Dabei glaubt vor allem Horstkotte, mit Hilfe der Entstehungsgeschichte den Begriff konkretisieren zu können.

Wie entscheidend besonders Horstkottes Aufsatz für die Auslegung des Begriffs wird, zeigt sich daran, daß viele Autoren von seiner Darstellung ausgehen[14] oder sie zumindest als Stütze der eigenen Darstellung anführen[15]. Martin hält Horstkotte als Referent für die Strafrechtsreform im Bundesjustizministerium für besonders sachkundig, zu diesem Problem Stellung nehmen zu können[16].

Daß Horstkotte nicht nur durch seine Veröffentlichungen Einfluß auf die Auslegung des Begriffs hatte, zeigt sich darin, daß Schneble[17] sich für eine bestimmte Auslegung des Begriffs auf eine persönliche Mitteilung von ihm beruft.

Besonders stark wird der Einfluß von Horstkotte und Kunert, weil deren Aufsätze nach einer Mitteilung von Koch[18] an den Gerichten durch das Bundesjustizministerium verteilt wurden.

2. Argumente aus der Entstehungsgeschichte

Aus der Entstehungsgeschichte werden folgende Gesichtspunkte zur Präzisierung des Begriffs gewonnen:

a) Teilaspekt der Generalprävention

Nach den meisten Schriftstellern bezeichnet der Begriff der Verteidigung der Rechtsordnung einen Teilaspekt der Generalprävention[19]. Unabhängig von weiteren unterschiedlichen Deutungen der Entstehungsgeschichte wird diese Definition überwiegend aus den Äußerungen der Abgeordneten Güde und Hirsch im Plenum des Bundestages abgeleitet[20], insbesondere aus den Formulierungen „generalpräventives

---

[13] *Horstkotte*, aaO, S. 1603; *Kunert*, MDR 1969, S. 705 ff., S. 709.
[14] *Lackner*, JR 1970, S. 1 ff.; *Dreher*, aaO, S. 228; *Martin*, aaO, S. 23.
[15] *Sturm*, aaO, S. 85; *Eickhoff*, aaO.
[16] *Martin*, aaO, S. 20.
[17] *Schneble*, BA 1969, S. 433 ff., S. 435.
[18] *Koch*, NJW 1970, S. 842.
[19] *Horstkotte*, aaO, S. 1603, JZ 1970, S. 122 ff., S. 127; *Kunert*, aaO, S. 709; *Krüger*, aaO, S. 357; *Martin*, aaO, S. 19 f.; *Sturm*, aaO, S. 84; *Lackner*, aaO, S. 8; *Granicky*, BA 1969, S. 449 ff., S. 454.
[20] *Horstkotte*, aaO, S. 1603, JZ 1970, S. 122 ff., S. 127; *Kunert*, aaO, S. 709; *Krüger*, aaO, S. 357; *Martin*, aaO, S. 19 f.; *Lackner*, aaO, S. 8.

Element" (Güde) und „ein Stück Generalprävention" (Hirsch) und aus Güdes Hinweis auf den Gesichtspunkt der allgemeinen Rechtstreue im schwedischen Strafgesetzbuch. Hinweise zur Begründung dieser These seien der Entstehungsgeschichte des früheren Begriffs der Bewährung der Rechtsordnung zu entnehmen, da davon auszugehen sei, daß die neue Formulierung keine Änderung in der Sache gebracht habe, sondern lediglich präziser sei[21]. Dünnebier dagegen entnimmt den Materialien, daß der Begriff der Verteidigung der Rechtsordnung enger sei als der — allerdings auch auslegungsbedürftige — der Bewährung der Rechtsordnung. Allerdings hält er gelegentliche Äußerungen von Mitgliedern des Bundestages überhaupt für ein zweifelhaftes Auslegungsmittel[22].

b) Engere Maßstäbe als bei § 27 b StGB a. F.

Weiter ergebe sich aus der Entstehungsgeschichte, daß engere Maßstäbe anzulegen seien als bei der alten Fassung des § 27 b StGB. Es komme nicht mehr auf eine umfassende Abwägung aller Strafzwecke an, sondern gehe nur noch um einen kleinen Ausschnitt[23]. Die Verteidigung der Rechtsordnung umfasse nicht einmal die Gesamtheit der Gesichtspunkte, die für die Generalprävention, die Rechtsdurchsetzung und die Erhaltung der Rechtstreue der Bevölkerung maßgeblich seien; die Rechtsordnung werde nur verteidigt, wenn die Strafe auf die Rechtstreue der Bevölkerung einzuwirken suche[24].

Diese These ist nach Auffassung Drehers aus der Entstehungsgeschichte nicht herzuleiten[25]. Dreher gibt folgende Begründung: Auch wenn Güde erklärt habe, daß der Ursprung der Wendung in der Formulierung der Rücksicht auf die Rechtstreue des Volkes im schwedischen StGB liege, sollte der Begriff „Verteidigung der Rechtsordnung" diesen Gesichtspunkt keineswegs allein zum Ausdruck bringen, denn der Sonderausschuß habe den Begriff „Bewährung der Rechtsordnung" gerade deshalb gewählt, weil er zwei Elemente enthalte: das objektive, das der Durchsetzung gegenüber dem Unrecht diene, und, damit verbunden, das subjektive Element. Wenn das Volk sehe, daß das Recht gegenüber dem Unrecht durchgesetzt werde, wahre es auch die Treue zu seinem Recht. Der Begriff der Rechtstreue des Volkes sei dagegen nur durch ein subjektives Element gekennzeichnet. Das Volk übe Kritik, wenn die Rechtsordnung nicht gewahrt werde, und könne in seiner Treue zum Recht

---

[21] *Horstkotte,* aaO, S. 1604; *Lackner,* aaO, S. 7; *Dreher,* aaO, S. 228; *Krüger,* aaO, S. 357.
[22] *Dünnebier,* JR 1970, S. 241 ff., S. 242.
[23] *Horstkotte,* aaO, S. 1603, JZ 1970, S. 127; *Lackner,* aaO, S. 8.
[24] *Horstkotte,* aaO, S. 1604; *Lackner,* aaO, S. 8; *Dünnebier,* aaO, S. 247; *Lackner-Maassen,* § 14, Nr. 3; *Sturm,* aaO, S. 8.
[25] *Dreher,* aaO, S. 228.

erschüttert werden. Die Verkürzung des Begriffs auf die Erhaltung der Rechtstreue des Volkes habe der Ausschuß jedenfalls abgelehnt.

c) Auslegung des Begriffs enger als die der Begriffe „öffentliches Interesse" und „Aufgabe der Strafe, Straftaten entgegenzuwirken"

Ebenfalls wird aus der Entstehungsgeschichte abgeleitet, daß der Begriff enger auszulegen sei als die Begriffe „öffentliches Interesse" und „Aufgabe der Strafe, Straftaten entgegenzuwirken"[26]. Das ergebe sich aus der Tatsache, daß in der 1. Lesung im Sonderausschuß die Formulierung „Aufgabe der Strafe, Straftaten entgegenzuwirken" durch die Formulierung „Bewährung der Rechtsordnung" ersetzt worden sei, da die erste Formulierung dazu hätte führen können, daß der Richter unabhängig von der Schuld generalpräventive Erwägungen anstellen würde. Der Gedanke der isolierten Generalprävention solle aber zurückgedrängt werden[27]. Ihr solle nur in gewissem Umfange Raum gegeben werden.

Kunert[28] stellt dagegen lediglich fest, daß die überwiegende Ansicht im Sonderausschuß davon ausgegangen sei, daß der Begriff „Bewährung der Rechtsordnung" nicht mit dem Begriff des „öffentlichen Interesses" identisch sei. Darüber aber, ob er den Gedanken der Generalprävention, des Schutzes der Rechtsgüter oder des Vertrauens der Staatsbürger auf die Durchsetzung des Rechts intendiere, herrschte in den Ausschußberatungen keine Übereinstimmung. Eine Erklärung zum Begriff der Bewährung der Rechtsordnung sei allein aus der Entstehungsgeschichte nicht möglich.

d) Schuld- und Sühnegesichtspunkte nicht allein maßgebend

Als ein weiterer Gesichtspunkt zur Konkretisierung des Begriffs „Verteidigung der Rechtsordnung" ergibt sich nach einhelliger Meinung aus der Entstehungsgeschichte, daß der Begriff nicht die Sühne meine[28a] und die Größe der Schuld für sich allein kein Grund sei, eine kurzfristige Freiheitsstrafe zu verhängen[29]. Dies sei den Beschlüssen des Sonder-

---

[26] *Horstkotte*, aaO, S. 1603; *Sturm*, aaO, S. 85; *Lackner*, aaO, S. 8; *v. Gerkan*, aaO, S. 291.
[27] *Horstkotte*, aaO, S. 1603 mit Hinweis auf eine Äußerung *Güdes*, Prot. V, S. 647, S. 650 f.
[28] *Kunert*, aaO, S. 709.
[28a] Den ausschließlich generalpräventiven Charakter betont besonders *Eickhoff*, aaO, S. 272 f.
[29] *Horstkotte*, aaO, S. 1603 f., JZ 1970, S. 126 mit Verweis auf Prot. V, S. 2235; *Sturm*, aaO, S. 85; *Lackner*, aaO, S. 8; *Dreher*, aaO, S. 228.

ausschusses in 2. Lesung zu entnehmen, daß der bis dahin neben der Bewährung der Rechtsordnung bestehende Gesichtspunkt der Schuld des Täters wegfallen sollte, um einem unangemessenen Vergeltungsgedanken entgegenzuwirken[29]. Diese Änderung und der Verzicht auf eine privilegierte Kurzstrafe für Fahrlässigkeitstäter[30] bedeutet, daß zur Interpretation des Begriffs frühere Äußerungen, wonach bei Fahrlässigkeitstaten mit schweren Folgen schon die gesteigerte Schuld oder gar das hohe Unrecht eine Freiheitsstrafe erforderlich machen[31], nicht herangezogen werden könnten.

Nach Dreher[32] ist es aber nicht ausgeschlossen, mittelbar die Frage der Schuld bei dem Problem, ob die Verteidigung der Rechtsordnung die Vollstreckung einer Freiheitsstrafe gebiete, zu berücksichtigen. Doch würde das nur in Verbindung mit einem der Schuld in seiner Schwere entsprechenden Unrecht möglich sein.

3. Aus der Entstehungsgeschichte abgeleitete Ergebnisse

a) Ausgangspunkt für die eigene Auslegung

Kunert, Lackner, Dreher und Martin ziehen keine praktikablen Folgerungen aus der Entstehungsgeschichte[33]. Für sie ergeben sich daraus nur Elemente des Begriffsinhalts. Ihre Vorschläge zur Praktikabilität des Begriffes entwickeln sie mit Hilfe anderer Methoden.

b) Praktikable Formulierungen

Horstkotte[34] versucht, die aus der Entstehungsgeschichte gewonnenen Begriffe zu erläutern und zu umschreiben. Den Teilaspekt Generalprävention versucht er in folgender Weise eng zu umgrenzen:

Wenn zu befürchten sei, daß die Verhängung einer Geldstrafe, selbst wenn sie hoch und ggf. mit einem Fahrverbot verbunden sei, die Rechtstreue[34a] der Bevölkerung gefährden könne, sei die Verhängung einer Frei-

---

[30] *Horstkotte*, aaO, S. 1603 m. Verweis auf Prot. V, S. 864 ff.
[31] *Horstkotte*, aaO, S. 1603, mit Verweis auf Prot. V, S. 832—842.
[32] *Dreher*, aaO, S. 228, *Dreher*, § 14 Nr. 2 A c.
[33] *Kunert*, aaO, S. 709; *Lackner*, aaO, S. 8; *Dreher*, aaO, S. 229; *Martin*, aaO, S. 20, 23.
[34] *Horstkotte*, aaO, S. 1604.
[34a] Kritisch zur Umschreibung der Verteidigung der Rechtsordnung durch „den noch vageren, emotionsgeladenen Begriff" der Rechtstreue der Bevölkerung *Eickhoff*, aaO, S. 273, weil dieser „Kunstgriff" allzuleicht zu Vergeltungsstrafen führe und starke Ähnlichkeit mit der Berufung auf das „gesunde Volksempfinden" habe.

heitsstrafe zur Verteidigung der Rechtsordnung unerläßlich. Dies sei dann der Fall, wenn die Häufung bestimmter Straftaten darauf schließen lasse, daß die verletzte Norm nicht ernst genommen werde. Da das allgemeine Bewußtsein eine Freiheitsstrafe als schärferes Unwerturteil verstehe als eine Geldstrafe, sei die Verhängung einer Freiheitsstrafe u. U. unerläßlich als Signal dafür, daß die Rechtsordnung ein Verhalten als kriminell verwerfe. Eine Freiheitsstrafe dürfe nicht verhängt werden, wenn damit die obere Grenze der Schuld überschritten werde[35].

c) Fallgruppen

Eine Darstellung von Fallgruppen, die sich aus der Entstehungsgeschichte ergeben, liegt nicht vor. Lediglich Horstkotte nennt unter Hinweis auf den 2. Bericht des Sonderausschusses[36] einige Beispiele zur Verdeutlichung seiner allgemeinen Umschreibungen: Wenn sich Taten nach § 533 RVO oder bestimmte vorsätzliche Wirtschafts- und Abgabendelikte häuften und erkennbar sei, daß der Täter die Tat für ein Kavaliersdelikt mit kalkulierbarem Risiko halte, oder wenn bestimmte Körperverletzungen um sich griffen, sei die Verhängung einer kurzfristigen Freiheitsstrafe zur Verteidigung der Rechtsordnung unerläßlich.

Unbewußt fahrlässige Delikte dürften in diesem Zusammenhang nicht in Frage kommen, da sie in der Regel nicht auf eine Mißachtung des Rechts hinweisen. Einzelne Tatbestände generell von der Anwendung der Geldstrafe auszunehmen, sei nicht möglich; deswegen sei bei Trunkenheitsfahrten abweichend von der bisherigen Praxis regelmäßig eine Geldstrafe zu verhängen, sofern nicht die erste Alternative zutreffe.

Seib[36a] dagegen versucht, Fallgruppen zunächst vom Wortlaut des Begriffes „Verteidigung der Rechtsordnung" zu bilden. Der Begriff sei nicht so eng zu fassen, als sei Schutzgegenstand nur die Rechtsordnung in ihrem umfassenden Bestand. Denn dann wäre die Anwendung der Vorschrift nur auf den ganz engen Bereich des politischen Strafrechts begrenzt.

Der Begriff umfasse vielmehr auch die Verteidigung einzelner Rechtsgüter. Dabei sei der Wert des angegriffenen Rechtsguts für die Rechtsgemeinschaft entscheidend. Ein Verkehrsteilnehmer, der wiederholt Leben und Gesundheit seiner Mitbürger gefährdet, sei daher besonders streng zu beurteilen. Eine generalisierende Zäsur zwischen Ersttäter

---

[35] Ebenso *v. Gerkan*, aaO, S. 292.
[36] *Horstkotte*, NJW 1970, S. 1604 unter Hinweis auf Drs. V/4095/18.
[36a] *Seib*, BA 1970, S. 414.

und schnellem Rückfalltäter, gegen den in jedem Fall eine kurze Freiheitsstrafe zu verhängen sei, sieht Seib durch gesicherte kriminologische Erkenntnisse begründet. Außerdem habe Horstkotte eine generalisierende Auslegung des § 14 StGB nicht ausgeschlossen, wenn er eine kurze Freiheitsstrafe bei einer auffälligen Häufung bestimmter Straftaten für notwendig hält. Man solle nicht päpstlicher als der Papst sein und dem Rechtsgüterschutz nicht weniger Bedeutung beimessen als der Reformgesetzgeber.

III. Sonstige Auslegungsmethoden

Die Autoren geben andere Kriterien für die Richtigkeit einer bestimmten Auslegung vor allem dann an, wenn es sich ihrer Meinung nach erwiesen hat, daß der Begriff sich mit Hilfe der Entstehungsgeschichte nicht oder nicht genügend konkretisieren läßt. So stellt Cramer fest, daß auch dann dunkel bleibt, was unter dieser generalklauselartigen Formel zu verstehen ist, wenn man auf die Entstehungsgeschichte abstellt[37]; Kunert[38] glaubt zwar, daß der um eine Aufhellung des Gesetzestextes bemühte Leser der Materialien die Teile in seiner Hand habe, ihm jedoch noch das geistige Band fehle. Dieses geistige Band zu knüpfen hilft ihm Dreher[39], indem er es nach einer Untersuchung der Entstehungsgeschichte unternimmt, „über die Entstehungsgeschichte, über Formeln und Wortinterpretationen hinweg zu dem Kern der Sache selber vorzudringen".

1. Deutung des Wortsinns

Die Auslegungsversuche beginnen meistens mit einer Deutung des Wortsinns.

a) Oberflächliche Betrachtung des Begriffs durch die Literatur

Einige Autoren betrachten den Begriff zunächst oberflächlich, wobei es Koch[40] erscheint, als liege hier eine Notstandsklausel vor, kreiert für den Fall, daß Anarchie drohe. Schröder[41] konstatiert, daß zur Verteidigung der Rechtsordnung etwas erforderlich sei, dessen Unterbleiben die Aufgaben der Rechtsordnung gefährden würde, es somit um die Aufgaben des Strafrechts und der Strafe gehe.

---

[37] *Cramer,* aaO, S. 202.
[38] *Kunert,* aaO, S. 709.
[39] *Dreher,* JR 1970, S. 229.
[40] *Koch,* aaO, S. 842.
[41] *Schönke-Schröder,* § 14, Nr. 15.

Lackner gesteht ihm zu[42], daß das Strafrecht als Schutzrecht ganz allgemein die Aufgabe habe, die Rechtsordnung zu verteidigen. Dreher[43] vereinfacht diese Aussagen auf den Sachverhalt, daß der Richter mit jeder Strafe die Rechtsordnung gegen die ihr zugefügte Verletzung verteidige.

Es bleibt, daß bei dem Begriff „Verteidigung der Rechtsordnung" ganz allgemein zu fragen ist, ob die Strafzwecke eine Freiheitsstrafe bzw. ihre Vollstreckung erforderlich machen. Schröder[44] hält dies auch als Ergebnis einer weiten Auslegung fest, Lackner[45] gesteht ihm zu, daß sich nicht zwingend erweisen lasse, „daß die empfohlene weite Auslegung unrichtig ist". Daß aber mit diesem Ergebnis nichts gewonnen ist, zeigt Schröder selbst, indem er versucht, zur Konkretisierung andere Kriterien anzugeben[46].

b) Analyse des Wortes „Verteidigung"

Einige Autoren versuchen aus dem Wortsinn Anhaltspunkte für eine Auslegung zu gewinnen, indem sie vor allem das Wort Verteidigung eingehend analysieren. Im Ansatz versucht dies Horstkotte[47], wenn er feststellt, daß *Verteidigung* der Rechtsordnung einen Angriff voraussetze, und zwar einen Angriff, der sich nicht nur gegen das konkrete Schutzobjekt, sondern auch gegen die „Rechtsordnung als solche" richte. Er begründet eine solche Auslegung jedoch nicht nur aus dem allgemeinen Wortsinn, sondern bemerkt unter Hinweis auf Hirsch und Güde, daß sie auch aus der Entstehungsgeschichte ersichtlich sei.

Eingehender versucht Kunert[48], Schlüsse aus der Beziehung Verteidigung-Angriff zu ziehen. Er schreibt: „Von einem Angriff auf die Rechtsordnung — ein großes Wort, das fast nach Anarchie und Revolution klingt! — kann man, will man den Gesetzestext beim Wort nehmen, wiederum nur sprechen, wenn ein nicht unerheblicher Grad von Störung oder Bedrohung der Rechtsordnung erreicht ist und die Gefahr der Erschütterung ihres Bestandes droht. Dieser Angriff muß von dem Täter ausgehen: Ein Angriff ohne Angreifer ist nicht denkbar." Durch näheres Eingehen darauf, welche Fälle wohl in Betracht kommen, gelangt er dann zu der Erkenntnis, daß solche Fälle wohl äußerst selten sind.

---

[42] *Lackner*, JR 1970, S. 8.
[43] *Dreher*, JR 1970, S. 229.
[44] *Schönke-Schröder*, § 14, Nr. 16.
[45] *Lackner*, JR 1970, S. 8.
[46] *Schönke-Schröder*, § 14, Nr. 17 ff., s. dazu III, 2, a.
[47] *Horstkotte*, JZ 1970, S. 127.
[48] *Kunert*, aaO, S. 709 f.

Martin[49] schließt sich im wesentlichen Horstkotte und Kunert an. Stark kritisiert wird diese Auslegung jedoch von Lackner und Dreher[50].

Horstkotte und Kunert hatten als mögliche Fälle ein „besonders hartnäckiges rechtsmißachtendes Verhalten" angedeutet, sowie auf Grund des finalen Kerns des Begriffs „Angriff" nur ein bewußt rechtsfeindliches Verhalten zugelassen[51]. Lackner und Dreher bemerken hierzu, daß im Bereich der unteren und mittleren Kriminalität ein einzelner fehlgehender Bestrafungsvorgang wohl niemals dazu taugt, den Bestand der Rechtsordnung zu erschüttern. Zudem wären bei Delikten, die den Bestand der Rechtsordnung zu erschüttern drohen, Strafen in einer solchen Größenordnung fehl am Platze[50].

Daß im übrigen eine solche Auslegung durch strafrechtliche Begriffsinterpretation nicht zwingend sei, belegt Dreher[50] damit, daß nach weit überwiegender Meinung Notwehr auch gegenüber fahrlässigen Handlungen möglich sei[52].

c) Zusammenfassung

Es bleibt hiernach festzuhalten, daß die Autoren, die fragen, was unter „Verteidigung der Rechtsordnung" nach seinem allgemeinen Sprachgebrauch zu verstehen sei, nicht zu einem Ergebnis kommen in dem Sinne, daß sich ergibt, in welchen Fällen die Verteidigung der Rechtsordnung eine bestimmte Bestrafung verlangt, sie vielmehr zu Umformulierungen gelangen, die den Begriff nicht konkretisieren.

Soweit die Autoren aus der Analyse des Wortes „Angriff" Anwendungskriterien zu gewinnen suchen, wird ihnen im Grundsatz wie im Detail von anderen Autoren widersprochen.

2. *Deutung des Sinnzusammenhangs*

Unter diesem Punkt werden sowohl die Autoren angeführt, die aus der äußeren Stellung des Begriffs im Gesetz Argumente abzuleiten versuchen, als auch die, die, wie sie angeben, aus dem inneren Sinnzusammenhang des Rechts und der Rechtsentwicklung den Begriff zu konkretisieren beabsichtigen.

---

[49] *Martin*, aaO, S. 23.
[50] *Lackner*, JR 1970, S. 8; *Dreher*, JR 1970, S. 229.
[51] *Kunert*, aaO, S. 710; *Horstkotte*, JZ 1970, S. 127.
[52] OGHSt 1, 274; ferner z. B. *Jescheck, Maurach, Schönke-Schröder, Welzel.*

a) Äußere Systematik

So wird von einigen Autoren behauptet, daß in den §§ 14 und 23 StGB mit „Verteidigung der Rechtsordnung" nur das gleiche gemeint sein kann[53]. Cramer folgert daraus, daß die möglichen Auslegungsgesichtspunkte bei beiden Vorschriften auszuscheiden haben, wenn sie schon bei einer nicht passen[54]. Bei § 23 Abs. 3 StGB spreche jedoch alles dafür, daß die Strafaussetzung nur aus generalpräventiven Gesichtspunkten verweigert werden dürfe, da der Schuldgedanke insgesamt bei § 23 StGB keine Rolle spiele[54].

Dem widerspricht jedoch Schröder[55], der auch hier vom Strafzweck der gerechten Sühne (bei übergroßer Schuld) spricht und dementsprechend behauptet, daß die Ausnahmefälle den Gedanken der gerechten Sühne u n d der Generalprävention betreffen.

Cramer versucht, seine Auslegung noch weiter einzuengen, indem er fragt, worin eine generalpräventive Wirkung beim § 14 StGB enthalten sei. Er kommt dabei zum Ergebnis, daß damit nur der psychologische Effekt der Verhängung einer Freiheitsstrafe gemeint sein könne und daß wenige Fälle denkbar seien, in denen dieser zur Abschreckung anderer unerläßlich sei[56].

b) Innerer Sinnzusammenhang des Rechts und der Rechtsentwicklung

Einen anderen Weg beschreitet Dreher[57], wenn er es — wie bereits zitiert — unternimmt, „über die Entstehungsgeschichte, über Formeln und Wortinterpretationen hinweg zu dem Kern der Sache selber vorzudringen". Er geht dabei von einer antinomischen Spannung zwischen dem Prinzip, das strikte Realisierung der Strafdrohung verlange, und dem Bestreben, den Rechtsbrecher sozial anzupassen, aus[57]. Er behauptet dann, daß die moderne Kriminalpolitik einen wagemutigen Schritt auf das Prinzip der Resozialisierung zu gemacht habe. Zu der entscheidenden Frage, in welchen Fällen das eine Prinzip Vorrang vor dem anderen habe, gibt er den Hinweis, daß die Verteidigung der Rechtsordnung die Vollstreckung einer Strafe um so weniger gebiete, je näher die Strafe an der Grenze von sechs Monaten liege[58].

Für Alkoholdelikte im Straßenverkehr wird ihm jedoch von anderen Autoren vorgehalten[59], daß diese Tendenz der Kriminalpolitik nicht zu-

---

[53] *Cramer*, aaO, S. 203; *Dreher*, § 13, Nr. 2 C; s. auch *Schönke-Schröder*, § 23, Nr. 35 a.
[54] *Cramer*, aaO, S. 203.
[55] *Schönke-Schröder*, § 14, Nr. 17 und § 23, Nr. 45.
[56] *Cramer*, aaO, S. 204.
[57] *Dreher*, JR 1970, S. 229.
[58] *Dreher*, JR 1970, S. 230.

treffe. Es wird dies damit begründet, daß die folgenlose Trunkenheitsfahrt zu einem Zeitpunkt, wo das Ordnungswidrigkeitenrecht bereits eingeplant war, nicht auf eine Ordnungswidrigkeit zurückgeführt, sondern im Gegenteil von einer Übertretung in ein Vergehen höhergestuft wurde. Außerdem sei die im Zweiten Gesetz zur Sicherung des Verkehrs erfolgte Erhöhung der Strafrahmen für Trunkenheitsdelikte durch das erste Strafrechtsreformgesetz nicht zurückgenommen worden, obwohl eine Reihe von Strafandrohungen ermäßigt worden seien[60].

c) Zusammenfassung

Es hat sich somit gezeigt, daß von der Literatur auch aus dem Sinnzusammenhang, in dem der Begriff „Verteidigung der Rechtsordnung" auftaucht, ein eindeutiger Anwendungsbereich nicht ermittelt wurde. Dies wird ganz besonders deutlich, wenn man sieht, daß bei bestimmten Fällen (Alkoholdelikte im Straßenverkehr) nicht einmal über die Tendenz der Rechtsentwicklung Einigkeit besteht.

3. Kriminalpolitische Argumentation

Kriminalpolitische Argumente werden von den Autoren vor allem dann angeführt, wenn es um die Frage geht, wie ganz bestimmte Fallgruppen, hier insbesondere die Alkoholdelikte im Straßenverkehr, künftig bestraft werden sollen[61].

a) Einleitung der Argumentation

Dabei ist interessant, wie diese Autoren ihre Argumentationsweisen einleiten: Einige Autoren gehen zunächst auf die Entstehungsgeschichte ein. Aus ihr werden dabei zum Teil einige Formulierungen entnommen, so z. B., wenn Granicky[62] meint, daß nach der Begründung des Gesetzes „kurze Freiheitsstrafen dann zu verhängen sind, wenn dies um des unverbrüchlichen Bestandes der Rechtsordnung willen unerläßlich ist", oder wenn Koch sich darauf beruft, daß der Begriff enger sei als der Begriff des öffentlichen Interesses, daß es sich nur um einen Teilaspekt der Generalprävention handele und daß die Spezialprävention nicht erfaßt werde[63]. Andere Autoren versuchen zunächst, aus dem Wortsinn

---
[59] *Spiegel*, BA 1970, S. 28, 29; *Behnke*, BA 1969, S. 336.
[60] *Spiegel*, BA 1970, S. 29.
[61] *Behnke, Krüger, Schneble, Granicky, Koch*, aaO; *Eickhoff*, aaO.
[62] *Granicky*, aaO, S. 454.
[63] *Koch*, aaO, S. 842; s. auch *Krüger*, aaO, S. 357.

2. Kap.: Literatur, A. Verhalten gegenüber dem neuen Begriff

oder dem Bedeutungszusammenhang etwas zu entnehmen[64]. Die Ergebnisse dieses Verfahrens werden jedoch als ungenügend erachtet, um hierunter ohne weiteres bestimmte Fälle zu subsumieren bzw. konkrete Richtlinien für die richterliche Praxis zu geben[65].

b) Begründung für das Vorgehen

Die Begründung dafür, daß hier eine eigene kriminalpolitische Entscheidung zu fällen sei, wird teilweise darauf gestützt, daß der Gesetzgeber sie auf die Richter abgewälzt habe[65], teilweise darauf, daß der Gesetzgeber gerade diese Fallgruppen in seinen Beratungen nicht genügend beachtet habe[66].

Demgegenüber kritisiert Quack[66a] diese isolierte Betrachtung des Begriffs im Rahmen der Verkehrskriminalität, weil sie von der nach seiner, mit statistischen Angaben belegten, Meinung falschen „Prämisse von der gegenüber der sonstigen Kriminalität schlechthin andersartigen Struktur der Verkehrsdelinquenz" ausgehe.

c) Die kriminalpolitische Argumentation

Die folgenden kriminalpolitischen Erwägungen dienen den genannten Autoren dazu, zu erläutern, daß auch künftig gerade bei den Alkoholdelikten im Straßenverkehr kurze Freiheitsstrafen zu verhängen seien[67]; dabei werden insbesondere die Meinungen der Autoren[68] als falsch bezeichnet, die die Verhängung der kurzen Freiheitsstrafe auch auf diesem Gebiet einschränken wollen. Die entscheidenden Argumente, die dabei angeführt werden, sind diese:

— Der Freiheitsstrafe fehlt bei Verkehrsdelikten die sozialschädliche Wirkung, weil der Täter nicht kriminell infiziert wird und die Resozialisierung keine Schwierigkeiten bereitet; sie wirkt aber schockierend[69].

---

[64] s. o. *Koch, Schneble*, aaO.
[65] *Koch*, aaO, S. 842; *Krüger*, aaO, S. 357.
[66] *Behnke*, aaO, S. 337.
[66a] *Quack*, aaO, S. 31.
[67] *Krüger*, aaO, S. 358; *Koch*, aaO, S. 843; *Behnke*, aaO, S. 359; *Schneble*, aaO, S. 438 (in einer neueren Veröffentlichung, SchlHA 1970, S. 47 ff. [51, 52], widerspricht *Schneble* jedoch einer schematischen Anwendung des § 14 auf Alkoholdelikte).
[68] *Horstkotte*, NJW 1969, S. 1603; *Martin*, aaO, S. 23; Empfehlungen der Berliner Verkehrsrichter, BA 1969, S. 456.
[69] *Koch*, aaO, S. 843; *Schneble*, aaO, S. 436; *Behnke*, aaO, S. 337.

III. Sonstige Auslegungsmethoden

— Die Normen des Verkehrsrechts werden nicht hinreichend ernstgenommen[70].

— Bei Verkehrsvergehen werden besonders schutzwürdige Rechtsgüter, die oft nicht mehr reparabel sind (Leben, Gesundheit), gefährdet[71].

— Eine zu seltene Anwendung der kurzen Freiheitsstrafe führt zu kriminalpolitisch unvertretbaren Ergebnissen.

Daß eine negative Entwicklung zu erwarten ist, wenn künftig seltener die kurze Freiheitsstrafe verhängt wird, wird illustriert durch mitgeteilte Zahlen über die vorläufige Entziehung der Fahrerlaubnis im Bereich des Amtsgerichts Plön[72], sowie anhand einer Statistik über die Zahl der dem Institut für Gerichtliche und Soziale Medizin der Universität Kiel übersandten Blutproben zur Blutalkoholbestimmung[73]. Statistiken, die die erwartete Entwicklung nicht so ganz belegen können[74], werden als „alles andere als erfreulich" bezeichnet. Zabel[75] nimmt Bezug auf eine „Schreckensbilanz der drei tollen Tage", die die „Kieler Nachrichten" aus dem Karnevalsgeschehen im Rheinland gezogen haben[76]. Zur Frage, ob Geld- oder Freiheitsstrafe als fühlbarer und nachhaltiger empfunden werden, verweist Händel[77] auf eine Schlagzeile des „Schwarzwälder Boten" („Zwischen Milde und Strenge"), die ihm als kennzeichnend für die öffentliche Meinung erscheint[78].

Dagegen verneint Quack die generalpräventive Wirkung der kurzen Freiheitsstrafe bei Verkehrsdelikten vor allem, wenn die Strafe auf die schweren Folgen des Delikts abstelle, weil sie von der Bevölkerung als „Schicksal und Unglück" empfunden werde und die Rechtstreue der Bevölkerung vielmehr korrumpiere[78a].

---

[70] Behnke, aaO, S. 337; Koch, aaO, S. 843; Krüger, aaO, S. 358.
[71] Granicky, aaO, S. 454; Koch, aaO, S. 843.
[72] Behnke, aaO, S. 335.
[73] Schneble, aaO, S. 437.
[74] Statistik des Staatlichen Instituts für Hygiene und Infektionskrankheiten in Saarbrücken über die jeweils in den Monaten Januar und Dezember der letzten drei Jahre eingesandten Blutproben zur Alkoholbestimmung, BA 1970, S. 137.
[75] Zabel, BA 1970, S. 132 ff.
[76] „KN" vom 12. 2. 1969.
[77] Händel, BA 1970, S. 204 ff.
[78] „Schwarzwälder Bote" vom 28. 2. 1970.
[78a] Quack, aaO, S. 32; ähnlich Eickhoff, aaO, S. 273 f., der in dieser Strafzumessungspraxis eine versteckte Tatvergeltung sieht und die gegenüber der kurzen Freiheitsstrafe bessere generalpräventive Wirkung der Fahrerlaubnisentziehung betont.

d) Die Formulierung der Entscheidung

Die mit Hilfe dieser kriminalpolitischen Argumente getroffene Entscheidung wird jedoch dann so formuliert, als wäre sie eine Auslegung des Gesetzes. So entnimmt beispielsweise Granicky[79] der Entstehungsgeschichte, „daß kurze Freiheitsstrafen dann zu verhängen sind, wenn dies um des unverbrüchlichen Bestandes der Rechtsordnung willen unerläßlich ist", folgert dann, daß man bei Tunkenheits-Wiederholungstätern diese Voraussetzung in der Regel als gegeben ansehen müsse, und begründet dies mit kriminalpolitischen Argumenten[80]. Selbst da, wo am Gesetzgeber kritisiert wird, daß er das „Legt-ihr's-nicht-aus, so-legt-was-unter" provoziert habe[81], wird das Ergebnis so formuliert, als ergebe es sich aus dem „Sinne des Gesetzes"[82].

4. Sonstige Richtigkeitskriterien

Es werden von den Autoren noch weitere Methoden angewandt, um Anwendungsfälle des Begriffs „Verteidigung der Rechtsordnung" als richtig zu belegen. Es sind dies a) das Zitieren von Gerichtsentscheidungen, b) das Nennen einer bestimmten Auslegung ohne Angabe von Gründen und c) das Abstellen auf den Einzelfall.

a) Zitieren von Gerichtsentscheidungen

Gerichtsentscheidungen werden vor allem von den Kommentatoren des StGB angeführt[83]. Dabei handelt es sich jedoch weitgehend um Entscheidungen, die noch zur alten Fassung des StGB ergangen sind. Die Verwertbarkeit dieser Entscheidungen nach dem Inkrafttreten des ersten Strafrechtsreformgesetzes wird kaum eingeschränkt[84], es bleibt aber auch hiernach unklar, in welchen Fällen dies geschehen soll.

b) Nennung einer Auslegung ohne Begründung

Ohne Angabe von Gründen behauptet Dreher[85], daß unter „Verteidigung der Rechtsordnung" zu verstehen sei, daß die Strafe auch die

---

[79] *Granicky*, aaO, S. 454.
[80] Ähnlich *Behnke*, aaO, S. 339; *Krüger*, aaO, S. 358.
[81] *Koch*, aaO, S. 842.
[82] *Koch*, aaO, S. 844.
[83] *Schönke-Schröder*, § 14, Nr. 18 und § 23, Nr. 38; *Dreher*, § 23, Nr. 4 B.
[84] *Schönke-Schröder*, § 23, Nr. 35 a und 44 a.
[85] *Dreher*, § 13, Nr. 20 C.

Aufgabe habe, die durch die Tat verletzte Ordnung des Rechts gegenüber dem Täter wiederherzustellen und künftigen Verletzungen durch ihn und andere vorzubeugen. Hohler[86] hält den Begriff für einen notwendigen erzieherischen und generalpräventiven Vorbehalt für Täter, die Rechtsgüter mit ungewöhnlicher Gleichgültigkeit mißachten[87].

c) Abstellen auf den Einzelfall

Entscheidend auf den Einzelfall stellt Dreher[88] ab, wenn er sagt, daß das Gericht am konkreten Fall zu prüfen habe, ob der grundsätzliche Vorrang der Spezialprävention dem Prinzp der Verteidigung der Rechtsordnung zu weichen habe. Für unzulässig hält v. Gerkan[89] eine Schematisierung der abzuurteilenden Taten nach Fallgruppen, weil der in den Formulierungen „besondere Umstände" und „unerläßlich machen" zum Ausdruck kommende Ausnahmecharakter ein Eingehen auf den Einzelfall gebiete. Interessant ist hier auch der Streit in der Literatur[90], ob Strafzumessungsempfehlungen, wie beispielsweise die der Berliner Verkehrsrichter[91], zulässig sind oder ob sie die Richter unzulässig binden und ein notwendiges Eingehen auf den Einzelfall verhindern.

Alle Autoren, die ein Eingehen auf den Einzelfall fordern, können jedoch keine festen Kriterien geben, nach denen diese Einzelfälle auszuwählen und zu beurteilen sind.

B. Kritik am Vorgehen der Literatur

I. Die grundsätzliche Fragestellung und ihre Kritik

Die Autoren beginnen ihre Untersuchungen alle unter der Fragestellung: Was ist unter „Verteidigung der Rechtsordnung" zu verstehen? Sie verstehen diese Frage jedoch nicht als eine Frage nach der durch das Gesetz und seine Entstehungsgeschichte vermittelten Entscheidung des Gesetzgebers, sondern als eine davon losgelöste Frage, bei der sie voraussetzen, daß es hierauf *eine richtige* Antwort gibt, die mit Hilfe der juristischen Auslegungsmethoden zu ermitteln ist. Bei dieser Ermittlung

---

[86] *Hohler*, aaO, S. 1227.
[87] s. auch *Petters-Preisendanz*, § 23, Nr. 5.
[88] *Dreher*, aaO.
[89] *v. Gerkan*, aaO.
[90] *Jagusch*, NJW 1970, S. 1865 ff.; *Händel*, BA 1970, S. 204 ff.
[91] BA 1969, S. 456.

spielt dann der Wille des historischen Gesetzgebers nur eine mehr oder weniger wichtige Rolle[92].

Diese grundsätzliche Fragestellung ist aus zwei Gründen zu kritisieren:

1. Sie verschleiert die Grenze zwischen einer vorgegebenen kriminalpolitischen Entscheidung des Gesetzgebers, die im wesentlichen nur ausgelegt werden muß, und einem eigenen Lösungsvorschlag des Autors, den er vor allem gut begründen muß, damit er Zustimmung findet.

2. Sie verhindert da, wo ein Problem vom Gesetzgeber nicht entschieden ist, die offene Problemerörterung, indem sie vorgibt, daß es nur eine Lösung gibt, die mit Hilfe von „Auslegung" zu finden sei.

Belege für eine im diesen Sinne negative Auswirkung der grundsätzlichen Fragestellung finden sich zahlreich.

II. Die Auswirkung der grundsätzlichen Fragestellung

Es wird von den Autoren nicht erkannt bzw. nicht ausgesprochen, daß der Begriff einen vorgegebenen Inhalt nicht hat. Selbst die Autoren, denen es offensichtlich schwerfällt, dies zu übersehen, schreiten, nachdem sie den Gesetzgeber kurz kritisiert haben, zu einer „Auslegung" des Begriffs. Der Zwang, die Möglichkeit von vornherein auszuschließen, daß die Regelung inhaltslos ist, setzt sich bei der Betrachtung der Entstehungsgeschichte fort. Es werden aus ihr selbst nach zweckbestimmten Auslegungsbemühungen[93] nur Allgemeinfloskeln entnommen, die den Begriff nicht konkretisieren, die jedoch als Anknüpfungspunkt für eine weitere „Auslegung" dienen.

Kommt ein Autor im Verlauf des weiteren Vorgehens dann zu dem Ergebnis, bestimmte Fälle unter den Begriff zu subsumieren, so dient dieser Anknüpfungspunkt dazu, diese Entscheidung als eine Entscheidung des Gesetzgebers ausgeben zu können. Daß dies die Grenze zwischen einer vorgegebenen Entscheidung und einem eigenen, persönlich zu vertretenden Lösungsvorschlag verschleiert, wird deutlich, wenn man berücksichtigt, daß der Gesetzgeber tatsächlich selbst bekannte und entscheidbare Probleme nicht entschieden hat.

Mit Hilfe ihrer „Auslegungsmethoden" kommt die Literatur dann zu einander widersprechenden, teilweise im Gegensatz zueinander stehenden Ergebnissen. Diese Ergebnisse sind zwar von den angewandten

---

[92] Als Ausnahme ist hier *Knoche*, aaO, zu nennen.

[93] *Dreher* und *Horstkotte* legen die Entstehungsgeschichte beispielsweise so aus, als wären ihre Äußerungen im Sonderausschuß entscheidend gewesen, obwohl ihnen tatsächlich widersprochen worden ist und das Ausschlaggebende ihrer Äußerungen nicht nachweisbar ist.

Methoden her nicht logisch zwingend (dies werfen die Autoren sich selbst wechselseitig vor), sie dürfen jedoch nach herkömmlicher juristischer Betrachtungsweise allesamt als vertretbare Interpretationen gelten. Die Literatur, die selbst von einer vorgegebenen Entscheidung ausgeht, die sie nur auszulegen und eventuell abzugrenzen gedenkt, beschreibt so in ihrer Gesamtheit nur den Bereich, in dem Lösungsvorschläge für das vom Gesetzgeber offengelassene Problem möglich sind. Die offene kriminalpolitische Argumentation, die notwendig wäre, wird durch das Selbstverständnis bzw. die grundsätzliche Fragestellung verhindert; selbst da, wo sie im Ansatz vorhanden ist, fungiert sie noch unter der Überschrift „Auslegung".

Nur Schneble[93a] geht einen Schritt weiter, wenn er eine Auslegung des Begriffs „Verteidigung der Rechtsordnung" für überflüssig hält und nur noch kriminalpolitische Erwägungen gelten läßt. Denn zur Äußerung eines hessischen Richters, der Begriff „Verteidigung der Rechtsordnung" könne nur als bloße Phrase angesehen werden, aber keine praktische Bedeutung erlangen, führt Schneble aus: „Der Begriff ‚Verteidigung der Rechtsordnung' mag durch eine bessere und klarere Terminologie ersetzt werden können. Was damit gemeint ist, kann ich nur aus vollem Herzen bejahen. Wer es ablehnt, propagiert Gesetzlosigkeit und Unordnung."

III. Die vom Gesetzgeber erfolgte Delegation einer Entscheidung an die rechtsanwendenden Berufe.

Beurteilung nach Betrachtung der Literatur

Es hat sich gezeigt, daß die Literatur weder das vom Gesetzgeber nicht entschiedene Problem in einer offenen kriminalpolitischen Diskussion diskutiert und eigene Lösungsvorschläge bringt, indem sie sie auch als eigene bezeichnet, noch daß sie überhaupt die Ausgangssituation klar erkennt und ausspricht[94].

Es zeichnet sich jedoch ab, daß sich möglicherweise in einiger Zeit in der Beurteilung einiger Kernfragen eine gleichlautende Mehrheitsmeinung bildet[95]. Dies kann aber für den Gesetzgeber keine Begründung sein dafür, Entscheidungen weiterhin zu delegieren, da eine solche Mehrheitsmeinung sich aller Wahrscheinlichkeit nach mehr auf „Autoritäten" in der „Auslegung" als auf Sachargumente stützt; dies wird am Einfluß Horstkottes, am Ruf nach einer Entscheidung des BGH, die „nichts dahingestellt läßt", sowie daran deutlich, daß einige Kommen-

---

[93a] *Schneble*, SchlHA 1970, S. 52.
[94] Auch hier ist *Knoche*, aaO, als Ausnahme zu nennen. Er belegt seine Thesen jedoch unzureichend.
[95] s. hierzu *Dede*, MDR 1970, S. 721 ff., S. 723.

tatoren des StGB ihre Entscheidung gar nicht erst begründen oder nur auf frühere Gerichtsentscheidungen stützen.

Es muß hier grundsätzlich die Frage gestellt werden, ob es der Literatur möglich ist, kriminalpolitische Lösungsvorschläge zu erarbeiten, die von einem fundierten Wissen der möglichen Folgen einer Entscheidung getragen werden[96]. Das oben beschriebene Vorgehen der Autoren beim Analysieren der Entwicklung der Verkehrsstraftaten ist in dieser Beziehung nicht sehr ermutigend. Die angeführten Statistiken sind unzureichend, das Berufen auf Schlagzeilen irgendwelcher Tageszeitungen kann nur als dubios bezeichnet werden.

Die andere Möglichkeit, daß weiterhin auf den Einzelfall abgestellt wird, dürfte als noch ungünstigere Perspektive bezeichnet werden, solange es keine eindeutigen Kriterien für die Beurteilung dieses Einzelfalles gibt.

Überlegt man die Folgen des Vorgehens der Literatur für die Rechtsprechung, so ergibt sich folgendes: Die Literatur erschwert der Rechtsprechung das Erkennen des Begriffs „Verteidigung der Rechtsordnung" als eine inhaltslose Formel. Sie macht jedoch selbst für eine Handhabung des Begriffs keine praktikablen Vorschläge. Es ist für die Rechtsprechung nahezu jede Auslegung möglich, wobei sie sich jeweils mindestens auf einen Autor berufen kann.

---

[96] s. hierzu auch Knoche, aaO, S. 202.

3. Kapitel

Die Gerichtspraxis zum Begriff „Verteidigung der Rechtsordnung"

Das 3. Kapitel besteht aus zwei Teilen: Teil A hat den Versuch einer Analyse der Entscheidungen zum Gegenstand, im Teil B soll Kritik an den Entscheidungen geübt werden.

A. Analyse der Entscheidungen

I. Arten der Entscheidungen

Bei der Aufgabe, Ergebnisse der Rechtsprechung bei der Auseinandersetzung mit dem Begriff „Verteidigung der Rechtsordnung" zu sammeln und zu verwerten, stellte sich zunächst die Frage, welche Entscheidungen berücksichtigt werden sollten. Es wurden veröffentlichte und die uns auf Anfrage von den Oberlandesgerichten zur Verfügung gestellten unveröffentlichten Entscheidungen verwertet[1]. Außerdem sollte die Rechtsprechung eines oder mehrerer Amtsgerichte berücksichtigt werden, wobei hätte aufgezeigt werden können, wie fast ohne Revisionsentscheidungen die erstinstanzlichen Gerichte bei der Anwendung dieses neuen Begriffs vorgehen und ein neues Problem bewältigen. Außerdem wäre der Anteil der Entscheidungen leichter erkennbar geworden, in denen dieser Begriff eine Rolle spielt. Es gelang jedoch trotz wiederholter Bemühungen nicht, an einschlägige erstinstanzliche Entscheidungen heranzukommen, was man mit technischen Schwierigkeiten oder damit begründete, solche Entscheidungen stünden nicht zur Verfügung. Daher beschränkt sich die vorliegende Darstellung auf veröffentlichte und unveröffentlichte Entscheidungen der Oberlandesgerichte.

II. Anwendungsfälle

Bei der Verwertung der Entscheidungen gingen wir davon aus, daß dem Begriff „Verteidigung der Rechtsordnung" in den §§ 14 (entspricht § 27 b Übergangsfassung) und 23 StGB gleiche Bedeutung zukommt, so

---

[1] Siehe Einleitung, Anm. 5.

daß wir die Entscheidungen nur soweit unterschieden, wie es wegen der unterschiedlichen Formulierung in den §§ 14 und 23 StGB erforderlich war (§ 14: „wenn besondere Umstände die Verhängung einer Freiheitsstrafe zur Verteidigung der Rechtsordnung unerläßlich machen" — § 23: „wenn die Verteidigung der Rechtsordnung die Vollstreckung gebietet").

Die Entscheidungen sind zunächst einmal unter dem Gesichtspunkt zu betrachten, welche Delikte sie zum Gegenstand haben und welche Rechtsfolgen ausgesprochen worden sind. Auf diese Weise wird sichtbar, was eigentlich der Gesetzgeber hätte klarmachen müssen, nämlich auf welche Fälle praktisch die hier untersuchten Teile der §§ 14, 23 StGB zielen und welche Entscheidungen die Gerichte in diesen Fällen getroffen haben. Die herangezogenen Entscheidungen lassen klar erkennen: *nach der sich anbahnenden Praxis haben die §§ 14, 23 StGB im hier untersuchten Teil einen Sonderstrafrahmen für Trunkenheitsdelikte im Straßenverkehr geschaffen.*

Zur Beurteilung haben wir 74 Revisionsurteile zum Begriff „Verteidigung der Rechtsordnung" herangezogen, 43 veröffentlichte und 31 auf unsere Bitte uns zugesandte nicht veröffentlichte Entscheidungen.

Die Fälle, wie sie in der ersten Tatinstanz der Beurteilung zugrunde lagen, gestalten sich folgendermaßen:

63 Fälle sind Verkehrsdelikte als überwiegende Tathandlungen, nur in 6 Fällen standen andere Straftaten zur Aburteilung[1a]. Diese 6 enthielten Eigentums- oder Vermögensdelikte in mehrfacher Begehung[2], Verweigerung des Ersatzdienstes zum wiederholten Male[3], bei einem anderen Täter vorsätzliche Körperverletzungsdelikte[4] und bei einem weiteren Täter schließlich Verbrechensbedrohung und Widerstand gegen die Staatsgewalt[4a].

Unter den 63 Verkehrsdelikten sind nur 5 Verstöße, die nicht alkoholbedingt sind, alle anderen beruhen auf Trunkenheit am Steuer. Dabei lag in 38 Fällen § 315 c Abs. 1, 1 a, Abs. 3 StGB, in 18 Fällen § 316 Abs. 1, 2 StGB vor. In den fünf Ausnahmefällen handelt es sich einmal um fahrlässige Tötung und Körperverletzung unter erneuter Mißachtung der Geschwindigkeitsbeschränkungen durch einen Taxifahrer, um fahrlässige Tötung durch unachtsames Überholen bei Glatteis, ein anderes Mal um fahrlässige Tötung und Körperverletzung infolge Fahrens mit mangel-

---

[1a] Bei den verbleibenden Fällen konnten die zur Aburteilung stehenden Delikte nicht festgestellt werden.
[2] Fr 1 Ss 140/70; Kö 1 Ss 27/70; Hg 1 Ss 146/69.
[3] Bay 4 a St 195/69.
[4] St 2 Ss 6/70.
[4a] St 2 Ss 406/70.

haften Reifen, im vierten Fall um fahrlässige Tötung und Körperverletzung bei einem achtzehnjährigen noch fahrungeübten Jugendlichen, und im letzten Fall schließlich um fahrlässige Transportgefährdung und Körperverletzung durch Überfahren eines unbeschrankten Bahnübergangs und Zusammenstoß mit einem Triebwagen.

In 14 Fällen wurde — soweit ersichtlich — Freiheitsstrafe ausschließlich erwogen wegen Trunkenheit am Steuer ohne jeglichen Fremdschaden, in drei Fällen davon war Vorsatz gegeben. In zwei dieser 14 Fälle kamen Fahren ohne Fahrerlaubnis und ruhestörender Lärm bei einer Blutalkoholkonzentration von nur 1,05 ‰ dazu. Zwei der 14 Verkehrstäter fuhren mit dem Moped, davon verletzte sich der eine selbst und wurde bewußtlos aufgefunden. Bei diesen leichten, ohne schwere Folgen verlaufenen Trunkenheitsfahrten waren allerdings die Fahrer mit drei Ausnahmen einschlägig vorbestraft; einmal lagen Vorstrafen aus anderen Verkehrsstraftaten vor.

In den restlichen 44 Fällen führte die Trunkenheitsfahrt zu Folgen unterschiedlichen Grades. 14mal wurde wegen fahrlässiger Tötung bestraft, dreimal lag eine Tötung im Rahmen des § 330 a StGB vor. 19mal waren zum Teil mehrfache Körperverletzungen die Folge. In drei Fällen lag zudem § 142 StGB vor, einmal auch § 113 StGB.

Die verbleibenden Fälle zeichnen sich durch erhebliche oder leichte Sachschäden aus. Im übrigen schwankt die Blutalkoholkonzentration dabei zwischen 1,05 ‰ und mindestens 2,6 ‰.

Betrachtet man die Ergebnisse dieser Entscheidungen, so ist festzustellen, daß in etwa zwei Dritteln der Fälle die Sache zur erneuten Verhandlung zurückverwiesen wird.

In sechs Fällen wird endgültig bejaht, daß zur Verteidigung der Rechtsordnung die Verhängung einer Freiheitsstrafe unerläßlich sei. In einer Stuttgarter Entscheidung[5] wurde eine Freiheitsstrafe von zwei Monaten und drei Wochen bei einer Trunkenheitsfahrt eines einschlägig Vorbestraften (mindestens 1,72 ‰) mit Verstoß gegen die §§ 315 c Abs. 1, 1 a, Abs. 3, 142, 316 Abs. 1 StGB und vierfacher Körperverletzung verhängt. Im zweiten Fall, ebenfalls einer Stuttgarter Entscheidung[6], lag nur ein Verstoß gegen § 316 Abs. 1, 2 StGB eines einschlägig Vorbestraften bei einer Blutalkoholkonzentration von 1,9 ‰ vor, wobei der Täter vor der Fahrt sogar mehrere Stunden lang in dem abgestellten Wagen seinen Rausch ausgeschlafen hatte. Dennoch hatte das Revisionsgericht nichts gegen eine siebenwöchige Freiheitsstrafe einzuwenden, wobei nicht ganz klar wird, ob diese zur Verteidigung der Rechtsordnung oder

---

[5] St 3 Ss 307/70.
[6] St 1 Ss 191/70.

aber nur zur Einwirkung auf den Täter unerläßlich sein soll. Auch im dritten Fall[6a] wurde die Verhängung einer sechswöchigen Strafe nur wegen fahrlässiger Trunkenheit im Straßenverkehr unter Versagung der Strafaussetzung zur Bewährung gegen einen Täter bestätigt, der innerhalb einer Bewährungszeit in trunkenem Zustand über einen längeren Zeitraum durch belebten Verkehr mit erheblicher Geschwindigkeit gefahren war, wobei aber ebenfalls nicht klar wird, ob die Verhängung der Strafe auch zur Verteidigung der Rechtsordnung unerläßlich sein soll. Im vierten Fall[7], Rückfalldiebstahl in 13 Fällen bei einer Gesamtstrafe von 1½ Jahren[7a], wurde die Verhängung einer Freiheitsstrafe schon zur Einwirkung auf den Täter als unerläßlich angesehen, wobei nach Meinung des Revisionsgerichts überdies die Unerläßlichkeit zur Verteidigung der Rechtsordnung zu bejahen wäre. Im fünften Fall[7b] wurde eine vierwöchige Freiheitstrafe ohne Aussetzung zur Bewährung gegen einen einschlägig Vorbestraften wegen fahrlässiger Straßenverkehrsgefährdung infolge Trunkenheit verhängt (über 2,00 ‰, Sachschaden), und zwar zur Einwirkung auf den Angeklagten als auch zur Verteidigung der Rechtsordnung. Im sechsten Fall[7c] schließlich wurde eine achtwöchige Gesamtstrafe mit Strafaussetzung zur Bewährung wegen Verbrechensbedrohung und Widerstands gegen die Staatsgewalt verhängt.

Einige Revisionsgerichte, die zurückverweisen, neigen zur Verhängung einer Freiheitsstrafe zur Verteidigung der Rechtsordnung. In zwei Fällen geht es dabei um Trunkenheit am Steuer einschlägig vorbestrafter Täter, einmal mit Sachschaden[8], im anderen Fall mit Sturz und Bewußtlosigkeit des stark betrunkenen Mopedfahrers selbst[9]. Zur Verhängung einer Freiheitsstrafe neigt wohl auch Koblenz[10] bei einem Verstoß gegen § 316 Abs. 1, 2 StGB eines einschlägig vorbestraften Täters bei mindestens 2,1 ‰. Eine Freiheitsstrafe will anscheinend auch Stuttgart[11] im Falle zweier Verstöße gegen § 223 StGB durch einen einschlägig vorbestraften Schläger annehmen. Unklar ist eine Zweibrücker Entscheidung[12], bei der es um die Verstöße eines einschlägig Vorbestraften gegen die §§ 315 c Abs. 1, 1 a, Abs. 3, 230, 142, 316 Abs. 1 StGB geht. Von diesen

---
[6a] KG 2 Ss 267/69.
[7] Hg 1 Ss 146/69.
[7a] Bei der Prüfung der Voraussetzungen des § 14 StGB wurde auf die einzelnen Fälle abgestellt.
[7b] Ko 1 Ss 91/70.
[7c] St 2 Ss 406/70.
[8] Bay 1 b St 191/69.
[9] Bay 1 b St 194/69.
[10] Ko 1 Ss 51/70.
[11] St 2 Ss 6/70.
[12] Zw Ss 150/69.

II. Anwendungsfälle

acht aufgeführten Entscheidungen bestätigt eine die Notwendigkeit auch der Vollstreckung der verhängten Freiheitsstrafe[13], drei Entscheidungen neigen wohl einer Vollstreckung zu[14].

In drei Fällen wird auch endgültig die Vollstreckung einer Freiheitsstrafe zur Verteidigung der Rechtsordnung bejaht. Einmal[15] geht es um die Geschwindigkeitsüberschreitung eines einschlägig vorbestraften Taxifahrers mit den Folgen der §§ 222, 230 StGB, wobei eine Freiheitsstrafe von 10 Monaten verhängt worden war. Im zweiten Fall[16] handelt es sich um die achtmonatige Gefängnisstrafe für die Trunkenheitsfahrt eines vorbestraften Motorradfahrers (1,5—1,6 ‰) mit tödlichem Ausgang für einen anderen Verkehrsteilnehmer. Im dritten Fall [16a] schließlich bejaht der BGH die Vollstreckung einer einjährigen Gefängnisstrafe, die für eine Tötung im Rahmen des § 330 a StGB gegen einen schon einmal wegen Trunkenheit im Verkehr Bestraften verhängt worden war, wobei die Vollstreckung auch schon zur Einwirkung auf den Täter als geboten angesehen wird.

Eine Revisionsentscheidung, die aber nur eine Rückverweisung ausspricht, will ebenfalls die Vollstreckung einer Freiheitsstrafe zur Verteidigung der Rechtsordnung bejahen[17]. Dabei handelt es sich um den Verstoß eines Ersttäters gegen § 315 c Abs. 1, 1 a, Abs. 3 StGB mit der Folge des § 222 StGB. Es war dafür eine Strafe von einem Jahr Gefängnis ausgesprochen worden.

Endgültig gegen die Verhängung oder Vollstreckung einer Freiheitsstrafe zur Verteidigung der Rechtsordnung wenden sich jeweils fünf Entscheidungen[18]. Nach Hamm[19] ist die Frage der Unerläßlichkeit einer Freiheitsstrafe zur Verteidigung der Rechtsordnung wohl zu verneinen, wird aber nicht mehr entscheidungserheblich, da die Strafe schon zur Einwirkung auf den Täter unerläßlich sei. Nach Frankfurt[20] schließlich kann diese Frage in dem ihm vorliegenden Fall dahingestellt bleiben.

In den übrigen Fällen liegen Rückverweisungen vor, bei denen die Neigung der Revisionsgerichte zur Verhängung oder Vollstreckung einer Freiheitsstrafe verschieden deutlich wird. Entweder wird eine Tendenz

---

[13] St 3 Ss 307/70.
[14] Bay 1 b St 191/69 und 194/69; Zw Ss 150/69.
[15] KG 2 Ss 265/69.
[16] St 3 Ss 681/69.
[16a] BGH 4 StR 5/70.
[17] Ol 4 Ss 445/69.
[18] Gegen Verhängung: Bay 1 a St 267/69; Ce 1 Ss 358/69; St 3 Ss 20/70; St 3 Ss 270/70; Bay 5 St 60/70; gegen Vollstreckung: Bay 2 St 42/70; Bay 4 a St 195/69; Ce 3 Ss 33/70; St 3 Ss 640/69; Bay 5 St 47/70.
[19] Ha 2 Ss 1149/69.
[20] Fr 2 Ss 769/69.

sichtbar, die Verhängung oder Vollstreckung von Freiheitsstrafen zur Verteidigung der Rechtsordnung abzulehnen[21], oder aber es wird offengelassen, ob die Verhängung oder Vollstreckung einer Freiheitsstrafe zur Verteidigung der Rechtsordnung zu bejahen oder zu verneinen sei[22].

III. Methodischer Ausgangspunkt der Rechtsprechung: Ausblick auf die Ergebnisse der Rechtsprechung

Beim Versuch einer Abgrenzung des Anwendungsbereiches des Begriffes „Verteidigung der Rechtsordnung" nehmen nicht alle Entscheidungen zu der Art des methodischen Vorgehens ausdrücklich Stellung. Köln[23] spricht von Auslegung der normativen Begriffe, das Bayerische Oberste Landesgericht[24] geht von einem auslegungsbedürftigen, unbestimmten Rechtsbegriff aus, und auch Schleswig[25] und Koblenz[26] sprechen von Auslegung der gesetzlichen Bestimmung. Viele Entscheidungen prüfen ausdrücklich die Entstehungsgeschichte an Hand der Materialien[27] oder beziehen sich dabei auf Nachweise in der Literatur[28]. Ein Teil der Urteile geht auch in seinen Ausführungen auf Wortsinn, Gesetzeswortlaut und Gesetzesaufbau ein[29]. Das Bayerische Oberste Landesgericht[30] erwähnt einmal die Erforderlichkeit der objektiven Auslegung.

---

[21] Gegen Verhängung: BGH 4 StR 25/70; Ce 3 Ss 321/69; Dü 2 Ss 86/70; Fr 1 Ss 140/70; Fr 3 Ss 57/70; Ha 1 Ss 1268/69; Ha 3 Ss 1254/69; Ha 4 Ss 110/70; Ha 1 Ss 256/70; Kö 1 Ss 401/69; Kö 1 Ss 9/70; Kö 1 Ss 27/70; Sl 1 Ss 533/69; St 1 Ss 36/70; St 3 Ss 420/69; Zw Ss 159/69; wohl auch Ha 1 Ss 63/70; Dü 1 Ss 675/69; gegen Vollstreckung: Bay 6 St 13/70; Ce 3 Ss 371/69.

[22] Nicht klar erkennbar, ob Neigung zur Verhängung: Bay 2a St 248/69; Bay 2b St 179/69; Ka 3 Ss 1/70; Ko 1 Ss 111/70; Ko 1 Ss 89/70; Ko 1 Ss 54/70; St 1 Ss 82/70; St 3 Ss 726/69; vgl. auch Ce 2 Ss 43/70; nicht klar erkennbar, ob Neigung zur Vollstreckung: Bay 2b St 180/69; Ce 3 Ss 26/70; Ce 3 Ss 12/70; Fr 2 Ss 729/69; Fr 3 Ss 759/69; Ha 2 Ss 185/70; Ko 1 Ss 52/70; Ol 1 Ss 229/69; Ol 1 Ss 71/70; Sl 1 Ss 356/69; St 3 Ss 460/69.

[23] Kö 1 Ss 9/70.

[24] Bay 6 St 13/70.

[25] Sl 1 Ss 356/69.

[26] Ko 1 Ss 54/70; ebenso Bay 5 St 47/70.

[27] Bay 6 St 13/70; Ce 3 Ss 12/70; Fr 2 Ss 729/69; Fr 2 Ss 769/69; Ol 4 Ss 445/69; St 3 Ss 460/69; St 3 Ss 420/69; St 3 Ss 640/69.

[28] Bay 2b St 180/69 unter Hinweis auf *Horstkotte;* Ce 3 Ss 371/69 unter Hinweis auf *Horstkotte, Kunert;* Fr 2 Ss 729/69 unter Hinweis auf *Horstkotte;* Fr 2 Ss 769/69 unter Hinweis auf *Horstkotte;* KG 2 Ss 265/69 unter Hinweis auf *Horstkotte, Kunert;* Kö Ss 401/69 unter Hinweis auf *Horstkotte, Kunert;* Ol 1 Ss 229/69 unter Hinweis auf *Horstkotte, Kunert;* Ol 4 Ss 445/69 unter Hinweis auf *Horstkotte, Kunert, Lackner;* St 3 Ss 640/69 unter Hinweis auf *Horstkotte.*

[29] Ce 3 Ss 371/69; KG 2 Ss 265/69; Ol 1 Ss 229/69; Ol 4 Ss 445/69; Sl 1 Ss 356/69; St 3 Ss 681/69.

[30] Bay 6 St 13/70.

III. Methodischer Ausgangspunkt und Ausblick auf die Ergebnisse 73

Es kann aber übereinstimmend für alle Urteile gesagt werden, auch wenn sie nicht expressis verbis zum methodischen Vorgehen Stellung nehmen, daß bei der Anwendung dieses Begriffes auf den Einzelfall zumindest am Ausgangspunkt der Untersuchung mit dem Ziel einer bestimmten Auslegung, nicht jedoch mit Ermessensentscheidungen gearbeitet wird, wobei die Urteile in ihren Begründungen allerdings recht verschieden sorgfältig und ausführlich vorgehen. Bevor die Gerichte versuchen, den Begriff auszulegen, wird gelegentlich noch festgestellt, es handele sich in den neuen Vorschriften um unbestimmte[31] oder abstrakte[32] Rechtsbegriffe oder um normative Begriffe[33]; nach Stuttgart[34] ist die neue Formel nach ihrem Wortlaut inhaltsarm und ohne scharfe Umrisse. Nach dem Bayerischen Obersten Landesgericht[35] ist die Wortfassung keineswegs so klar und eindeutig, daß sie nicht in eben solchem Maße der Auslegung durch den Richter bedürfe wie die „farblose und vage"[36] Klausel „öffentliches Interesse".

Man stellt dann in den Ausführungen sowohl auf die subjektive wie auf die objektive Auslegungsmethode ab. Man versucht vielfach, den Willen des Gesetzgebers aus der Entstehungsgeschichte zu ermitteln, stellt manchmal auf Wortsinn und Gesetzeswortlaut ab, füllt dann den Begriff in einer bestimmten Weise inhaltlich aus, wobei man in diesem Falle oft einige wenige Literaturstellen zitiert, um schließlich zu einer Fallentscheidung zu kommen. Die Weite des Begriffs hindert dabei die Gerichte nicht am Versuch, im Wege der Auslegung zum Ergebnis zu gelangen.

Eine Besonderheit zeigen noch einige Stuttgarter Urteile[37], die nach ihren Ausführungen mit der Auslegungsmethode nur einen bestimmten Rahmen festsetzen wollen, innerhalb dessen der Begriff nicht weiter für den Tatrichter verbindlich konkretisiert werden könne. Vielmehr lasse innerhalb dieses Rahmens der Begriff „Verteidigung der Rechtsordnung" dem Tatrichter einen Beurteilungsspielraum für den Einzelfall, der dem Revisionsgericht verwehrt sei.

Stuttgart[38] spricht ausdrücklich von tatrichterlichem Beurteilungsermessen, da nicht die Subsumtion von Tatsachen unter umschriebene Kategorien des Rechts in Frage stehe, sondern die Wertung und Ab-

---
[31] St 3 Ss 726/69; Bay 6 St 13/70.
[32] St 3 Ss 420/69.
[33] Kö 1 Ss 9/70.
[34] St 3 Ss 681/69.
[35] Bay 6 St 13/70.
[36] Unter Bezugnahme auf die Bundestagsdrucksachen.
[37] St 3 Ss 681/69; St 3 Ss 726/69 unter Hinweis auf 681/69; St 3 Ss 420/69; St 3 Ss 270/70; unklar Kö 1 Ss 27/70.
[38] St 3 Ss 681/69.

wägung einander widerstrebender Belange, bei der eine gewisse Breite der möglichen Ergebnisse nicht eindeutig als rechtlich falsch oder richtig erkannt werden könne.

In den weiteren Untersuchungen wird nun zu ermitteln sein, ob die Gerichte bei der Anwendung dieses Begriffes zum gleichen Ergebnis kommen, zu dem wir in der bisherigen Untersuchung gelangt sind, daß nämlich aus der Entstehungsgeschichte ein eindeutiger Wille des Gesetzgebers gerade nicht zu erschließen ist[39], da in den Beratungen des Strafrechtssonderausschusses und des Bundestages weder der Begriff selbst positiv definiert worden ist noch die Strafzwecke definiert und in den Bestimmungen der §§ 14 Abs. 1, 23 Abs. 3 StGB in ihrer Wertigkeit gegeneinander abgegrenzt worden sind noch Auslegungshilfen wie z. B. Fallgruppen verbindlich gegeben worden sind. Es wird zu zeigen sein, ob deshalb in den Entscheidungen die subjektive Methode nur zu einer anderen, der objektiven Methode überleitet und nicht selbst zu einer Entscheidung führt.

Überzeugend kann wegen der Verständnisbreite des Begriffs eine solche objektive Auslegung aber nur sein, wenn für die Behauptung der Auslegenden Belege oder verbindliche Anhaltspunkte vorhanden sind. Wegen der Weite des Begriffs wird man daher in der Rechtsprechung immer wieder feststellen, daß Belege nur aus der Entstehungsgeschichte entnommen werden können — dort aber fehlen sie, wie festgestellt wurde. Jedes Belegen in diesem Zusammenhang muß daher einseitig ausgewählt oder unvollständig und unzureichend bleiben, verlangt man ein nachprüfbares und voraussehbares Ergebnis.

Auch eine eventuelle Fallgruppenbildung, für die aus der Entstehungsgeschichte keine Anhaltspunkte ersichtlich sind, wird wegen dieser fehlenden Bezugspunkte zu kontroversen Ergebnissen führen, ebenso wie schließlich auch eine Entscheidung im Einzelfall nicht zu klar voraussehbaren und überprüfbaren Ergebnissen führen wird, da keine Entscheidung des Gesetzgebers über Art und Gewicht der zu berücksichtigenden Strafzwecke getroffen wurde, wie im 1. Kapitel aufgezeigt wurde.

Weder die subjektive noch die objektive Auslegung können der Rechtsprechung weiterhelfen. Ob und in welchem Umfange sich diese Hypothese bestätigen wird, sollen die folgenden Untersuchungen zeigen.

IV. Verhältnis von Geld- und Freiheitsstrafe

Bei der Prüfung der Frage, ob die §§ 14, 23 StGB angewendet werden sollen, scheinen die Gerichte davon auszugehen, daß eine Freiheitsstrafe

---

[39] Vgl. Kapitel 1 a. E.

härter sei als eine Geldstrafe. Drei Entscheidungen sagen das auch ausdrücklich. Nach Stuttgart[40] geht auch der heutige Strafgesetzgeber unverkennbar davon aus, daß eine Freiheitsstrafe härter wirke als eine Geldstrafe. Auch das Bayerische Oberste Landesgericht[41] bezeichnet ausdrücklich die Geldstrafe als eine mildere Strafart oder das geringere Übel[42].

Nach dem Bayerischen Obersten Landesgericht[43] allerdings erblickt die Allgemeinheit in der Verhängung einer kurzen, zur Bewährung ausgesetzten Freiheitsstrafe in einem Fall, in dem nach der Persönlichkeit des Täters ein späterer Widerruf der Strafaussetzung kaum zu erwarten sei, keine wesentlich schärfere Reaktion als in der Verhängung einer hoch bemessenen Geldstrafe[44].

V. Durch Auslegung gewonnene allgemeine Abgrenzungskriterien

1. Ausnahmeregelung

Bei der Auseinandersetzung mit dem Begriff „Verteidigung der Rechtsordnung" gehen die Gerichte in vielen Fällen in ihren Ausführungen ausdrücklich davon aus, daß die Bestimmungen in § 14 Abs. 1[45] und § 23 Abs. 3[46] StGB als Ausnahmeregelungen des Gesetzgebers angesehen werden müßten oder daß durch die Reformgesetzgebung die Verhängung oder Vollstreckung kurzer Freiheitsstrafen in starkem Maße eingeschränkt oder zurückgedrängt werden solle oder daß sich die Neuregelung gegen kurzfristige Freiheitstrafen richte[47] [48]. Nach Hamm[48a] ist die Verhängung von Freiheitsstrafen unter sechs Monaten nur noch ausnahmsweise als „ultima ratio" zugelassen. Auch nach dem BGH[49] sollen Freiheitsstrafen unter sechs Monaten nach § 14 StGB nur mehr in

---

[40] St 2 Ss 6/70 unter Hinweis auf *Horstkotte*.
[41] Bay 1 b St 194/69 und 191/69.
[42] Bay 1 b St 191/69 unter Hinweis auf RGSt 2, S. 205; *Löwe-Rosenberg* u. *Eberhard Schmidt* zu § 331.
[43] Bay 1 a St 267/69.
[44] Unter Hinweis auf *Baumann*.
[45] Dü 1 Ss 675/69; Kö Ss 401/69; Kö 1 Ss 9/70; Bay 1 a St 267/69; Ce 2 Ss 43/70; Fr 2 Ss 769/69; Ko 1 Ss 52/70; Ol 4 Ss 445/69; Sl 1 Ss 533/69; St 3 Ss 420/69; St 3 Ss 726/69.
[46] Ol 4 Ss 445/69; Ol 1 Ss 229/69; Sl 1 Ss 356/69.
[47] Zu § 14: Ce 2 Ss 43/70; Ha 2 Ss 1149/69; Hg 1 Ss 146/69; Kö Ss 401/69; Kö 1 Ss 9/70; Sl 1 Ss 533/69; Ha 4 Ss 110/70; Ko 1 Ss 111/70; St 1 Ss 36/70; Sl 1 Ss 233/69; Dü 2 Ss 86/70; Bay 5 St 60/70; Ko 1 Ss 91/70.
[48] Zu § 23: Ce 3 Ss 12/70; Ha 2 Ss 1149/69; Ol 1 Ss 229/69.
[48a] Ha 1 Ss 256/70; Ha 4 Ss 110/70 unter Hinweis auf die Bundestagsdrucksachen und *Dreher*.
[49] 4 StR 71/70; 4 StR 25/70.

besonderen Ausnahmefällen verhängt werden. Sehr deutlich wird dies bei § 14 Abs. 1 StGB, wo man häufig auf die Formulierungen „besondere Umstände" und „unerläßlich" abstellt und schon aus dem Gesetzeswortlaut den Ausnahmecharakter dieses Begriffes herleitet[50]. Nach dem Bayerischen Obersten Landesgericht[51] ergibt sich aus dem Wort „unerläßlich" auch, daß an das Vorliegen eines Ausnahmefalles strenge Anforderungen zu stellen sind. Nicht so klar und häufig sieht man § 23 Abs. 3 StGB als Ausnahmeregelung an[46] [48]. Oldenburg[52] weist dazu auch auf den Aufbau und Wortlaut des Gesetzes hin. Nach seinen Ausführungen soll durch die Strafrechtsreform die Vollstreckung kurzer Freiheitsstrafen durch andere Resozialisierungsmittel ersetzt werden, von denen die Strafaussetzung zur Bewährung das wichtigste und wirkungsvollste sei.

Nach Frankfurt[53] muß auch bei der quantitativ besonders ins Gewicht fallenden Verkehrskriminalität die kurze Freiheitsstrafe die Ausnahme bleiben. Das sei im Sonderausschuß ausdrücklich hervorgehoben worden[54]. Auch nach Koblenz[55] muß selbst bei Alkoholdelikten im Straßenverkehr die Geldstrafe künftig die Regelstrafe sein.

Oldenburg[56] führt schließlich aus, es ergebe sich schon aus dem Wortlaut, daß die Voraussetzungen für die ausnahmsweise Verhängung einer Freiheitsstrafe unter 6 Monaten enger seien als für die Vollstreckung verhängter Freiheitsstrafen, so daß beide Ausnahmetatbestände nicht gleich behandelt werden könnten. Nach der Meinung von Frankfurt[57] greift demgegenüber der Gesichtspunkt der Verteidigung der Rechtsordnung bei der Entscheidung über die Frage der Strafaussetzung noch wesentlich seltener durch als bei der Prüfung, ob die Verhängung einer Freiheitsstrafe von weniger als 6 Monaten unerläßlich sei.

In diesem Zusammenhang kann auch die Entscheidung von Hamm[58] erwähnt werden, wonach die Verteidigung der Rechtsordnung auch die Vollstreckung einer Freiheitsstrafe von einem Jahr oft schon eher als etwa die Vollstreckung einer wesentlich geringeren Freiheitsstrafe von mindestens 6 Monaten gebiete.

---

[50] Vor allem Bay 1 a St 267/69; Ha 3 Ss 1254/69 unter Hinweis auf Ha 1 Ss 1128/69; Dü 1 Ss 675/69; Sl 1 Ss 533/69; Sl 1 Ss 233/69; Bay 5 St 60/70; Ko 1 Ss 91/70 und Ko 1 Ss 111/70 unter Hinweis auf Dü 1 Ss 675/69, Ko 1 Ss 51/70, *Martin, Spiegel, Kunert, Dreher.*
[51] Bay 1 a St 267/69 unter Hinweis auf *Lackner*, Kö Ss 401/69.
[52] Ol 1 Ss 229/69; ähnlich auch Bay 5 St 47/70.
[53] Fr 2 Ss 769/69.
[54] Unter Hinweis auf die Bundestagsprotokolle.
[55] Ko 1 Ss 51/70; Ko 1 Ss 91/70.
[56] Ol 4 Ss 445/69 unter Hinweis auf Kö Ss 401/69.
[57] Fr 1 Ss 140/70.
[58] Ha 2 Ss 185/70.

V. Durch Auslegung gewonnene Abgrenzungskriterien

Die Gerichte zitieren als Beleg für ihre Meinung gelegentlich unmittelbar Bundestagsdrucksachen[59] oder weisen auf die Literatur bei Horstkotte, Kunert, Lackner, Lackner-Maassen oder Dreher hin[60].

Auf der anderen Seite betont aber Stuttgart[61] auch wieder, daß die Schwelle, von der ab die Strafvollstreckung aus dem in § 23 Abs. 2 StGB Übergangsfassung genannten Grund geboten erscheine, nicht so hoch angesetzt werden könne, daß sie von Taten aus dem Bereich der kleineren und mittleren Kriminalität so gut wie nie erreicht werde; die Vorschrift des § 23 Abs. 2 StGB Übergangsfassung würde dadurch entgegen dem Gesetz praktisch gegenstandslos werden.

Auch die Ausführungen von Celle[62] scheinen in diese Richtung zu gehen, wenn gesagt wird, für die praktische Anwendung des Begriffs „Verteidigung der Rechtsordnung" dürfe nicht außer acht gelassen werden, daß er letztlich den Bestrebungen auf Abschaffung der kurzen Freiheitsstrafen, denen die Strafrechtsreform Rechnung tragen wolle, eine Grenze setze.

Nach Koblenz[63] weisen die Formulierungen des Gesetzes auch eindeutig darauf hin, daß der Gesetzgeber nicht jeden Verstoß gegen die §§ 316 oder 315 c StGB mit Geldstrafe geahndet wissen wolle.

In diesem Zusammenhang kann auch auf drei Koblenzer Entscheidungen[64] verwiesen werden. Darin wird die Auffassung einer Strafkammer als fehlerhaft bezeichnet, die im Vorgriff auf die Regelung des am 1. Oktober 1973 in Kraft tretenden 2. StrRG Freiheitsstrafen unter einem Monat nicht mehr verhängen wollte, da das späte Inkrafttreten dieser Bestimmung auf einem Kompromiß des Gesetzgebers beruhe; es sei nicht einzusehen, warum diese Bestimmung nicht heute schon genau so richtig und zutreffend neueren Überlegungen zur Bestrafung Rechnung tragen sollte wie in 4 Jahren. Nach Ansicht von Koblenz[64] haben jedoch die Gerichte nur das geltende Recht anzuwenden.

Es ist also festzustellen, daß bezüglich des Charakters als Ausnahmeregelung die Entscheidungen untereinander als auch die Meinungen von Gesetzgeber, Literatur und Rechtsprechung übereinstimmen.

---

[59] Vgl. Sl 1 Ss 533/69; St 3 Ss 420/69; Ce 3 Ss 12/70; Fr 2 Ss 769/69; Bay 5 St 60/70.

[60] Sl 1 Ss 533/69 unter Hinweis auf *Horstkotte, Kunert, Dreher*; Bay 1 a St 267/69 unter Hinweis auf *Lackner* und Kö Ss 401/69; Bay 5 St 60/70 unter Hinweis auf *Horstkotte, Kunert, Lackner, Lackner-Maassen, Dreher*.

[61] St 3 Ss 681/69.
[62] Ce 3 Ss 371/69.
[63] Ko 1 Ss 51/70; Ko 1 Ss 91/70; Ko 1 Ss 111/70.
[64] Ko 1 Ss 54/70; Ko 1 Ss 89/70; Ko 1 Ss 111/70.

2. Enger als „öffentliches Interesse"

Als nächstes kommen die Entscheidungen häufig zur Feststellung, daß der Begriff „Verteidigung der Rechtsordnung" enger zu interpretieren sei als „öffentliches Interesse"[65]. Das Bayerische Oberste Landesgericht[66] geht nur davon aus, die Regeln für die bisherige Auslegung des Begriffs „öffentliches Interesse" seien nicht übertragbar. Man nimmt an, daß der neue Begriff gegenüber dem bisherigen Recht eine erhebliche Einschränkung der Fälle erreichen solle, obwohl die neue Formel nach ihrem Wortlaut inhaltsarm und ohne scharfe Umrisse sei[67]. Nach Schleswig[68] kann es nach dem Wortlaut des Gesetzes zweifelhaft sein, ob der Ausschluß einer Strafaussetzung durch die Neufassung des § 23 StGB eingeschränkt sei oder „Verteidigung der Rechtsordnung" und „öffentliches Interesse" letztlich unterschiedliche Formulierungen für Begriffe gleichen Inhalts seien. Demgegenüber will das Kammergericht[69] schon aus dem Wortlaut der jetzigen Gesetzesfassung den Schluß ziehen, daß der Anwendungsbereich des § 23 Abs. 2 StGB Übergangsfassung enger sein solle. Nach Oldenburg[70] ist es klar, daß der Gesetzgeber den früheren Ausschlußtatbestand des öffentlichen Interesses an der Vollstreckung des § 23 Abs. 3 Nr. 1 StGB a. F. selbst in dem durch die höchstrichterliche Rechtsprechung begrenzten Umfang als zu weitgehend angesehen habe, da sonst nicht erklärlich wäre, weshalb dieser Begriff durch einen neuen ersetzt worden sei.

Im übrigen beziehen sich einige Urteile als Beleg für ihre Meinung auf die Entstehungsgeschichte, entweder durch Verweis auf die Materialien[71] oder die Darstellung der Entstehungsgeschichte bei Horstkotte und Kunert[72], oder sie verweisen als Beleg auf Literaturstellen bei Horstkotte, Kunert, Lackner-Maassen oder Schönke-Schröder[73]. Gelegentlich wird die Meinung Schönke-Schröders als weitergehende

---

[65] Bay 1 a St 267/69; Bay 2 St 42/70; Bay 2 b St 180/69; Ce 2 Ss 43/70; Ce 3 Ss 371/69; Ko 1 Ss 52/70; Ce 3 Ss 26/70; Ha 2 Ss 185/70; Kö 1 Ss 401/69; KG 2 Ss 265/69; Ol 1 Ss 229/69; Ol 4 Ss 445/69; St 3 Ss 460/69; St 3 Ss 420/69; St 3 Ss 640/69; St 3 Ss 681/69; Bay 5 St 47/70; Ha 4 Ss 110/70.
[66] Bay 2 b St 179/69; 2 a St 248/69.
[67] St 3 Ss 681/69.
[68] Sl 1 Ss 356/69 unter Hinweis auf *Schönke-Schröder*.
[69] KG 2 Ss 265/69.
[70] Ol 4 Ss 445/69.
[71] St 3 Ss 460/69 bzgl. Bewährung der Rechtsordnung; St 3 Ss 640/69; Ha 2 Ss 185/70; Bay 5 St 47/70.
[72] KG 2 Ss 265/69; Ol 1 Ss 229/69.
[73] Bay 1 a St 267/69; Bay 2 St 42/70; Ol 4 Ss 445/69; St 3 Ss 640/69; St 3 Ss 681/69; Ha 2 Ss 185/70; Bay 5 St 47/70 unter Hinweis auch auf *Sturm, Lackner* und *Dreher*.

Gegenmeinung zitiert[74]. Schließlich werden in den neueren Entscheidungen auch schon vorhergehende Urteile als Belege zitiert[75].

Soweit zu dieser Frage also Stellung genommen wird, wird sie einheitlich im Sinne einer engeren Interpretierung von „Verteidigung der Rechtsordnung" als „öffentliches Interesse" beantwortet.

3. Erheblicher Angriff

Ein Teil der Entscheidungen geht davon aus, daß ein Angriff auf die Rechtsordnung vorliegen müsse. Das ergibt sich nach dem Bayerischen Obersten Landesgericht[76] und dem Kammergericht[77] sprachlich und logisch aus der Formulierung „Verteidigung". Auch nach Koblenz[78] ist begrifflich ein Angriff auf die Rechtsordnung erforderlich. Frankfurt[79] spricht von einem Angriff auf die Rechtsordnung schlechthin. In dem vorliegenden Fall ließen die Umstände der Taten möglicherweise auf eine niedrige Gesinnung des Angeklagten schließen, die für die Bewertung der Schuld und für die Bemessung der Strafe von Bedeutung wäre, nicht aber schon den Schluß zulasse, die Taten hätten einen Angriff auf die Rechtsordnung schlechthin dargestellt. Nach Oldenburg[80] muß es sich um einen Angriff handeln, dem mit den Mitteln nicht ausreichend begegnet werden könne, die das Gesetz für den Regelfall zur Verfügung stelle. Das entspreche dem Willen des Gesetzgebers, wie er sich zweifelsfrei aus dem Zusammenhang der einzelnen Vorschriften des § 23 StGB n. F. ergebe. Das Bayerische Oberste Landesgericht[81] verlangt nicht nur schlechthin einen Angriff gegen ein konkretes Schutzobjekt, sondern einen Rechtsbruch von einigem objektiven und subjektiven Gewicht[82]. Einige Entscheidungen gebrauchen die Wendung, daß ein erheblicher Angriff auf die Rechtsordnung vorliegen müsse[83]

---

[74] Ce 3 Ss 371/69; Ol 1 Ss 229/69; Ol 4 Ss 445/69; Bay 5 St 47/70.
[75] Bay 1a St 267/69 unter Hinweis auf Bay 1b St 243/69, Kö Ss 401/69; Bay 2 St 42/70 unter Hinweis auf St 3 Ss 640/69; Ce 3 Ss 26/70 unter Hinweis auf St 3 Ss 640/69 m. w. N.; Ko 1 Ss 52/70 unter Hinweis auf St 3 Ss 640/69, KG 2 Ss 265/69 m. w. N.; Ol 4 Ss 445/69 unter Hinweis auf St 3 Ss 640/69; St 3 Ss 640/69 unter Hinweis auf St 3 Ss 420/69; St 3 Ss 681/69 unter Hinweis auf St 3 Ss 420/69 und 640/69; Ha 2 Ss 185/70 unter Hinweis auf St 3 Ss 640/69, Ha 4 Ss 7/70, Kö 1 Ss 401/69; Bay 5 St 47/70 unter Hinweis auf St 3 Ss 640/69, Kö Ss 401/69, Ce 1 Ss 358/69, KG 2 Ss 265/69, Bay 1b St 194/69, Bay 6 St 13/70.
[76] Bay 6 St 13/70 unter Hinweis auf *Horstkotte, Kunert*.
[77] KG 2 Ss 265/69 unter Hinweis auf *Horstkotte, Kunert*.
[78] Ko 1 Ss 51/70.
[79] Fr 1 Ss 140/70.
[80] Ol 4 Ss 445/69.
[81] Bay 6 St 13/70.
[82] Unter Hinweis auf *Horstkotte* und *Kunert*.
[83] Kö Ss 401/69; Ko 1 Ss 111/70; Ko 1 Ss 51/70; Ko 1 Ss 91/70.

oder auf den Bestand der Rechtsordnung, der sie zu erschüttern drohe, wenn die Strafdrohung nicht verwirklicht werde[84]. Die Erforderlichkeit eines erheblichen Angriffs ergibt sich nach Koblenz[85] aus dem Erfordernis des Vorliegens „besonderer Umstände" und der zwingenden Formulierung „unerläßlich". Nach dem Kammergericht[86] kann von einem Angriff auf die Rechtsordnung nur gesprochen werden, wenn die zu ahndende Tat in erheblichem Maße stört oder bedroht[87] oder wenn sie zu einer derartigen Störung oder Bedrohung beiträgt. Andere Entscheidungen verlangen einen Angriff, der so rechtsmißachtend sein müsse[88] oder der so schwer wiegen müsse[89], daß die Verhängung einer Geldstrafe oder Nichtvollstreckung einer Freiheitsstrafe die Rechtstreue oder rechtliche Gesinnung der Bevölkerung gefährden könne, eine Formulierung, auf die später noch näher einzugehen sein wird. Hamm[90] spricht in diesem Zusammenhang noch von der Notwendigkeit der Vollstreckung, um eine Infektionswirkung des rechtsfeindlichen Verhaltens des Angeklagten auf viele andere Bürger zu verhindern.

4. Verteidigung der Rechtsordnung als Strafzweck;
Durchsetzung der Strafrechtsordnung selbst;
Rechtsgüterschutz

Stuttgart[91] sieht „Verteidigung der Rechtsordnung" selbst als Strafzweck an und spricht in seinen Ausführungen von den Strafzwecken der „Einwirkung auf den Täter" und der „Verteidigung der Rechtsordnung". Auch das Bayerische Oberste Landesgericht[92] spricht in Verbindung mit Einwirkung auf den Täter und Verteidigung der Rechtsordnung von Zwecken der Bestrafung.

Einige Entscheidungen sprechen in Verbindung mit „Verteidigung der Rechtsordnung" ganz allgemein von dem Gedanken, daß die Rechtsordnung gegenüber Verletzungen von Rechtsgütern durchgesetzt wer-

---

[84] Sl 1 Ss 533/69; Sl 1 Ss 356/69; Sl 1 Ss 233/69 unter Hinweis auf *Kunert* und Bundestagsdrucksachen.
[85] Ko 1 Ss 51/70; Ko 1 Ss 91/70 und 1 Ss 111/70 unter Hinweis auf Kö Ss 401/69.
[86] KG 2 Ss 265/69.
[87] Unter Hinweis auf *Kunert*.
[88] Ha 2 Ss 185/70 unter Hinweis auf *Kunert*; St 3 Ss 270/70 unter Hinweis auf *Kunert*; St 3 Ss 640/69 unter Hinweis auf *Kunert*.
[89] Ce 2 Ss 43/70, ähnlich Ha 3 Ss 1254/69 unter Hinweis auf Kö Ss 401/69, Dü 1 Ss 675/69, Ha 2 Ss 99/70, Ha 4 Ss 110/70.
[90] Ha 2 Ss 185/70 unter Hinweis auf Kö Ss 401/69, Ha 4 Ss 7/70, *Lackner-Maassen*, Ha 2 Ss 99/70.
[91] St 1 Ss 36/70.
[92] Bay 6 St 13/70.

V. Durch Auslegung gewonnene Abgrenzungskriterien

den müsse[93] oder daß es auch um die Durchsetzung der Strafrechtsordnung selbst gehe, nicht nur um den Schutz einzelner Rechtsgüter[94], ohne daß ausgeführt wird, was man eigentlich darunter versteht.

Gelegentlich wird in Verbindung mit „Verteidigung der Rechtsordnung" ausdrücklich ausgeführt, es gehe auch um wirksamen Rechtsgüterschutz[95].

5. Schuldvergeltung, Sühne, Genugtuung

Es besteht keine Einigkeit in der Rechtsprechung darüber, ob beim Begriff „Verteidigung der Rechtsordnung" die Schuldvergeltung, Sühne oder Genugtuung für den Verletzten zu berücksichtigen ist. Nach Stuttgart[96] soll es dem Richter ermöglicht werden, auch im Bereich der kleineren Kriminalität ein besonders grobes Verschulden des Täters angemessen zu sühnen, wobei auch die Wirkung der Strafe auf Dritte, insbesondere den Verletzten, zu berücksichtigen sei. Stuttgart[97] spricht vom Gesichtspunkt des Schuldausgleichs für die erhöhte Tatschuld, der durch „Verteidigung der Rechtsordnung" auch solle berücksichtigt werden können. Ebenso geht Stuttgart in anderen Entscheidungen davon aus[98], daß auch der Strafzweck der gerechten Sühne für die Tatschuld in Betracht komme.

Etwas unklar spricht Hamm[99] davon, bei der Prüfung der Verhängung einer Freiheitsstrafe unter 6 Monaten seien Schuldschwere und allgemeine Abschreckung nicht ganz außer acht zu lassen. Unklar sind auch die Ausführungen von Düsseldorf[99a]. Es entspreche nur bedingt dem Grundgedanken der Zurückdrängung kurzfristiger Freiheitsstrafen, mitentscheidend auf die Frage des Schuldmaßes abzustellen. Das ergebe sich schon daraus, daß das Merkmal der Schuld, das noch im Entwurf des Strafrechtsreformgesetzes enthalten war, in der Gesetz gewordenen Vorschrift in Wegfall gebracht worden sei. Das bedeute nicht, daß nicht auch die Frage der Schuld, insbesondere die des Schuldmaßes, bei der Entscheidung der Frage, ob zur Verteidigung der Rechtsordnung im konkreten Falle die Verhängung einer kurzfristigen Freiheitsstrafe unerläßlich ist, eine Rolle spielen könne und daher mit zu

---

[93] Sl 1 Ss 356/69; St 3 Ss 460/69; ähnlich wohl auch Ha 2 Ss 185/70.
[94] Dü 1 Ss 675/69 unter Hinweis auf *Dreher*.
[95] Vgl. dazu Ce 3 Ss 26/70; Dü 1 Ss 675/69 unter Hinweis auf *Dreher*.
[96] St 2 Ss 6/70.
[97] St 3 Ss 270/70.
[98] St 3 Ss 681/69 und 726/69.
[99] Ha 1 Ss 63/70.
[99a] Dü 2 Ss 86/70.

berücksichtigen sei. Nach Koblenz[99b] gehören auch im Rahmen des § 23 Abs. 3 StGB n. F. zur erforderlichen Gesamtbetrachtung neben generalpräventiven Gesichtspunkten eine umfassende Prüfung der Tat, des in ihr liegenden Unrechts- und Schuldgehaltes sowie der Persönlichkeit des Täters unter Berücksichtigung aller anerkannten Strafzwecke.

Diesen Entscheidungen, die ihre Meinung nicht weiter begründen, steht jedoch die überwiegende Mehrzahl der übrigen Entscheidungen entgegen. Frankfurt[100] und das Bayerische Oberste Landesgericht[101] gehen davon aus, daß „Verteidigung der Rechtsordnung" nicht die Sühne meine. Unter Bezugnahme auf die Bundestagsdrucksachen gebrauchen Stuttgart[102] und Schleswig[103] die Formulierung, der neue Begriff solle deutlich machen, daß die Schuldvergeltung um ihrer selbst willen keinen Ausschlußgrund für die Strafaussetzung darstelle. Auch nach Celle[104] muß der Gedanke der Sühne und Genugtuung außer Betracht bleiben. Derselben Meinung ist Oldenburg[105], nach dessen Ausführungen die Rechtsprechung zum „öffentlichen Interesse" nicht mehr herangezogen werden kann, soweit sie auf das Sühnebedürfnis und die Genugtuung des Verletzten abstelle. Nach dem Bayerischen Obersten Landesgericht[106] zeigt die Entstehungsgeschichte eindeutig, daß weder die Schwere der Schuld noch gar die der Tatfolgen allein aus Gründen der Vergeltung oder Sühne die Vollstreckung einer Freiheitsstrafe zur Verteidigung der Rechtsordnung geböten[107]; auch dem Gedanken der Genugtuung des Geschädigten sei keine unmittelbare Bedeutung zu geben. Daß die Größe der Schuld allein kein Grund sei, davon gehen auch Celle[108], Köln[109] und das Bayerische Oberste Landesgericht[110] aus, das unter Bezugnahme auf Horstkotte darauf hinweist[111], das ergebe sich daraus, daß das ursprünglich neben der „Bewährung der Rechtsordnung" vorgesehene Wort „Schuld" in der endgültigen Fassung weggefallen sei und die Regeln für die bisherige Auslegung des Rechts-

---

[99b] Ko 1 Ss 52/70.
[100] Fr 3 Ss 57/70 unter Hinweis auf *Horstkotte;* 2 Ss 729/69 unter Hinweis auf die Gesetzgebungsgeschichte bei *Horstkotte.*
[101] Bay 2 b St 180/69 unter Hinweis auf *Horstkotte.*
[102] St 3 Ss 460/69.
[103] Sl 1 Ss 356/69.
[104] Ce 2 Ss 43/70.
[105] Ol 1 Ss 229/69.
[106] Bay 6 St 13/70.
[107] Unter Hinweis auf *Horstkotte, Sturm, von Gerkan, Dreher.*
[108] Ce 2 Ss 43/70; Ce 3 Ss 321/69.
[109] Kö Ss 401/69 unter Hinweis auf *Horstkotte* und dessen Hinweis auf die Protokolle.
[110] Bay 2 b St 179/69; Bay 2 a St 248/69.
[111] Bay 2 a St 248/69.

V. Durch Auslegung gewonnene Abgrenzungskriterien

begriffes „öffentliches Interesse" nicht übertragen werden könnten. Auch nach Meinung des BGH[111a] darf der Gesichtspunkt der Sühne für das begangene Unrecht nach dem Wortlaut und dem eindeutigen Zweck der neuen Vorschrift des § 27 b StGB Übergangsfassung bei der Entscheidung darüber, ob eine weniger als sechs Monate betragende Freiheitsstrafe verhängt werden solle, jedenfalls nicht mehr entscheidend bewertet werden.

Es ist also festzustellen, daß, abgesehen von den zitierten Entscheidungen, der Gedanke der Schuldvergeltung, Sühne und Genugtuung für den Geschädigten nach Meinung der Gerichte bei der „Verteidigung der Rechtsordnung" keine unmittelbare Bedeutung haben darf und daß man sich dafür z. T. auf die Entstehungsgeschichte, ihre Darstellung in der Literatur oder nur auf die Literatur beruft.

6. Spezialprävention

Es besteht wohl Übereinstimmung darüber, daß es bei „Verteidigung der Rechtsordnung" nicht um Spezialprävention gehe, was einige Urteile auch ausdrücklich sagen[112]. Nach Köln[113] hat dieser Gesichtspunkt in der Alternative „zur Einwirkung auf den Täter ... unerläßlich" selbständige Bedeutung gewonnen. Nach Stuttgart[114] haben Gründe der Spezialprävention schon bei der Prüfung der persönlichen Voraussetzungen des § 23 Abs. 1 StGB die ausschlaggebende Rolle gespielt. Nach dem Bayerischen Obersten Landesgericht[115] treten spezialpräventive Gründe zurück, was sich schon daraus ergebe, daß § 14 Abs. 1 StGB die Einwirkung auf den Täter (Spezialprävention) als gleichwertige Alternative neben die „Verteidigung der Rechtsordnung" stelle; jener Zweck sei also von diesem nicht schon mitumschlossen[116].

Zumindest mißverständlich ist Düsseldorf[117], das bei der Prüfung von „Verteidigung der Rechtsordnung" feststellt, daß die Strafe auch die Aufgabe habe, die durch die Tat verletzte Ordnung des Rechts gegenüber dem Täter durchzusetzen und künftigen Verletzungen durch ihn oder andere vorzubeugen, was man als Mitberücksichtigung spezialpräventiver Gesichtspunkte verstehen könnte.

[111a] BGH 4 StR 25/70.
[112] St 3 Ss 681/69; Kö Ss 401/69; Ce 1 Ss 358/69 unter Hinweis auf *Horstkotte, Kunert, Dreher, Lackner-Maassen.*
[113] Kö Ss 401/69 unter Hinweis auf *von Gerkan.*
[114] St 3 Ss 681/69.
[115] Bay 6 St 13/70.
[116] Unter Hinweis auf *von Gerkan.*
[117] Dü 1 Ss 675/69.

7. Generalprävention

Die meisten Urteile kommen in ihren Ausführungen zu dem Schluß, daß die Wendung „Verteidigung der Rechtsordnung" jedenfalls generalpräventive Zwecke mitverfolge oder innerhalb ihres Anwendungsbereiches generalpräventive Erwägungen nicht ganz ausschalten wolle oder einen Teilaspekt der Generalprävention oder einen schmalen Ausschnitt aus dem Bereich der Generalprävention umfasse. Es ist allerdings — wenigstens in den Formulierungen — unterschiedlich und oft auch nicht klar zu erkennen, welches Gewicht man der Generalprävention innerhalb dieses Begriffes gibt und was an Generalprävention man berücksichtigt wissen will oder was man unter Generalprävention versteht.

Ein Teil der Urteile geht von der Entstehungsgeschichte aus und verweist dazu z. T. unmittelbar auf Bundestagsdrucksachen oder auf Darstellungen der Beratungen in der Literatur bei Horstkotte und Kunert. Nach Frankfurt[118] meint der Gesichtspunkt der Verteidigung der Rechtsordnung Generalprävention. Unter Bezugnahme auf die im Bundestag gefallene Äußerung, daß die Klausel „Verteidigung der Rechtsordnung" „ein Stück Generalprävention" enthalte, geht Oldenburg[119] davon aus, daß dem Begriff ausschließlich generalpräventive Erwägungen zugrunde lägen. An anderer Stelle wird ausgeführt, der in der bisherigen Rechtsprechung zum „öffentlichen Interesse" verwendete Gedanke der allgemeinen Abschreckung habe seine Bedeutung nicht verloren.

In einer anderen Oldenburger Entscheidung[120] wird ausgeführt, daß es sich bei den im Bundestag vorgetragenen Gesichtspunkten um Umstände handele, die nur darin übereinstimmten, daß sie der Verbrechensvorbeugung bei der Gesamtheit der Rechtsgenossen (Generalprävention) dienen sollten. An einer nicht veröffentlichten Stelle geht Oldenburg[121] in derselben Entscheidung ebenfalls von generalpräventiven Gesichtspunkten aus, wenn es ausführt, daß bei ausnahmsloser Anwendung der Grundsätze der Reformgesetzgebung die Gefahr des Abbaus oder der Verminderung der jeder Strafrechtsnorm innewohnenden Abschreckungswirkung bestehe, was in bestimmten Fällen die Vollstreckung einer Strafe zur Verteidigung der Rechtsordnung erforderlich machen könne.

---

[118] Fr 2 Ss 729/69 unter Hinweis auf *Horstkotte, Dreher* und die Darstellung der Bundestagserörterungen bei *Horstkotte.*
[119] Ol 1 Ss 229/69 unter Hinweis auf die Gesetzgebungsgeschichte bei *Horstkotte* und *Kunert.*
[120] Ol 4 Ss 445/69.
[121] Ol 4 Ss 445/69.

V. Durch Auslegung gewonnene Abgrenzungskriterien

Das Bayerische Oberste Landesgericht[121a] stimmt der bisher in Literatur und Rechtsprechung unter Heranziehung der Gesetzgebungsgeschichte erfolgten Auslegung zu, daß der Gesetzgeber mit diesem Begriff einen generalpräventiven Gesichtspunkt in den sonst allein von spezialpräventiven Erwägungen bestimmten § 23 StGB habe einfügen wollen. Ähnliches wird an anderer Stelle zu § 14 StGB gesagt[121b].

Nach Celle[122] geht die Auslegung, daß in diesem Begriff der Abschreckungsgedanke Ausdruck finde, an der Entstehungsgeschichte[123] und am Wortlaut vorbei, der jedenfalls — sonst hätte es auch schwerlich einer neuen Formel bedurft — etwas von dem Strafzweck der allgemeinen Abschreckung (Generalprävention) Abweichendes zu bedeuten habe, das diesen erweitere und einenge[124]. „Verteidigung der Rechtsordnung" habe nach seiner Entstehungsgeschichte dazu führen sollen, innerhalb des Anwendungsbereiches generalpräventive Erwägungen nicht ganz auszuschalten[125].

Lediglich einen mit den anderen Strafzwecken abzuwägenden Teilaspekt der Generalprävention nehmen Stuttgart[126] und Köln[127] an [128]. Auch eine andere Stuttgarter Entscheidung[128a] geht davon aus, der Gesichtspunkt „Verteidigung der Rechtsordnung" stelle nach der Entstehungsgeschichte des Gesetzes einen Teilaspekt der Generalprävention dar. Nach dem Bayerischen Obersten Landesgericht[129] ist es aus der Entstehungsgeschichte nicht mit Sicherheit zu entnehmen, ob sich der Wille des Gesetzgebers im Zweck der allgemeinen Abschreckung erschöpfe und sich der Normgehalt des gewählten Begriffs mit dem der Generalprävention im herkömmlichen Sinne decke; dies sei aber wohl mit der überwiegenden Meinung im Schrifttum zu verneinen[130], die meist nur einen schmalen Ausschnitt aus dem Bereich der Generalprävention

---

[121a] Bay 5 St 47/70 unter Hinweis auf die Bundestagsdrucksachen, *Horstkotte, Kunert, Sturm, Lackner, Lackner-Maassen, Dreher*, St 3 Ss 640/69, Kö Ss 401/69, Ce 1 Ss 358/69, KG 2 Ss 265/69, Bay 1b St 194/69, Bay 6 St 13/70, *Schönke-Schröder*.
[121b] Bay 5 St 60/70.
[122] Ce 3 Ss 371/69.
[123] Unter Hinweis auf deren Darstellung bei *Horstkotte* und *Kunert*.
[124] Unter Hinweis auf *Dreher*.
[125] Ebenso Ce 3 Ss 26/70 unter Hinweis auf Ce 3 Ss 371/69.
[126] St 3 Ss 640/69 unter Hinweis auf *Horstkotte*.
[127] Kö Ss 401/69 unter Hinweis auf *Horstkotte, Kunert*.
[128] Unter Hinweis auf die Darstellung der Bundestagserörterungen bei *Horstkotte* und *Kunert*.
[128a] St 2 Ss 406/70.
[129] Bay 6 St 13/70.
[130] Zitiert werden: *Hohler*, Kö Ss 401/69, St 3 Ss 640/69, *Horstkotte, von Gerkan, Lackner, Kunert, Lackner-Maassen, Sturm*.

sehe. Im übrigen wird in diesem Zusammenhang darauf hingewiesen, daß sich aus der Entstehungsgeschichte zwar die Richtung des gesetzgeberischen Willens mit hinreichender Sicherheit entnehmen lasse, nicht aber in gleichem Maß der präzise Sinngehalt des unbestimmten Rechtsbegriffs[131].

Viele Urteile berufen sich als Beleg für ihre Meinung nicht unmittelbar auf die Entstehungsgeschichte, sondern verweisen nur auf die einschlägigen Literaturstellen bei Horstkotte, Kunert, Dreher, Lackner, Lackner-Maassen, Schönke-Schröder, Spiegel und Cramer. Nach Stuttgart[132] soll dem Strafzweck der Generalprävention weiterhin Geltung verschafft werden. Frankfurt[133] läßt es offen, ob es sich um einen Teilaspekt der sog. Generalprävention[134] oder um Generalprävention schlechthin[135] handele. Meist spricht man von einem Begriff, der nur einen Teilaspekt der Generalprävention oder schmalen Ausschnitt aus dem Bereich der Generalprävention darstelle[136]. Hamm[137] meint weiter, das Ziel der Abschreckung anderer allein reiche nicht aus, um darzutun, daß die Verteidigung der Rechtsordnung die Verhängung einer Freiheitsstrafe unerläßlich mache. Koblenz[138] gebraucht die Wendung „Stück Generalprävention" und spricht an anderen Stellen von generalpräventiven Gesichtspunkten und von dem in § 23 Abs. 3 StGB erhalten gebliebenen generalpräventiven Element. In anderen Entscheidungen wird ausgeführt, diesem Begriff lägen generalpräventive Erwägungen zugrunde[138a]. Nach der Formulierung von Celle[139] geht es bei dem Begriff um einen generalpräventiven Gesichtspunkt. Nach Hamm[139a] stehen bei dem Begriff in erster Linie generalpräventive Gesichtspunkte der Abschreckung und des Rechtsgüterschutzes im Vordergrund. Nach Frankfurt[140] liegt der „Verteidigung der Rechtsordnung" der Gedanke der Abschreckung anderer in einem Teilbereich zugrunde[141]. Nach Stuttgart[142] ist in dem Begriff Generalprävention enthalten.

---

[131] Jeweils unter Hinweis auf die Bundestagsdrucksachen.
[132] St 2 Ss 6/70.
[133] Fr 2 Ss 769/69.
[134] Unter Hinweis auf *Horstkotte*.
[135] Unter Hinweis auf *Dreher*.
[136] Bay 2 St 42/70; Bay 2 b St 180/69; Bay 2 b St 179/69; Ce 2 Ss 43/70; KG 2 Ss 265/69; St 3 Ss 460/69.
[137] Ha 1 Ss 1268/69 unter Hinweis auf Kö Ss 401/69, Dü 1 Ss 675/69.
[138] Ko 1 Ss 52/70.
[138a] Ko 1 Ss 91/70 und 1 Ss 111/70 unter Hinweis auf Ko 1 Ss 51/70.
[139] Ce 1 Ss 358/69.
[139a] Ha 4 Ss 110/70.
[140] Fr 3 Ss 57/70.
[141] Unter Hinweis auch auf St 3 Ss 640/69, Kö Ss 401/69, Bay 1 b St 194/69, Ce 1 Ss 358/69, Fr 3 Ss 759/69.
[142] St 3 Ss 420/69.

V. Durch Auslegung gewonnene Abgrenzungskriterien

Andere Entscheidungen berufen sich diesbezüglich nicht unmittelbar oder klar erkennbar auf die Enstehungsgeschichte oder die Literatur. Schleswig[143] geht von dem in diesem Merkmal liegenden Prinzip der Generalprävention aus. Stuttgart[144] spricht in Verbindung mit „Verteidigung der Rechtsordnung" vom Strafzweck der Allgemeinabschreckung, in anderen Entscheidungen von Abschreckung anderer[145] oder vom Gesichtspunkt der allgemeinen Abschreckung[146], Düsseldorf[147] vom Gesichtspunkt der Generalprävention im Sinne allgemeiner Abschreckung, Schleswig[148] von generalpräventiver Wirkung, auf die es auch ankomme. Nach Koblenz[149] liegen diesem Begriff generalpräventive Erwägungen zugrunde. Schleswig[149a] spricht von einem generalpräventive Elemente enthaltenden Rechtsbegriff. Er soll darauf hinweisen, daß für ganz besondere Fälle über das spezialpräventive Abgrenzungskriterium der Einwirkung auf den Täter hinaus ein generalpräventives Element nötig sei. Das Bayerische Oberste Landesgericht[150] will so nachhaltig bestrafen, daß potentielle Täter oder die gleichartigen Versuchungen ausgesetzten Personen davon abgehalten werden, straffällig zu werden. Stuttgart[151] will vor allem besonders gewichtige Ausschnitte aus dem Strafzweck der Generalprävention berücksichtigen. Nach Hamm[152] sind bei der Prüfung der Verhängung einer Freiheitsstrafe unter 6 Monaten Schuldschwere und allgemeine Abschreckung nicht ganz außer acht zu lassen.

An anderer Stelle bezeichnet Hamm[152a] die Auffassung als fehlerhaft, die „Verteidigung der Rechtsordnung" habe nichts weiter als die Allgemeinabschreckung zum Inhalt. Es handele sich dabei lediglich um einen Teilaspekt der Generalprävention; der Zweck der Abschreckung anderer allein reiche zur Verhängung einer Freiheitsstrafe nicht aus. Der in der Alternative „zur Verteidigung der Rechtsordnung" mit zum Ausdruck kommende Gesichtspunkt der Generalprävention kann nach Düsseldorf[152b] für die Verhängung kurzfristiger Freiheitsstrafen nicht allein ausschlaggebend sein.

---

[143] Sl 1 Ss 356/69.
[144] St 3 Ss 20/70.
[145] St 3 Ss 726/69.
[146] St 3 Ss 270/70.
[147] Dü 1 Ss 675/69.
[148] Sl 1 Ss 533/69.
[149] Ko 1 Ss 51/70.
[149a] Sl 1 Ss 233/69.
[150] Bay 1 b St 194/69; Bay 1 b St 191/69.
[151] St 3 Ss 681/69.
[152] Ha 1 Ss 63/70.
[152a] Ha 1 Ss 256/70.
[152b] Dü 2 Ss 86/70.

Es ist also festzustellen, daß ein kleinerer Teil der Rechtsprechung davon ausgeht, der Begriff meine Generalprävention oder allgemeine Abschreckung, ein größerer Teil nur von einem Teilaspekt oder schmalen Ausschnitt aus dem Bereich der Generalprävention oder einem generalpräventiven Gesichtspunkt ausgeht, was wohl meist so verstanden werden soll, daß bestimmte generalpräventive Gesichtspunkte berücksichtigt werden sollen. Viele Entscheidungen sind jedoch in dieser Hinsicht unklar.

Als Beleg für die eigene Meinung beruft man sich dabei direkt auf die Bundestagsberatungen, auf deren Darstellung in der Literatur oder nur auf Literaturstellen, ohne daß man sich aber kritisch mit der Literatur auseinandersetzt; in weniger ausführlichen Entscheidungen fehlen auch Belege.

Wieweit dabei generalpräventive Gesichtspunkte berücksichtigt werden sollen oder was unter einem schmalen Ausschnitt oder Teilaspekt der Generalprävention zu verstehen ist, ist aus den Entscheidungen oft nicht oder nur undeutlich zu entnehmen. In diesem Zusammenhang tauchen auch die Begriffe „Rechtstreue" oder „rechtliche Gesinnung der Bevölkerung" auf.

U. E. ist übrigens bei vielen Urteilen festzustellen, daß die gedanklichen Verbindungen bei den einzelnen Ausführungen nicht immer klar dargestellt oder erkennbar sind; auch ist nicht immer klar ersichtlich, welche Ausführungen im einzelnen belegt werden und welche nicht.

8. *Gefährdung der Rechtstreue*

Nach Oldenburg[153] liegen dem neuen Begriff ausschließlich generalpräventive Erwägungen zugrunde; anschließend wird ausgeführt, es gehe nur um die Beurteilung der Frage, ob die Strafe vollstreckt werden müsse, um die rechtliche Gesinnung in der Bevölkerung und die Achtung der Bürger vor den strafrechtlich geschützten Rechtsgütern zu erhalten[154].

Nach Schleswig[155] kommt es bei „Verteidigung der Rechtsordnung" auch auf eine Bewertung der generalpräventiven Wirkung der Verhängung einer Freiheitsstrafe, also maßgeblich darauf an, ob die Strafdrohung des Gesetzes mit einer Freiheitsstrafe zur Erhaltung der Rechtstreue der Bevölkerung verwirklicht werden muß.

---

[153] Ol 1 Ss 229/69.
[154] Unter Hinweis auf *Lackner-Maassen;* ebenso Ol 1 Ss 71/70.
[155] Sl 1 Ss 533/69.

V. Durch Auslegung gewonnene Abgrenzungskriterien

Nach einer anderen Schleswiger Entscheidung[155a] soll der Begriff „Verteidigung der Rechtsordnung" darauf hinweisen, daß für ganz besondere Fälle über das spezialpräventive Abgrenzungskriterium der Einwirkung auf den Täter hinaus ein generalpräventives Element nötig sei, weil der Gedanke, daß die Rechtsordnung gegenüber Verletzungen von Rechtsgütern durchgesetzt werden müsse und die Strafdrohung des Gesetzes mit einer Freiheitsstrafe auch zur Erhaltung der Rechtstreue der Bevölkerung in bestimmten Fällen verwirklicht werden müsse, die Verhängung einer Freiheitsstrafe gebieten könne.

Frankfurt[156] spricht unter Berufung auf die Gesetzgebungsgeschichte[157] von einem Teilaspekt der Generalprävention oder Generalprävention schlechthin deshalb, weil die Verhängung einer Freiheitsstrafe zur Verteidigung der Rechtsordnung dann unerläßlich sei, wenn die Verhängung einer Geldstrafe die Rechtstreue gefährden könnte.

Nach Stuttgart[158], das von einem mit den anderen Strafzwecken abzuwägenden Teilaspekt der Generalprävention ausgeht, ist dafür maßgebend, ob die Tat einen so rechtsmißachtenden Angriff auf die Rechtsordnung darstellt, daß die erkannte Freiheitstrafe auch vollstreckt werden muß, um die rechtliche Gesinnung der Bevölkerung zu erhalten[159].

Eine andere Stuttgarter Entscheidung[159a] geht bei „Verteidigung der Rechtsordnung" von einem Gesichtspunkt aus, der einen Teilaspekt der Generalprävention darstelle und insbesondere dann zum Tragen komme, wenn es darum gehe, die rechtliche Gesinnung der Bevölkerung durch gleichmäßigen und kriminalpolitisch vernünftigen Einsatz der strafrechtlichen Reaktionsmittel zu erhalten.

Das Bayerische Oberste Landesgericht[159b] schließt aus der Entstehungsgeschichte, von den verschiedenen generalpräventiven Aspekten sei in erster Linie das Ziel maßgebend, die Rechtstreue der Bevölkerung zu erhalten. An anderer Stelle[159c] wird von einem generalpräventiven Gesichtspunkt gesprochen und ausgeführt, in erster Linie sei hierbei

---

[155a] Sl 1 Ss 233/69.
[156] Fr 2 Ss 769/69.
[157] Unter Hinweis auf die Bundestagsprotokolle und auf *Horstkotte, Dreher, Kunert, Lackner-Maassen, Baumann.*
[158] St 3 Ss 640/69.
[159] Unter Hinweis auf *Lackner-Maassen.*
[159a] St 2 Ss 406/70 unter Hinweis auf Kö Ss 401/69 m. w. N.
[159b] Bay 5 St 47/70.
[159c] Bay 5 St 60/70 unter Hinweis auf Bundestagsdrucksachen, *Horstkotte, Kunert, Sturm, Lackner, Lackner-Maassen, Dreher,* Kö Ss 401/69, Ce 1 Ss 358/69, KG 2 Ss 265/69, Bay 1 b St 194/69, Bay 6 St 13/70.

— wie aus der Entstehungsgeschichte der Bestimmung zu schließen sei — das Ziel maßgebend, die Rechtstreue der Bevölkerung zu erhalten.

Ähnlich sind auch die Ausführungen von Celle[160]. Es sollen nämlich nach der Entstehungsgeschichte generalpräventive Überlegungen nicht ganz ausgeschaltet werden, weil es in besonderen Fällen im Interesse eines wirksamen Rechtsgüterschutzes und zur Erhaltung der Rechtstreue in der Bevölkerung erforderlich sein könnte, kurze Freiheitsstrafen auch dann zu verhängen und gegebenenfalls zu vollstrecken, wenn es aus spezialpräventiven Gründen nicht erforderlich sei[161].

Nach Köln[162], das auch vom Teilaspekt der Generalprävention redet, liegt der Schwerpunkt weniger auf der Generalprävention an sich (Abschreckung anderer) als auf dem Ziel, die rechtliche Gesinnung in der Bevölkerung durch gleichmäßigen und kriminalpolitisch vernünftigen Einsatz der strafrechtlichen Reaktionsmittel zu erhalten[163]. Die Verhängung einer Freiheitsstrafe sei hiernach nur dann zur Verteidigung der Rechtsordnung unerläßlich, wenn zu befürchten sei, daß die Verhängung einer Geldstrafe die Rechtstreue der Bevölkerung gefährden würde.

Auch Frankfurt[164] führt aus, dem Begriff liege der Gedanke der Abschreckung anderer zugrunde, allerdings vorwiegend auch nur in einem Teilbereich, nämlich mit dem Ziel, die rechtliche Gesinnung in der Bevölkerung durch gleichmäßigen und kriminalpolitisch vernünftigen Einsatz der strafrechtlichen Reaktionsmittel zu erhalten[165]. Die Verhängung einer Freiheitsstrafe sei dann unerläßlich, wenn durch sie sowohl die gleichartigen Versuchungen ausgesetzten Personen davon abgehalten werden sollten, der Verlockung nachzugeben, als auch der übrige Teil der Bevölkerung in dem Bewußtsein bestärkt werden solle, daß die Gebote der Rechtsordnung ernst genommen werden müßten und daß sie notfalls gegenüber gefährlichen und hartnäckigen Rechtsbrechern auch mit harten Mitteln durchgesetzt würden.

Nach Oldenburg[166] schließlich ist darauf abzustellen, ob die berechtigte Befürchtung besteht, die ausnahmslose Anwendung der Grundsätze der Reformgesetzgebung könne sich nachteilig auf die allgemeine

---

[160] Ce 3 Ss 371/69 und 26/70 unter Hinweis auf 371/69.
[161] Unklar Ce 1 Ss 358/69.
[162] Kö Ss 401/69.
[163] Unter Hinweis auf *Lackner-Maassen*.
[164] Fr 3 Ss 57/70.
[165] Unter Hinweis auf *Horstkotte, Kunert, Dreher, Lackner-Maassen*, St 3 Ss 640/69, Kö Ss 401/69, Ce 1 Ss 358/69, Bay 1 b St 194/69, Fr 3 Ss 759/69.
[166] Ol 4 Ss 445/69.

V. Durch Auslegung gewonnene Abgrenzungskriterien

Rechtsüberzeugung und Achtung vor den Rechtsnormen auswirken, wobei in den weiteren Ausführungen auch von möglichem Abbau oder Verminderung der jeder Strafrechtsnorm innewohnenden Abschreckungswirkung gesprochen wird.

Etwas unklar ist diesbezüglich eine Entscheidung von Hamm[168]. Danach ist die Verhängung einer Freiheitsstrafe unter 6 Monaten, bei deren Prüfung Schuldschwere und allgemeine Abschreckung nicht ganz außer acht zu lassen seien, nur dann zur Verteidigung der Rechtsordnung als unerläßlich anzusehen, wenn bei umfassender Würdigung von Tat und Täter zu befürchten sei, daß die Verhängung einer Geldstrafe auch in größerer Höhe die Rechtstreue und rechtliche Gesinnung der Bevölkerung oder deren Vertrauen auf Rechtsschutz gefährden würde.

Nach Hamm[169] handelt es sich bei dem Begriff „Verteidigung der Rechtsordnung" nur um einen Teilaspekt der Generalprävention[170]. Das Ziel der Abschreckung anderer allein reiche nicht aus, um darzutun, daß die „Verteidigung der Rechtsordnung" die Verhängung einer Freiheitsstrafe unerläßlich mache[171]. Die Voraussetzungen für solche demonstrative Strenge[172] seien vielmehr nur dann erfüllt, wenn bei umfassender Würdigung von Tat und Täter befürchtet werden müsse, daß durch die Verhängung einer Geldstrafe auch in großer Höhe die Rechtstreue der Bevölkerung[173] oder auch das Vertrauen der Bevölkerung auf die Wirksamkeit des Rechtsschutzes selbst gefährdet würde, somit die Ahndung der Tat nur mit einer Geldstrafe schlechthin unverständlich wäre[174].

Auch das Bayerische Oberste Landesgericht[175] scheint sich dem von ihm zitierten Schrifttum darin anzuschließen, daß es in „Verteidigung der Rechtsordnung" nur einen schmalen Ausschnitt aus dem Bereich der Generalprävention sieht, der nur insoweit Bedeutung zukomme, als es darum gehe, die Rechtstreue der Bevölkerung zu erhalten. An anderer Stelle wird allerdings dann ausgeführt, daß von erheblicher Bedeutung der Strafzweck der Generalprävention sei, das Hauptgewicht der mit der Verteidigung der Rechtsordnung verfolgten Zwecke aber

---

[168] Ha 1 Ss 63/70 unter Hinweis auf Kö Ss 401/69, Ha 2 Ss 99/70, 3 Ss 1021/69 *Horstkotte, Lackner-Maassen.*
[169] Ha 1 Ss 1268/69, ähnlich Ha 1 Ss 256/70.
[170] Unter Hinweis auf Kö Ss 401/69, *Horstkotte, Kunert.*
[171] Unter Hinweis auf Dü 1 Ss 675/69.
[172] Unter Bezugnahme auf KG 2 Ss 265/69.
[173] Unter Hinweis auf Kö Ss 401/69, *Lackner-Maassen.*
[174] Unter Bezugnahme auf *Lackner-Maassen.*
[175] Bay 6 St 13/70.

darin liege, die Rechtstreue in der Bevölkerung zu erhalten, so daß hier anscheinend ein Unterschied gesehen wird[176].

Düsseldorf[176a] geht davon aus, der bei „Verteidigung der Rechtsordnung" mit zum Ausdruck kommende Gesichtspunkt der Generalprävention könne für die Verhängung kurzfristiger Freiheitsstrafen nicht allein ausschlaggebend sein. Denn die Entstehungsgeschichte und die erkennbare Grundkonzeption der Gesetzesreform erweise, daß der Schwerpunkt weniger auf der Generalprävention, wie sie bisher verstanden worden sei, als auf dem Gedanken beruhe, die rechtliche Gesinnung in der Bevölkerung durch gleichmäßigen und namentlich auch kriminalpolitisch sinnvollen Einsatz der strafrechtlichen Reaktionsmittel zu erhalten.

Nach Hamm[176b] stehen bei dem Begriff „Verteidigung der Rechtsordnung" in erster Linie generalpräventive Gesichtspunkte der Abschreckung und des Rechtsgüterschutzes im Vordergrund, was sich gerade aus einem Vergleich der §§ 14 Abs. 1, 23 Abs. 3 StGB ergebe. In beiden Bestimmungen könne mit „Verteidigung der Rechtsordnung" nur das gleiche gemeint sein[176c]. Hinzu komme das Ziel, die rechtliche Gesinnung in der Bevölkerung durch gleichmäßigen und kriminalpolitisch vernünftigen Einsatz der strafrechtlichen Reaktionsmittel zu erhalten[176d]. Maßgebend sei also, ob die Tat einen so schweren rechtsmißachtenden Angriff auf die Rechtsordnung darstelle, daß eine Freiheitsstrafe verhängt werden müsse, um andere Täter abzuschrecken und die rechtliche Gesinnung in der Bevölkerung zu erhalten[176e]. Dazu müsse feststehen, daß eine kurze Freiheitsstrafe einer Geldstrafe bei Erreichung des Strafzwecks eindeutig überlegen sei[176f]. Für diese Auslegung spreche insbesondere der Umstand, daß eine kurzfristige Freiheitsstrafe unter 6 Monaten bei günstiger Prognose auch dann nicht vollstreckt werden dürfe, wenn die „Verteidigung der Rechtsordnung" eine Vollstreckung an sich gebiete.

Die Formulierungen „Gefährdung der Rechtstreue der Bevölkerung" und „zur Erhaltung der rechtlichen Gesinnung oder der Rechtstreue der Bevölkerung" tauchen auch in anderen Entscheidungen auf, ohne sich klar erkennbar auf generalpräventive Erwägungen zu beziehen[177]. Auch

---

[176] Unter Hinweis auf St 3 Ss 640/69, Kö Ss 401/69, Bay 1 a St 236/69 und auf das sich in der Formulierung in den Bundestagsdrucksachen anschließende Schrifttum.
[176a] Dü 2 Ss 86/70.
[176b] Ha 4 Ss 110/70.
[176c] Unter Hinweis auf *Dreher*.
[176d] Unter Hinweis auf *Lackner-Maassen*.
[176e] Unter Hinweis auf St 3 Ss 640/69.
[176f] Unter Hinweis auf *Cramer*.
[177] Ha 3 Ss 1254/69 unter Hinweis auf Kö Ss 401/69, Dü 1 Ss 675/69, Ha 2 Ss 99/70; Ce 2 Ss 43/70; Ce 3 Ss 321/69; Ce 3 Ss 33/70; Bay 2 b St 179/69 unter Hin-

V. Durch Auslegung gewonnene Abgrenzungskriterien

Koblenz[178] spricht einmal von der „rechtstreuen Bevölkerung". Nach Frankfurt[179] können auch vorsätzliche Wirtschaftsdelikte eine Freiheitsstrafe zur Verteidigung der Rechtsordnung unerläßlich machen, z. B. wenn die Täter durch ihr Handeln die Rechtstreue der Bevölkerung erschütterten und damit einen Teil der Rechtsordnung gefährdeten.

Diese Ausführungen werden z. T. noch erweitert. Nach dem Bayerischen Obersten Landesgericht[180] darf das Bewußtsein der Gesellschaft, im Schutz der staatlichen Rechtsordnung gegen kriminelle Angriffe gesichert leben zu können, nicht erschüttert werden. In der Öffentlichkeit dürfe nicht der Eindruck entstehen, sie werde schutzlos Angriffen auf ihre Rechtsgüter ausgeliefert[181]. Stuttgart[182] geht davon aus, das Vertrauen der Bevölkerung auf die Wirksamkeit des Rechtsgüterschutzes dürfe nicht gefährdet werden. Nach Celle[183] darf das Vertrauen der Bevölkerung in die Rechtspflege nicht erschüttert werden. Nach dem Bayerischen Obersten Landesgericht[184] schließlich darf nicht die Überzeugung der Bevölkerung von der Ernstlichkeit des staatlichen Strafens und damit von der Unverbrüchlichkeit der Rechtsordnung in Frage gestellt werden; an anderer Stelle wiederum wird die Formulierung gebraucht, es solle vermieden werden, daß die Allgemeinheit durch das Ausbleiben der Vollstreckung (bzw. Verhängung) einer Freiheitsstrafe in besonders gelagerten Fällen in ihrer Rechtsüberzeugung und ihrem Vertrauen auf die Rechtsordnung erschüttert werde[184a].

Umgekehrt wird auch formuliert, die Bevölkerung solle in dem Bewußtsein bestärkt werden, die Gebote der Rechtsordnung seien ernst zu nehmen und würden notfalls auch mit harten Mitteln durchgesetzt[185]. Nach Stuttgart[186] kann es im Einzelfall ein legitimes Gebot der Rechts-

---

weis auf *Horstkotte, Lackner-Maassen*; Bay 1 a St 267/69 unter Hinweis auf *Horstkotte, Lackner, Kunert, Lackner-Maassen*, *Schwarz-Dreher* und Kö Ss 401/69; KG 2 Ss 265/69 unter Hinweis auf *Kunert*; Sl 1 Ss 356/69 unter Hinweis auf die Bundestagsdrucksachen, *Kunert*; St 3 Ss 460/69 unter Hinweis auf die Bundestagsdrucksachen; St 3 Ss 270/70 unter Hinweis auf *Lackner-Maassen, Martin*, Bay 1 b St 194/69, Ce 1 Ss 358/69; St 3 Ss 307/70 unter Hinweis auf *Horstkotte*; Zw Ss 159/69.

[178] Ko 1 Ss 54/70.
[179] Fr 1 Ss 140/70.
[180] Bay 6 St 13/70.
[181] Ol 4 Ss 445/69.
[182] St 3 Ss 460/69.
[183] Ce 3 Ss 33/70.
[184] Bay 1 a St 267/69.
[184a] Bay 5 St 47/70; Bay 5 St 60/70 unter Hinweis auf Bundestagsdrucksachen, *Horstkotte, Kunert, Sturm, Lackner, Lackner-Maassen, Dreher*, Kö Ss 401/69, Ce 1 Ss 358/69, KG 2 Ss 265/69, Bay 1 b St 194/69, Bay 6 St 13/70.
[185] Bay 1 b St 194/69.
[186] St 3 Ss 681/69.

ordnung sein, der Bevölkerung die Sicherheit zu verschaffen, durch wirksame Abschreckung vor schweren Gefahren hinreichend geschützt zu werden. Das Bayerische Oberste Landesgericht[187] geht davon aus, die Allgemeinheit solle darauf vertrauen können, daß die Strafverfolgung ernst genommen und daß die Gebote der Rechtsordnung nachhaltig durchgesetzt werden.

Schließlich gebraucht man unter Hinweis auf Lackner-Maassen die Wendung, daß die „Verteidigung der Rechtsordnung" die Verhängung oder Vollstreckung einer Freiheitsstrafe dann verlange, wenn die Verhängung einer Geldstrafe oder Nichtvollstreckung einer Freiheitsstrafe als ungerechtfertigtes Zurückweichen vor dem Verbrechen erscheinen müßte[188]. Nach dem Bayerischen Obersten Landesgericht[189] darf das Verhalten der staatlichen Strafgewalt nicht einem schwächlichen, die rechtstreue Bevölkerung unsicher machenden Zurückweichen gleichkommen. An anderer Stelle ist in diesem Zusammenhang vom Zurückweichen der Rechtsordnung gegenüber einem unbelehrbaren und unbeeinflußbaren Täter die Rede[189a]. Auch nach Stuttgart[190] darf die Verhängung einer Geldstrafe nicht als Zurückweichen vor strafrechtlichem Unrecht und damit als der Bewährung der Rechtsordnung widerstreitend erscheinen. Ähnlich lautet schließlich die Formulierung des Bayerischen Obersten Landesgerichtes[191], das von der Gefahr redet, daß in der Verhängung einer Geldstrafe eine Preisgabe der Unverbrüchlichkeit der Rechtsordnung erblickt werde.

In diesem Zusammenhang ist eine Entscheidung von Celle[192] interessant. Während das Bayerische Oberste Landesgericht[193] von der Allgemeinheit redet, kann nach der Celler Entscheidung bei der Prüfung von „Verteidigung der Rechtsordnung" nicht ohne weiteres auf das Verständnis „der Öffentlichkeit" abgestellt werden, jedenfalls auch solange nicht, als die Bevölkerung nicht ausreichend mit den kriminalpolitischen Erwägungen des Gesetzgebers — auch durch die Rechtsprechung der Gerichte — vertraut gemacht worden sei. Noch klarer ist die Formulierung einer anderen Celler Entscheidung[194], in der aus-

---

[187] Bay 1 b St 191/69.
[188] Ce 1 Ss 358/69; Ce 3 Ss 371/69; Ce 3 Ss 26/70; Ce 3 Ss 33/70; Ce 2 Ss 43/70; Fr 3 Ss 759/69; Bay 6 St 13/70; ähnlich Dü 2 Ss 86/70.
[189] Bay 6 St 13/70 unter Hinweis auf *Hohler, Kunert, Dreher*; ähnlich St 2 Ss 406/70 unter Hinweis auf Bay 6 St 13/70 und Ha 1 Ss 1268/69.
[189a] Bay 5 St 60/70 unter Hinweis auf Bay 1 b St 194/69 und 191/69.
[190] St 3 Ss 20/70.
[191] Bay 1 b St 194/69 und 191/69.
[192] Ce 3 Ss 26/70.
[193] Bay 1 b St 194/69 und 191/69.
[194] Ce 3 Ss 33/70; Bay 2 St 174/70 v. 5. 10. 70 in JZ 71, 105 stellt jetzt auf den „einsichtsvollen Teil der Bevölkerung" ab, der durchaus Verständnis für die

geführt wird, daß nur auf das Verständnis der mit den Einzelheiten des Falles vertrauten und über die Ziele der Strafrechtsreform unterrichteten Bürger abgestellt werden könne.

Bezüglich des Begriffes „Rechtstreue der Bevölkerung" und der weiteren Formulierungen wie z. B. „ungerechtfertigtes Zurückweichen vor dem Verbrechen" kann gesagt werden, daß die Rechtsprechung sich bei der Heranziehung dieser Wendungen fast ausschließlich auf die Literatur beruft. Die meisten Entscheidungen ziehen als Beleg für ihre Meinung bestimmte Stellen bei Horstkotte, Kunert, Lackner-Maassen und Dreher heran, z. T. auch schon vorhergehende Entscheidungen. Nur wenige Urteile[195] verweisen zur Begründung ihrer Meinung unmittelbar auf die Entstehungsgeschichte. Das Bayerische Oberste Landesgericht[196] weist wohl nur auf den Gebrauch der Formulierung in den Bundestagsdrucksachen hin.

Soweit zu dem Verhältnis Generalprävention und Gefährdung der Rechtstreue und ähnlichen Formulierungen überhaupt deutlich Stellung genommen wird, wird das Bestreben, die Rechtstreue der Bevölkerung zu erhalten, überwiegend als eine generalpräventive Erwägung angesehen, nicht aber als ein neuer Strafzweck.

9. Weitere Strafzwecke; Verhältnis der Strafzwecke zueinander

Daß neben den bereits aufgeführten Strafzwecken noch weitere zu berücksichtigen sein sollen, wird selten erkennbar ausgeführt. Nach Celle[197] erfordert der neue Begriff jedenfalls nicht mehr eine umfassende Abwägung aller anerkannten Strafzwecke. Nach dem Kammergericht[198] jedoch wollte der Gesetzgeber mit dem Begriff in der fast ausschließlich von spezialpräventiven Gedanken bestimmten Neuregelung ausdrücklich auch den anderen Strafzwecken, insbesondere der Generalprävention, Geltung verschaffen. Welche Strafzwecke gemeint sind, wird aber nicht erläutert. Koblenz[199] führt aus, daß generalpräventive Gesichtspunkte aber nur einen Teil der erforderlichen Gesamtbetrachtung bildeten. Dazu gehörten auch im Rahmen des § 23 Abs. 3 StGB n. F. eine

---

Besonderheiten des Einzelfalles haben werde, so daß von einer allgemeinen Gefährdung des Bestandes der Rechtstreue der Bevölkerung nicht die Rede sein könne, wenn bei einer Trunkenheitsfahrt mit Todesfolge die verhängte Freiheitsstrafe nicht vollstreckt werde.
[195] Fr 2 Ss 769/69, wohl auch Sl 1 Ss 356/69 und St 3 Ss 460/69.
[196] Bay 6 St 13/70.
[197] Ce 3 Ss 371/69.
[198] KG 2 Ss 265/69 unter Hinweis auf die Entstehungsgeschichte bei *Horstkotte* und *Kunert*.
[199] Ko 1 Ss 52/70.

umfassende Prüfung der Tat, des in ihr liegenden Unrechts- und Schuldgehaltes sowie der Persönlichkeit des Täters unter Berücksichtigung aller anderen anerkannten Strafzwecke.

Unklar ist Schleswig[200], wonach es bei „Verteidigung der Rechtsordnung" auch auf eine Bewertung der generalpräventiven Wirkung ankommt. Etwas mißverständlich sind in diesem Zusammenhang schließlich zwei Stuttgarter Entscheidungen, wonach es sich bei der „Verteidigung der Rechtsordnung" um einen mit den anderen Strafzwecken abzuwägenden „Teilaspekt der Generalprävention" handelt[201] oder wonach die in dem Begriff „Verteidigung der Rechtsordnung" enthaltene Generalprävention mit den anderen Gesichtspunkten der Strafzumessung abzuwägen ist[202].

Soweit mehrere Strafzwecke nebeneinander bejaht werden, wird kaum ihr Verhältnis zueinander untersucht. Die Stuttgarter Entscheidungen, die Schuldvergeltung oder Sühne bei „Verteidigung der Rechtsordnung" mitberücksichtigen wollen[203], gehen nur davon aus, daß diese Strafzwecke neben der Generalprävention zu beachten seien. Nach einer Entscheidung[204] sind die Strafzwecke der gerechten Sühne für die Tatschuld und der Abschreckung anderer zu werten und abzuwägen.

Das Bayerische Oberste Landesgericht[205], das anscheinend die Erhaltung der Rechtstreue der Bevölkerung nicht als generalpräventiven Gesichtspunkt ansieht, gibt der Generalprävention ein erhebliches Gewicht, meint aber, das Hauptgewicht der mit der „Verteidigung der Rechtsordnung" verfolgten Zwecke liege darin, die Rechtstreue in der Bevölkerung zu erhalten.

Die unklare Düsseldorfer Entscheidung[206] führt einige Strafzwecke auf (Rechtsgüterschutz, Generalprävention, zweifelhaft ist Spezialprävention), stellt aber kein Rangverhältnis auf.

10. Unterordnung der Tätereinwirkung unter die Einwirkung auf die Allgemeinheit

Viele Entscheidungen stellen ausdrücklich fest, daß bei Verhängung einer Freiheitsstrafe zur Verteidigung der Rechtsordnung unter Zurück-

---

[200] Sl 1 Ss 533/69.
[201] St 3 Ss 640/69 unter Hinweis auf *Horstkotte* und dessen Darstellung der Gesetzgebungsgeschichte.
[202] St 3 Ss 420/69.
[203] St 3 Ss 681/69, 3 Ss 726/69, 3 Ss 270/70, 2 Ss 6/70.
[204] St 3 Ss 726/69.
[205] Bay 6 St 13/70.
[206] Dü 1 Ss 675/69.

stellung der Bedenken des Gesetzgebers gegen kurze Freiheitsstrafen die Einwirkung auf den Täter der Wirkung des Strafurteils auf die Allgemeinheit oder dem allgemeinen Interesse untergeordnet sei[207]. Andere Urteile formulieren es so, daß die Notwendigkeit einer Verteidigung der Rechtsordnung die Nachteile aufwiegen müsse, die mit dem Vollzug einer nicht spezialpräventiv begründeten Freiheitsstrafe verbunden seien[208]. Nach Celle[209] ist abzuwägen, ob die Nachteile der wegen der günstigen Täterprognose unnötigen, unter Umständen sogar schädlichen Vollstreckung der Strafe in Kauf genommen werden müssen zum Zwecke der Verteidigung der Rechtsordnung. Nach Oldenburg[210] muß sich die Prüfung darauf beschränken, ob die dem neuen Begriff zugrunde liegenden generalpräventiven Erwägungen im Einzelfall so stark ins Gewicht fallen, daß die mit dem Vollzug einer nicht spezialpräventiv motivierten Freiheitsstrafe verbundenen Nachteile demgegenüber zurücktreten müssen. In anderen Urteilen heißt es unter Hinweis auf Lackner-Maassen wiederum, daß die der „Verteidigung der Rechtsordnung" zugrunde liegenden Erwägungen gegenüber den allgemeinen Bedenken gegen die kurzfristige Freiheitsstrafe oder gegenüber dem spezialpräventiven Zweck der Strafaussetzung so sehr das Übergewicht haben müßten, daß die Verhängung einer Geldstrafe oder die Nichtvollstreckung einer Freiheitsstrafe als ungerechtfertigtes Zurückweichen vor dem Verbrechen erscheinen müßte[211]. Nach Hamm[212] liegen die Voraussetzungen des § 23 Abs. 3 StGB nur vor, wenn die vorzunehmende Abwägung ergibt, daß die Gesichtspunkte, die für eine Strafvollstreckung als Reaktion auf die abzuurteilende Tat und den abzuurteilenden Täter zwecks Durchsetzung der Rechtsordnung sprechen, gegenüber dem spezialpräventiven Zweck der Strafaussetzung ein erhebliches Übergewicht haben.

VI. Ermessen

Bei den mit Hilfe der Auslegung bis jetzt gewonnenen Ergebnissen handelt es sich aber noch um so allgemeine Kriterien, daß eine weitere

---

[207] Bay 1 b St 194/69, 191/69.
[208] St 3 Ss 460/69; Bay 2 b St 180/69 unter Hinweis auf *Lackner-Maassen, Horstkotte* und dessen Darstellung der Entstehungsgeschichte; Fr 1 Ss 140/70; Bay 5 St 47/70 unter Hinweis auf *Horstkotte, Dreher*.
[209] Ce 3 Ss 33/70, ähnlich Ce 3 Ss 26/70.
[210] Ol 1 Ss 229/69.
[211] Ce 1 Ss 358/69; Ce 2 Ss 43/70; Ce 3 Ss 371/69; Fr 3 Ss 759/69; Ha 1 Ss 63/70; Ha 1 Ss 256/70 unter Hinweis auf Ha 1 Ss 115/70, 1 Ss 63/70, 1 Ss 57/70, 1 Ss 56/70, 1 Ss 1268/69, 2 Ss 99/70, Kö Ss 401/69, St 3 Ss 640/69, Dü 1 Ss 675/69, KG 2 Ss 265/69, Ol 4 Ss 445/69, *Lackner-Maassen, Horstkotte, Kunert, Koch*.
[212] Ha 2 Ss 185/70 unter Hinweis auf *Dreher, Lackner-Maassen*.

Konkretisierung erforderlich ist, um zu einer Fallösung zu kommen. Dabei ist zu beachten, daß einige Urteile[213] in ihren Ausführungen bei der Einzelfallentscheidung mit der Auslegungsmethode zwar einen bestimmten Rahmen festsetzen, innerhalb dieses Rahmens aber die weitere Konkretisierung dem tatrichterlichen Ermessen überlassen wollen.

Nach einer Entscheidung von Stuttgart[214] kann der Begriff „Verteidigung der Rechtsordnung" nur als unbestimmter Rechtsbegriff verstanden werden, der dem tatrichterlichen Beurteilungsermessen Raum gebe. Denn nicht die Subsumtion unter umschriebene Kategorien des Rechts stehe in Frage, sondern die Wertung und Abwägung einander widerstrebender Belange würden gefordert, bei denen eine gewisse Breite der möglichen Ergebnisse nicht eindeutig als rechtlich falsch oder richtig erkannt werden könne. Das Revisionsgericht, das das Urteil nur auf Rechtsfehler überprüfen könne (§ 337 StPO), sei nicht in der Lage, dem Tatrichter diese Entscheidung abzunehmen oder aber eine Art Katalog darüber aufzustellen, bei welchen Fallgestaltungen die Verbüßung der Freiheitsstrafe zur Verteidigung der Rechtsordnung geboten sei. In den weiteren Entscheidungsgründen wird dann aber die Prüfung dieser Rechtsfehler sehr weit ausgedehnt, so daß letzten Endes für das Tatgericht kein großer Ermessensspielraum übrig bleibt.

Auch eine andere Stuttgarter Entscheidung[215] führt aus, die Strafkammer müsse bei der Prüfung der Frage, ob zur Verteidigung der Rechtsordnung eine Freiheitsstrafe zu verhängen sei, die hierfür in Betracht kommenden Strafzwecke der gerechten Sühne für die Tatschuld und der Abschreckung anderer im Urteil verdeutlichen, insbesondere sie werten und abwägen. Danach sei es allerdings Sache des Tatgerichts, im Rahmen des rechtlich Vertretbaren die ihm richtig erscheinende Entscheidung zu treffen. Denn die unbestimmten Rechtsbegriffe beließen dem Tatgericht einen Beurteilungsspielraum für den Einzelfall, der dem Revisionsgericht verwehrt sei. Auch andere Entscheidungen[216] sprechen von Entscheidungsspielraum oder Beurteilungsermessen.

Die Gegenmeinung wird besonders deutlich in einer Entscheidung des Bayerischen Obersten Landesgerichts[217], wonach der Rechtsbegriff „Verteidigung der Rechtsordnung" der uneingeschränkten Nachprüfung durch das Revisionsgericht unterliegt. An anderer Stelle wird ausge-

---

[213] St 3 Ss 681/69, 726/69, 420/69, 270/70; vgl. auch Kö 1 Ss 27/70.
[214] St 3 Ss 681/69.
[215] St 3 Ss 726/69.
[216] St 3 Ss 420/69 und 270/70; Kö 1 Ss 27/70.
[217] Bay 6 St 13/70.

VII. Fallgruppenbildung und Einzelfallentscheidungen 99

führt, „Verteidigung der Rechtsordnung" sei ein auslegungsbedürftiger Rechtsbegriff. Es sei Aufgabe des Revisionsgerichts, die richtige Auslegung und Anwendung dieses Rechtsbegriffes durch den Tatrichter nachzuprüfen.

VII. Versuch, Fallgruppen zu bilden, und Einzelfallentscheidungen

1. *Gegen generalisierende Betrachtung; Abstellen auf den Einzelfall; gegen Abstellen auf bestimmte Tatbestandsgruppen*

Einige Entscheidungen wenden sich ausdrücklich gegen eine schematisierende und generalisierende Betrachtungsweise. Nach Celle[218] muß jede generalisierende Betrachtungsweise ausgeschlossen sein[219]. Vielmehr hänge die Entscheidung vom jeweiligen Einzelfall ab und erfordere eine umfassende Würdigung von Tat und Täter[220]. Eine schematisierende und generalisierende Betrachtungsweise finde weder im Wortlaut noch im Sinn und Zweck des § 23 Abs. 2 StGB Übergangsfassung eine Stütze[221]. Gegen eine schematisierende Bejahung der Voraussetzungen der Ausnahmetatbestände wendet sich auch Oldenburg[222,223]. Viele Entscheidungen weisen darauf hin, daß es immer auf die besonderen Umstände des Einzelfalles ankomme[224].

Nach Karlsruhe[225] ist ein Abstellen auf bestimmte „Fallgruppen" unzulässig. Auch könne nicht ein Verhältnis von Regel und Ausnahme für eine Fallgruppe anerkannt werden. Auch Stuttgart[226] lehnt Fallgruppenbildung ab. Nach den oben aufgezeigten Ausführungen[227] spricht es von tatrichterlichem Beurteilungsermessen und der Aufgabe des Tatrichters, einander widerstrebende Belange zu werten und abzuwägen. Das Revisionsgericht sei nicht in der Lage, dem Tatrichter diese Entscheidung abzunehmen oder aber eine Art Katalog darüber aufzustellen, bei welchen Fallgestaltungen die Verbüßung der Freiheitsstrafe zur Verteidigung der Rechtsordnung geboten sei.

---

[218] Ce 3 Ss 371/69, 26/70, 33/70, 12/70, ähnlich Ce 2 Ss 43/70.
[219] Ce 3 Ss 33/70 unter Hinweis auf Ce 3 Ss 371/69 und die abweichende Meinung von Ol 4 Ss 445/69.
[220] Ce 3 Ss 33/70 unter Hinweis auf St 3 Ss 640/69 m. w. N.; Ce 3 Ss 12/70 unter Hinweis auf 3 Ss 371/69, 33/70, St 3 Ss 640/69, abw. Meinung von Ol 4 Ss 445/69; ebenso Ce 1 Ss 358/69 unter Hinweis auf *Lackner-Maassen*; ähnlich Ha 2 Ss 185/70 unter Hinweis auf *Schönke-Schröder, Dreher, Lackner-Maassen, Horstkotte,* Kö Ss 401/69, Ha 4 Ss 7/70; Ha 1 Ss 256/70.
[221] Ce 3 Ss 12/70.
[222,223] Ol 1 Ss 229/69 unter Hinweis auf *Lackner-Maassen*.
[224] Bay 1 a St 267/69 unter Hinweis auf Kö Ss 401/69; Fr 2 Ss 769/69; Fr 3 Ss 759/69; Ka 3 Ss 1/70; St 3 Ss 307/70; Ol 1 Ss 229/69; Ol 4 Ss 445/69; Bay 5 St 60/70.
[225] Ka 3 Ss 1/70.
[226] St 3 Ss 681/69.
[227] Vgl. Abschnitt VI: Ermessen.

Viele Entscheidungen gehen auch davon aus, daß die Ausnahmeregelungen nicht allgemein oder grundsätzlich mit dem Verstoß gegen bestimmte Tatbestände oder Deliktsgruppen oder bestimmte Begehungsweisen derselben oder lediglich mit solchen Erwägungen begründet werden könnten, die dem verletzten Tatbestand im ganzen zugrunde lägen[228]. Es dürfe auch nicht das sich aus § 14 StGB ergebende Regel-Ausnahme-Verhältnis umgekehrt werden[228a]. Nach Hamm[229] ist es gesetzwidrig, bestimmte Tatbestandsgruppen wie die Trunkenheit im Verkehr oder Straßenverkehrsgefährdung durch Trunkenheit am Steuer von der Einschränkung der Verhängung kurzer Freiheitsstrafen i. S. d. § 14 StGB auszuschließen. Nach dem Bayerischen Obersten Landesgericht[229a] hat der Gesetzgeber in § 14 keine Ausnahmen für bestimmte Delikte wegen der Bedeutung des geschützten Rechtsguts vorgesehen. Andere Entscheidungen[230] verweisen darauf, dies sei auch schon nach dem bisherigen Versagungsgrund des „öffentlichen Interesses" nicht der Fall gewesen. Auch nach Düsseldorf[231] dürfen „besondere Umstände" nicht in Tatbeständen bestimmter Art, wie etwa § 316 StGB, als solchen erblickt werden. Die unterschiedslose Einordnung bestimmter Tatbestandsgruppen in die Ausnahmeregelung des § 27 b StGB Übergangsfassung laufe dem erkennbaren Willen des Gesetzgebers zur Zurückdrängung der kurzen Freiheitsstrafe zuwider.

Trotz dieses vielfachen ausdrücklichen Abstellens auf den Einzelfall, der Ablehnung jeder generalisierenden Betrachtungsweise und der Ablehnung, auf Fall- oder Deliktsgruppen abzustellen, versuchen die Gerichte häufig, die Fälle der Anwendung oder Nichtanwendung der Ausnahmeregelung durch eine verallgemeinernde Betrachtungsweise zumindest zum Teil etwas voraussehbarer zu machen. Diese Ansätze, Fallgruppen zu bilden, werden aber meist wieder eingeschränkt. Typisch sind dafür Formulierungen wie „in aller Regel"[232], „nur selten"[233] oder „nur schwer vorstellbar"[234]. Im folgenden werden die Versuche der Gerichte, Fallgruppen zu bilden, genauer untersucht.

---

[228] Ce 3 Ss 12/70; Ce 3 Ss 33/70; Fr 3 Ss 759/69; Fr 2 Ss 72/69 unter Hinweis auf *Lackner-Maassen*; Ol 1 Ss 229/69; Ol 4 Ss 445/69; Ha 4 Ss 110/70 unter Hinweis auf Dü 1 Ss 675/69.
[228a] Ha 4 Ss 110/70.
[229] Ha 1 Ss 256/70; ähnlich Ha 1 Ss 1268/69 unter Hinweis auf *Lackner-Maassen*.
[229a] Bay 5 St 60/70.
[230] Fr 2 Ss 729/69; Ol 1 Ss 229/69; Ol 4 Ss 445/69.
[231] Dü 1 Ss 675/69; ähnlich Ha 4 Ss 110/70.
[232] Ol 4 Ss 445/69.
[233] Fr 3 Ss 57/70.
[234] Ce 3 Ss 371/69.

VII. Fallgruppenbildung und Einzelfallentscheidungen 101

2. *Negative Kriterien für die Abgrenzung von Fallgruppen*

a) Nicht allein wegen (schwerer) Tatfolgen

In einem Fall fahrlässiger Tötung und fahrlässiger Körperverletzung führt Frankfurt[235] hinsichtlich der Verhängung einer kurzen Freiheitsstrafe aus, bei einem auf Fahrlässigkeit beruhenden Verkehrsunfall dürften die Voraussetzungen von „Verteidigung der Rechtsordnung", auch wenn die Tat schwere Folgen gezeitigt habe, nur selten bejaht werden können, vor allem wohl dann nicht, wenn das Verschulden des Täters als leicht zu bewerten sei.

Celle[236] hält es in einem Falle unbewußter Fahrlässigkeit wie in dem ihm vorliegenden (§§ 222, 315 c Abs. 1, 3 StGB), für schwer vorstellbar, daß durch eine Strafaussetzung die Rechtstreue der Bevölkerung in Frage gestellt werden könnte.

Nach Stuttgart[237] ist die Vollstreckung einer Gefängnisstrafe nicht schon der schweren Tatfolgen wegen geboten (§§ 222, 230, 315 c Abs. 1, 3 StGB). Auch das schuldhafte Handeln des Angeklagten, das sich vom Durchschnittsfall betrunkenen Fahrens nicht wesentlich unterscheide, gebiete bei dieser Fahrlässigkeitstat nicht, die Rechtsordnung durch eine Verbüßung der Freiheitsstrafe zu verteidigen.

Das Bayerische Oberste Landesgericht[238] führt aus, in einer unbewußten Fahrlässigkeit liege keine so grobe oder gar bewußte Mißachtung der staatlichen Rechtsordnung, daß sie „eine drastische Antwort der Gesellschaft"[239] herausforderte. Die Tat sei auch nicht aus einer allgemeinen Gleichgültigkeit gegenüber der verletzten Norm heraus geschehen. Aus der Handlungsweise des Angeklagten spreche keine allgemeine Rechtsfeindlichkeit. Seine Schuld sei schwer, die furchtbaren Folgen der Tat seien nicht wiedergutzumachen (Fall von § 222 StGB). Diese Erwägungen hätten aber in erster Linie Bedeutung für die Strafzumessung selbst.

Nach Hamm[239a] rechtfertigen die relativ schweren Folgen der Tat aber für sich allein genommen regelmäßig noch nicht die Annahme eines Ausnahmefalles i. S. v. § 14 Abs. 1 StGB (§§ 230, 315 c Abs. 1 Nr. 1 a, Abs. 3 StGB). Es dürfe auch nicht unberücksichtigt bleiben, daß gerade im Fall der fahrlässigen Straßenverkehrsgefährdung infolge alkohol-

---

[235] Fr 3 Ss 57/70.
[236] Ce 3 Ss 371/69.
[237] St 3 Ss 640/69.
[238] Bay 6 St 13/70.
[239] Unter Hinweis auf *Hohler*.
[239a] Ha 4 Ss 110/70.

bedingter Verkehrsuntüchtigkeit die Tatfolgen in erster Linie vom Zufall abhingen. Daher gehe es nach Meinung des Senats nicht an, die Frage der Verhängung von Freiheits- oder Geldstrafe schlechthin oder überwiegend von den Tatfolgen abhängig zu machen.

Nach Oldenburg[240] (Fall von Tötung durch Trunkenheit am Steuer) würde ein routinemäßiges Versagen der Strafaussetzung mit der Begründung, daß die schweren Folgen die Vollstreckung erforderten, den in der Reformgesetzgebung abgelehnten Sühnegedanken erneut in den Vordergrund schieben und damit dem Wesen der neuen Vorschrift nicht gerecht werden. Es komme immer auf die besonderen Umstände des Einzelfalles an. Schon nach der bisherigen Rechtsprechung sei das öffentliche Interesse an der Strafvollstreckung nur durch schwerwiegende, den Besonderheiten des Einzelfalles entnommenen Gründe gerechtfertigt worden, auch für Fälle fahrlässiger Tötung durch Trunkenheit[241]. Man werde bei Tätern mit einer trotz der schweren Tatfolgen vergleichsweise geringen Schuld häufiger als bisher die Strafe zur Bewährung aussetzen können.

Celle[242] geht in einem Fall der §§ 222, 315 c Abs. 1, 3 StGB davon aus, der Auffassung, daß jedenfalls in Fällen leichtfertig ausgeführter Trunkenheitsfahrten, die zu folgenschweren Unfällen führen, die Verteidigung der Rechtsordnung grundsätzlich die Vollstreckung der Freiheitsstrafe erfordere, sofern nicht ausnahmsweise die Umstände des abzuurteilenden Falles oder die persönlichen Verhältnisse des Angeklagten eine andere Beurteilung gestatteten, liege eine unzulässige generalisierende Betrachtungsweise zugrunde[243].

Auch eine andere Celler Entscheidung[244] lehnt die Ansicht ab, bei folgenschweren Trunkenheitsfahrten sei grundsätzlich eine Strafvollstreckung geboten (in einem Fall der §§ 222, 230, 315 c Abs. 1, 3 StGB und einer Ersttat)[245].

In diesem Zusammenhang kann auch Hamm[246] genannt werden. Danach ist die Verhängung einer Freiheitsstrafe bei einer fahrlässigen Straßenverkehrsgefährdung durch Trunkenheit am Steuer, die zu mehreren geringen Körperverletzungen geführt hat, nicht ohne weiteres zur Verteidigung der Rechtsordnung unerläßlich. Auch nach einer ande-

---

[240] Ol 1 Ss 229/69.
[241] Unter Hinweis auf BGH St 22, S. 192 m. w. N.
[242] Ce 3 Ss 12/70.
[243] Unter Hinweis auf Ce 3 Ss 371/69 und 33/70, St 3 Ss 640/69 und die abw. Meinung von Ol 4 Ss 445/69.
[244] Ce 3 Ss 33/70.
[245] Unter Hinweis auf die abw. Ansicht von Ol 4 Ss 445/69 und auf Ce 3 Ss 371/69.
[246] Ha 2 Ss 104/70.

ren Entscheidung von Hamm[247] ist die Verhängung einer Freiheitsstrafe bei diesem Delikt, das zugleich zu einer Körperverletzung geführt hat, nicht in jedem Fall zur Verteidigung der Rechtsordnung unerläßlich.

b) Nicht bei Ersttaten (durchschnittlichen Schweregrades)

Düsseldorf[248] lehnt die Voraussetzungen von „Verteidigung der Rechtsordnung" in einem Fall folgenloser, durch Hilfsbereitschaft veranlaßter Trunkenheitsfahrt mit allenfalls durchschnittlichem Unrechts- und Schuldgehalt ab; dabei ist der Angeklagte Ersttäter und nicht vorbestraft.

Zum gleichen Ergebnis gelangt Köln[249] bei einer Ersttat von nicht mehr als einem mittleren Schweregrad. Es genüge nicht, daß der Fall etwas schwerer wiegen möge als ein „Durchschnittsfall" i. S. d. bisherigen Rechtsprechung zum alten Recht.

Auch nach Stuttgart[250] ist die Verhängung einer Freiheitsstrafe zur Verteidigung der Rechtsordnung bei einer Ersttat, die sich nur durch den hohen Blutalkoholgehalt und den darin zum Ausdruck gekommenen Handlungsvorsatz vom Durchschnittsfall einer fahrlässigen Straßenverkehrsgefährdung unterscheide, nicht unerläßlich.

Das Bayerische Oberste Landesgericht[251] lehnt die Ansicht ab, bei der Führung eines Kraftfahrzeugs im Zustand alkoholbedingter Fahruntauglichkeit reiche eine Geldstrafe nur in „Durchschnittsfällen" aus, während bei Vorliegen erschwerender Umstände zur Verteidigung der Rechtsordnung eine Freiheitsstrafe allgemein oder auch nur regelmäßig verhängt werden müsse. Bei Ersttätern werde eine Freiheitsstrafe nur verhältnismäßig selten unerläßlich sein.

Auch nach Köln[252] ist bei der mit einem Verkehrsunfall endenden Trunkenheitsfahrt bei einem Ersttäter und mittlerem Schweregrad der Straßenverkehrsgefährdung durch Trunkenheit am Steuer die Verhängung einer Freiheitsstrafe nicht unerläßlich.

Auch nach Stuttgart[253] ist es in Fällen des § 315 c Abs. 1 Nr. 1 a StGB nicht ohne weiteres unerläßlich, eine Freiheitsstrafe gegen einen Erst-

---

[247] Ha 1 Ss 63/70.
[248] Dü 1 Ss 675/69.
[249] Kö Ss 401/69.
[250] St 3 Ss 270/70 unter Hinweis auf *Horstkotte*.
[251] Bay 1 a St 267/69.
[252] Kö 1 Ss 9/70 unter Hinweis auf Kö Ss 401/69 und 444/69, St 3 Ss 640/69, Br Ss 147/69, *Lackner, Schneble* und *Granicky*.
[253] St 3 Ss 420/69.

täter zu verhängen, jedenfalls wenn der Angeklagte fahrlässig gehandelt habe.

c) Nicht notwendig bei Wiederholungstaten

Ein weiteres negatives Kriterium wird dadurch aufgestellt, daß auch bei Wiederholungstätern nicht schematisch oder notwendigerweise eine Freiheitsstrafe verhängt werden könne oder müsse[254]. Es komme immer auf die besonderen Umstände des Einzelfalles an. Nach dem Bayerischen Obersten Landesgericht[254a] gilt dies auch für Trunkenheit am Steuer. Nach Stuttgart[255] genügt noch nicht die Tatsache der Wiederholung bei einer Tat im mittleren Bereich und nicht sehr schwerer Folgen oder jedenfalls bei leichten Fällen[256]. Auch nach Koblenz[257] gibt es keine allgemeine Regel, nur wegen einer Wiederholungstat unbedingt eine Freiheitsstrafe zu verhängen; bei einer Wiederholungstat sei „nicht immer" eine Freiheitsstrafe unerläßlich[258]. Jedoch würden die vom Gesetz geforderten „besonderen Umstände" bei einem Wiederholungstäter meist gegeben sein[258a]. Hamm[259] lehnt in einem Fall von § 315 c Abs. 1 Nr. 1 a, Abs. 3 StGB bei allenfalls mittelschwerem Durchschnittsfall mit durchschnittlichem Unrechts- und Schuldgehalt die Unerläßlichkeit einer Freiheitsstrafe ab; dabei war der Täter nicht lange zuvor wegen der §§ 315 c Abs. 1 Nr. 1 b, Abs. 3 a. F., 222 StGB verurteilt worden. Auch Köln[260] beanstandet eine Entscheidung des Amtsgerichts nicht, nach der ein Täter in einem leichten Fall wegen der §§ 242, 244 StGB a. F. zu einer Geldstrafe verurteilt wurde, obwohl er schon zweimal wegen Rückfalldiebstahls nicht unerheblich bestraft worden war. Nach Meinung des Oberlandesgerichts hält sich eine solche Strafzumessung im Rahmen des dem Tatrichter bei der Anwendung des § 27 b Abs. 1 StGB Übergangsfassung zustehenden Entscheidungsspielraums. Schleswig[261] weist außerdem darauf hin, daß schon nach § 23 StGB a. F. (öffentliches Interesse) auch mehrfach und schwerer Bestrafte nicht

---

[254] Ka 3 Ss 1/70 unter Hinweis auf Horstkotte; Ko 1 Ss 111/70.
[254a] Bay 5 St 60/70 unter Hinweis auf Bay 1 b St 259/69, 1 a St 292/69, 1 a St 249/69.
[255] St 3 Ss 20/70.
[256] St 1 Ss 36/70, darauf verweist St 1 Ss 191/70.
[257] Ko 1 Ss 54/70; Ko 1 Ss 89/70.
[258] Ko 1 Ss 51/70 unter Hinweis auf Horstkotte; Ko 1 Ss 91/70 unter Hinweis auf Ko 1 Ss 51/70; Ko 1 Ss 111/70.
[258a] Ko 1 Ss 91/70 und Ko 1 Ss 111/70 unter Hinweis auf Ko 1 Ss 51/70, Horstkotte, Martin, Spiegel.
[259] Ha 3 Ss 1254/69.
[260] Kö 1 Ss 27/70.
[261] Sl 1 Ss 533/69.

VII. Fallgruppenbildung und Einzelfallentscheidungen

grundsätzlich von der Rechtswohltat des § 23 StGB ausgeschlossen gewesen seien.

d) Nicht notwendig bei vorsätzlicher Trunkenheitsfahrt

Nach dem Bayerischen Obersten Landesgericht[261a] ist es jedenfalls bei Vorliegen nicht unerheblicher Strafmilderungsgründe auch bei vorsätzlicher Trunkenheitsfahrt nicht zu beanstanden, daß der Tatrichter eine Freiheitsstrafe als nicht zur Verteidigung der Rechtsordnung unerläßlich ansieht.

3. Positive Kriterien für die Abgrenzung von Fallgruppen

a) Bei gleichen Taten kein Übergang zu milderer Strafart

Bei der Bildung positiver Kriterien vertritt das Bayerische Oberste Landesgericht[262] die Auffassung, bei einer neuen Tat gleicher Art dürfe nach Verhängung und Vollstreckung von Freiheitsstrafen nicht zu milderer Strafart übergegangen werden. Gegenüber der Freiheitsstrafe sei eine Geldstrafe, auch wenn sie empfindlich bemessen sei, das geringere Übel. Eine Wiederholungstat dürfe nicht durch mildere Strafart als strafmildernd gewertet werden. Die Allgemeinheit könnte darin nicht eine Auswirkung der gewandelten Anschauungen des Gesetzgebers über zweckmäßiges Strafen, sondern ein Zurückweichen der Rechtsordnung vor unbelehrbaren und unbeeinflußbaren Tätern und damit eine Preisgabe ihrer Unverbrüchlichkeit erblicken[263].

Dagegen weist Celle[264] darauf hin, daß es die Ausnahmevorschrift des § 14 StGB durchaus rechtfertigen könne, auch dann auf eine Geldstrafe zu erkennen, wenn der Angeklagte wegen gleichartiger Vortaten nach dem früheren Recht zu Gefängnisstrafen verurteilt worden sei. Eine vom Bayerischen Obersten Landesgericht abweichende Meinung vertritt auch Köln[265]. Eine Strafzumessung halte sich im Rahmen des dem Tatrichter zustehenden Entscheidungsspielraums, wenn bei schon zweimaliger Verurteilung wegen Diebstahls im Rückfall zu nicht unerheblichen Gefängnisstrafen das Amtsgericht eine Geldstrafe verhänge.

[261a] Bay 1 a St 218/69.
[262] Bay 1 b St 194/69 und 1 b St 191/69 unter Hinweis auf *Löwe-Rosenberg, Eberhard Schmidt*, RGSt 2, S. 205 f.
[263] Bay 1 b St 194/69 unter Hinweis auf *Lackner-Maassen*; Bay 5 St 3/70.
[264] Ce 2 Ss 43/70.
[265] Kö Ss 27/70.

b) Wenn die verletzte Rechtsnorm nicht ernst genommen wird

Nach einigen Urteilen kann die Rechtstreue z. B. durch eine Geldstrafe gefährdet werden, wenn die Häufung bestimmter Taten darauf schließen lasse, daß die verletzte Rechtsnorm nicht ernst genommen werde[266]. Das Bayerische Oberste Landesgericht[266a] geht in diesem Zusammenhang von einer außergewöhnlichen Zunahme oder Häufung der Verletzung einer Strafnorm aus. Nach Frankfurt[267] kommt es dabei immer auf den Einzelfall an.

Nach dem Kammergericht[268] liegt ein erheblicher Angriff z. B. dann vor, wenn die Tat eine Norm verletze, deren häufige Mißachtung darauf schließen lasse, daß die Bevölkerung sie nicht ernst nehme.

Stuttgart[269] führt aus, eine Häufung von Straftaten, die darauf schließen lasse, Vergehen der Trunkenheit am Steuer würden nicht ernst genommen, wäre nur ein besonderer Anwendungsfall für die Unerläßlichkeit einer Freiheitsstrafe.

Celle[270] spricht nur davon, daß bei bestimmten Deliktsgruppen — insbesondere unter dem Gesichtspunkt einer den Rechtsfrieden bedrohenden Häufung — die Versagung der Strafaussetzung näher liegen könne als bei anderen. Keinesfalss dürfe aber die Strafaussetzung für bestimmte Deliktsgruppen oder bestimmte Begehungsweisen derselben grundsätzlich ausgeschlossen werden. Es komme immer auf den Einzelfall an.

Nach Oldenburg[271] kann es die Häufung bestimmter Straftaten, durch die die Rechtsgüter der Allgemeinheit unmittelbar gefährdet würden, jedoch gebieten, zum Schutz der Rechtsordnung in größerem Umfang als bei anderen Delikten davon abzugehen, die Strafsanktion nur auf die Resozialisierung des Täters abzustellen, was für die Fälle der Trunkenheit im Straßenverkehr von Bedeutung sei.

Sehr zurückhaltend ist Hamm[271a]. Danach kann die Verhängung einer Freiheitsstrafe nicht schon deshalb als unerläßlich angesehen werden, weil eine Zunahme der Trunkenheitstaten im Verkehr zu beobachten

---

[266] Bay 6 St 13/70; Fr 2 Ss 769/69; Kö Ss 401/69 unter Hinweis auf *Horstkotte;* ähnlich Bay 5 St 47/70 und 60/70.
[266a] Bay 5 St 47/70 und 60/70.
[267] Fr 2 Ss 769/69.
[268] KG 2 Ss 265/69.
[269] St 3 Ss 270/70 unter Hinweis auf *Horstkotte, Martin, Koch.*
[270] Ce 3 Ss 12/70 unter Hinweis auf *Lackner-Maassen.*
[271] Ol 4 Ss 445/69.
[271a] Ha 1 Ss 256/70 unter Hinweis auf Ha 1 Ss 57/70, 1 Ss 115/70, *Martin, Koch.*

VII. Fallgruppenbildung und Einzelfallentscheidungen 107

sei, seitdem fast ausschließlich Geldstrafen verhängt wurden. Allerdings könnte die Verteidigung der Rechtsordnung die Verhängung von Freiheitsstrafen unter Umständen unerläßlich machen, wenn in einem Bezirk eine außergewöhnliche Zunahme von Trunkenheitsdelikten im Verkehr gegenüber dem Stand bei Inkrafttreten der Gesetzesänderungen festzustellen wäre, welche die Überzeugung als gerechtfertigt erweisen würde, daß Trunkenheit im Verkehr nicht mehr als allzu schwerwiegend angesehen werde. Der allgemeine Hinweis auf eine Zunahme könne jedoch nicht genügen; vielmehr bedürfe es insoweit einer genauen Belegung und Feststellung.

In diesem Zusammenhang kann auch eine Stuttgarter Entscheidung[271b] erwähnt werden. Das Gericht geht davon aus, das Landgericht habe die von der Literatur und Rechtsprechung erarbeiteten Grundsätze ohne erkennbare Rechtsfehler auf den vorliegenden Fall angewandt. Es habe mit Recht auch die örtliche Besonderheit berücksichtigt, die darin liege, daß sich in der fraglichen Gegend erst in jüngster Zeit ein Totschlag an einem Polizeibeamten ereignet habe, ein Umstand, der die Notwendigkeit einer wirksamen Ahndung von Angriffen auf Polizeibeamte besonders eindringlich in das Bewußtsein der Bevölkerung gerückt habe.

c) Bei ungewöhnlicher Gleichgültigkeit

Eine Gefährdung der Rechtstreue der Bevölkerung wird vom Bayerischen Obersten Landesgericht[272] dann bejaht, wenn der Täter Rechtsgüter mit „ungewöhnlicher Gleichgültigkeit mißachtet oder angreift oder so sehr mit der durch das StGB gebotenen Großzügigkeit rechnet", daß die Nichtanwendung der Ausnahmevorschriften einem schwächlichen, die rechtstreue Bevölkerung unsicher machenden Zurückweichen der staatlichen Strafgewalt gleichkäme.

d) Bei besonders hartnäckigem, rechtsmißachtendem Verhalten

Frankfurt führt in einer Entscheidung[273] aus, die Verhängung der Freiheitsstrafe sei zur Verteidigung der Rechtsordnung nur dann begründet, wenn ein besonders hartnäckiges rechtsmißachtendes Verhalten des Angeklagten festzustellen wäre.

Nach Schleswig[273a] wird die Notwendigkeit zur Vollstreckung einer Gefängnisstrafe von mindestens sechs Monaten zur Verteidigung der

---
[271b] St 2 Ss 406/70.
[272] Bay 6 St 13/70 unter Berufung auf *Hohler, Kunert, Dreher*.
[273] Fr 1 Ss 140/70.
[273a] Sl 1 Ss 397/69 unter Hinweis auf die Entstehungsgeschichte bei *Kunert*.

Rechtsordnung nur bei besonders hartnäckigem, rechtsmißbräuchlichem und bewußt rechtsfeindlichem Verhalten in Betracht kommen.

Nach Celle[274] kann es besonders hartnäckiges, rechtsmißachtendes Verhalten rechtfertigen, unter dem Gesichtspunkt der Verteidigung der Rechtsordnung eine Freiheitsstrafe zu verhängen.

Nach dem Bayerischen Obersten Landesgericht[274a] kann die Vollstreckung bzw. Verhängung einer Freiheitsstrafe z. B. geboten sein, wenn ein Täter wiederholt und hartnäckig die Rechtsordnung bzw. das Gesetz mißachtet hat.

Das Kammergericht[275] führt aus, die Rechtsordnung werde auch dann durch die demonstrative Strenge der Strafvollstreckung verteidigt werden müssen, wenn der Täter sie hartnäckig und wiederholt bewußt verletzt und sich Warnungen unzugänglich gezeigt habe. Rechtsverletzungen von minderem Umfang seien hier mindestens dann von Bedeutung, wenn ihre hartnäckige Wiederholung schließlich zu einer Tat mit schweren Schadensfolgen geführt habe.

Auch nach Stuttgart[276] kann dieser Gesichtspunkt gerade bei Wiederholungstätern von Trunkenheitsfahrten, vollends wenn sie vorsätzlich handeln, eine Rolle spielen.

Nach Celle[277] ist Kunert darin zuzustimmen, daß ein besonders hartnäckiges, rechtsmißachtendes Verhalten es rechtfertigen könne, den Gesichtspunkt der Verteidigung der Rechtsordnung heranzuziehen. Unter diesem Gesichtspunkt könne bei Wiederholungstätern, die vorsätzlich gehandelt hätten, die Verhängung einer kurzen Freiheitsstrafe unerläßlich sein. Dies hänge jedoch stets vom Einzelfall ab.

e) Bei Wiederholungstätern häufiger

Nach Meinung vieler Gerichte kann auch die Wiederholung bestimmter Straftaten für die Verhängung bzw. Vollstreckung kurzer Freiheitsstrafen zur Verteidigung der Rechtsordnung von Bedeutung sein.

Dazu wird vom Bayerischen Obersten Landesgericht ausgeführt, daß die Versagung der Strafaussetzung nahe liege, wenn gehäuft auftretende und für die Allgemeinheit gefährliche Rechtsverletzungen — wie Trun-

---

[274] Ce 2 Ss 43/70 unter Hinweis auf *Horstkotte, Kunert, Lackner, Lackner-Maassen.*
[274a] Bay 5 St 47/70 unter Hinweis auf *Horstkotte,* KG 2 Ss 265/69; Bay 5 St 60/70.
[275] KG 2 Ss 265/69.
[276] St 3 Ss 307/70 unter Hinweis auf *Horstkotte, Kunert,* Bay 1 b St 194/69, Ce 1 Ss 358/69.
[277] Ce 1 Ss 358/69 unter Hinweis auf *Horstkotte, Dreher.*

VII. Fallgruppenbildung und Einzelfallentscheidungen

kenheit am Steuer — von einem Täter wiederholt begangen würden und wenn diese Begehung im Einzelfall zu schweren, insbesondere tödlichen Folgen führe[278].

Nach Celle[279] ist Kunert darin zuzustimmen, daß ein besonders hartnäckiges, rechtsmißachtendes Verhalten es rechtfertigen könne, den Gesichtspunkt der Verteidigung der Rechtsordnung heranzuziehen. Unter diesem Gesichtspunkt könne bei Wiederholungstätern, die vorsätzlich gehandelt hätten, die Verhängung einer kurzen Freiheitsstrafe unerläßlich sein (s. 3 d).

Auch nach Stuttgart[280] kann dieser Gesichtspunkt gerade bei Wiederholungstätern von Trunkenheitsdelikten, vollends wenn sie vorsätzlich handeln, eine Rolle spielen.

Nach Koblenz[281] gibt es keine allgemeine Regel dahingehend, daß ein Wiederholungstrunkenheitstäter unbedingt mit einer Freiheitsstrafe belegt werden müßte (s. 2 c). Doch hebe sich der Wiederholungstäter häufig seiner Persönlichkeit nach von dem durchschnittlichen Ersttäter ab und würde gerade Taten dieser Art in den Augen der rechtstreuen Bevölkerung eine besondere Aufmerksamkeit gewidmet. Auch nach einer anderen Koblenzer Entscheidung[282] ist bei einer Wiederholungstat nicht immer eine Freiheitsstrafe unerläßlich (2 c).

Nach Stuttgart[283] erfordert die Verteidigung der Rechtsordnung in leichten Fällen der Trunkenheit am Steuer oder der Verkehrsgefährdung sogar bei einem Wiederholungstäter nicht immer die Verhängung einer Freiheitsstrafe. Jedoch könne wegen eines verhältnismäßig schnellen Rückfalls des Angeklagten auf eine Freiheitsstrafe erkannt werden.

Nach Stuttgart[284] besteht aller Anlaß, ernsthaft zu prüfen, ob es vor der Rechtsüberzeugung der Allgemeinheit verantwortet werden kann, einen Schläger, der ohne jeglichen Anlaß aus „purer Rauflust" immer wieder andere anfällt und mißhandelt, mit einer Geldstrafe davonkommen zu lassen.

Auch der BGH[284a] berücksichtigt in einer Entscheidung die Tatsache, daß der Täter schon einmal wegen Trunkenheit im Verkehr bestraft worden ist, zuungunsten des Angeklagten.

---

[278] Bay 5 St 47/70 unter Hinweis auf BGH in VRS 38, 333, KG 2 Ss 265/69.
[279] Ce 1 Ss 358/69 unter Hinweis auf *Horstkotte* und *Dreher*.
[280] St 3 Ss 307/70 unter Hinweis auf *Horstkotte, Kunert*, Bay 1 b St 194/69, Ce 1 Ss 358/69.
[281] Ko 1 Ss 54/70.
[282] Ko 1 Ss 51/70.
[283] St 1 Ss 191/70 unter Hinweis auf 1 Ss 36/70.
[284] St 2 Ss 6/70.
[284a] BGH 4 St R 5/70.

f) Bei Ersttätern, jedenfalls bei nicht wiedergutzumachenden Schäden

Oldenburg[285] gelangt in einem Falle fahrlässiger Tötung infolge Trunkenheit am Steuer zu dem Schluß, daß es die Verteidigung der Rechtsordnung jedenfalls in den Fällen, in denen die Trunkenheitsfahrt nicht wiedergutzumachende Schäden zur Folge gehabt habe, in aller Regel gebieten würde, eine verhängte Freiheitsstrafe auch zu vollstrecken, um der Auffassung entgegenzuwirken, die *erste* Trunkenheitsfahrt könne allenfalls zu einer „Verteuerung der Zeche" führen. Die strikte Anwendung der Gesichtspunkte der Spezialprävention könne gerade bei Trunkenheitsdelikten einerseits zu der Überzeugung führen, es handele sich um ein sog. Kavaliersdelikt, andererseits zu dem Eindruck führen, schutzlos vermeidbaren Angriffen auf die höchsten Rechtsgüter ausgesetzt zu sein.

Oldenburg lehnt dabei die Auffassung der Strafkammer ab, die ausführt, die Erfahrung habe gezeigt, daß Milde oder Strenge bei der Entscheidung über die Strafaussetzung der Vollstreckung von Freiheitsstrafen, die für Trunkenheit am Steuer verhängt worden seien, sich auf die Häufigkeit von Trunkenheitsfahrten nicht ausgewirkt habe, so daß von der Vollstreckung keine stärkere generalpräventive Wirkung zu erwarten sei als von ihrer Aussetzung. Die Strafkammer habe dabei übersehen, daß die von ihr herangezogenen Erfahrungen sich nur auf die Vollstreckung kurzer Freiheitsstrafen bezögen und daß diese Erfahrungen nicht ohne weiteres auf die Vollstreckung von Freiheitsstrafen übertragen werden könnten, bei denen bisher wegen ihrer Höhe eine Aussetzung nicht möglich gewesen sei.

Das Oberlandesgericht Celle hat gemäß § 121 Abs. 2 GVG die Rechtsfrage, ob bei Trunkenheitsfahrten mit schweren Folgen in aller Regel die Vollstreckung der Strafe geboten sei, dem Bundesgerichtshof vorgelegt[285a].

Demgegenüber geht Frankfurt[286] nur davon aus, daß bei fahrlässiger Tötung durch Trunkenheit am Steuer die Verteidigung der Rechtsordnung zwar häufiger als bei anderen Taten die Vollstreckung gebieten mag, die Versagung der Strafaussetzung aber nicht allgemein mit der Verwirklichung bestimmter Tatbestände oder lediglich mit solchen Erwägungen begründet werden dürfe, die dem Tatbestand im ganzen zugrunde lägen.

---

[285] Ol 4 Ss 445/69.
[285a] Ce 1 Ss 45/70, Vorlegungsbeschluß v. 9. 4. 1970, in NJW 70, S. 1152 und BA 71, S. 58/ siehe dazu den Beschluß des 4. Strafsenats des BGH v. 21. 1. 1971 (4 StR 238/70), inhaltlich wiedergegeben unter VIII.
[286] Fr 2 Ss 729/69 unter Hinweis auf *Lackner-Maassen*.

VII. Fallgruppenbildung und Einzelfallentscheidungen

g) Weniger Tatfolgen als Maß der Schuld und Gefährlichkeit entscheidend

Wie schon unter 2 a) gezeigt, geht Oldenburg[287] davon aus, daß es auch bei schweren Tatfolgen immer auf die besonderen Umstände des Einzelfalls ankomme. Dabei komme es weniger auf die Folgen der Tat als auf das Maß der Schuld, die Gefährlichkeit des Täters sowie ein etwaiges Mitverschulden des Verletzten an.

Daß es nicht nur auf die Schuld des Täters, sondern wesentlich auch auf dessen Gefährlichkeit ankommt, betont der 1. Strafsenat des Oberlandesgerichts Oldenburg in einer erneuten Revisionsentscheidung in derselben Sache[288]. Man werde bei Tätern mit einer trotz der schweren Tatfolgen vergleichsweise geringen Schuld häufiger als bisher die Strafe zur Bewährung aussetzen können.

Der BGH[288a] geht bei der Frage, ob eine einjährige Freiheitsstrafe gegen einen einschlägig vorbestraften Trunkenheitstäter vollstreckt werden solle, nur davon aus, bei einer derart gesetzesfeindlichen Einstellung wie im vorliegenden Fall, so großer Schuld und so schweren Folgen (Tötung im Rahmen des § 330 a StGB) gebiete auf jeden Fall die Verteidigung der Rechtsordnung die Vollstreckung der Strafe.

Das Bayerische Oberste Landesgericht[288b] führt aus, daß das Maß des Verschuldens und die Schwere der Tatfolgen von erheblicher Bedeutung seien, da sie von wesentlichem Einfluß darauf seien, ob ein Ausbleiben der Strafvollstreckung die Rechtsüberzeugung der Bevölkerung erschüttern würde. Die Versagung der Strafaussetzung liege nahe, wenn gehäuft auftretende und für die Allgemeinheit gefährliche Rechtsverletzungen — wie Trunkenheit am Steuer — von einem Täter wiederholt begangen worden seien und wenn diese Begehung im Einzelfall zu schweren, insbesondere tödlichen Folgen führe (s. 3 e).

In diesem Zusammenhang kann noch eine andere Überlegung des Gerichts aufgeführt werden: Gelte bei einem Angeklagten ein erheblicher Teil der erkannten Strafe durch die Untersuchungshaft als verbüßt, so habe die Allgemeinheit eher dafür Verständnis, daß die Vollstreckung des Strafrestes zur Bewährung ausgesetzt werde.

h) Bei gewissen Tatbeständen häufiger

Nach Oldenburg[289] wird bei gewissen Tatbeständen (z. B. bei bestimmten Sittlichkeitsdelikten, Gefährdung der Sicherheit des Straßenver-

---

[287] Ol 1 Ss 229/69.
[288] Ol 1 Ss 71/70.
[288a] BGH 4 St R 5/70.
[288b] Bay 5 St 47/70.
[289] Ol 1 Ss 229/69 unter Hinweis auf *Lackner-Maassen*.

kehrs durch Trunkenheit und in den Fällen der Volltrunkenheit (§ 330a) in denen die Rauschtat objektiv eine solche Straftat ist) die Verteidigung der Rechtsordnung die Vollstreckung der Strafe häufiger als bei anderen Tatbeständen gebieten, doch sei auch hier jede Schematisierung abzulehnen.

Frankfurt[290] sieht bei einem so folgenreichen Straftatbestand wie der fahrlässigen Tötung durch Trunkenheit am Steuer die Vollstreckung zur Verteidigung der Rechtsordnung häufiger als geboten an als bei anderen Taten.

Auch nach Celle[291] kann bei bestimmten Deliktsgruppen — insbesondere unter dem Gesichtspunkt einer den Rechtsfrieden bedrohenden Häufung — die Versagung der Strafaussetzung näher liegen als bei anderen.

i) Auch bei vorsätzlichen Wirtschaftsdelikten

Nach Frankfurt[292] können auch vorsätzliche Wirtschaftsdelikte eine Freiheitsstrafe zur Verteidigung der Rechtsordnung unerläßlich machen. Das könne z. B. der Fall sein, wenn die Täter derartiger Taten ganz bewußt das Risiko einer Strafe einkalkulierten, durch ihr Handeln die Rechtstreue der Bevölkerung erschütterten und damit einen Teil der Rechtsordnung gefährdeten. Solche oder ähnliche Auswirkungen könnten indessen nur betrügerische Unternehmungen größeren Stils haben, bei denen der betrügerische Charakter geschickt durch scheinbar kaufmännisch-korrektes Verhalten getarnt und dadurch schwer zu erkennen sei. Im vorliegenden Fall seien die Taten des Angeklagten demgegenüber nicht geeignet, das Vertrauen weiter Bevölkerungskreise in die Redlichkeit des kaufmännischen Verkehrs zu erschüttern.

j) Auch bei Fahrlässigkeitstaten

Einige Entscheidungen führen ausdrücklich aus, auch bei Fahrlässigkeitstaten könnten die Ausnahmeregelungen eingreifen.

Hamm[293] weist darauf hin, daß die Verteidigung der Rechtsordnung die Strafvollstreckung auch bei Fahrlässigkeitstaten gebieten könne, z. B. wegen besonders erheblicher Schuld und zugleich besonders schwerer Tatfolgen.

---

[290] Fr 2 Ss 729/69.
[291] Ce 3 Ss 12/70.
[292] Fr 1 Ss 140/70.
[293] Ha 4 Ss 7/70.

Auch bei fahrlässigen Delikten kann nach Koblenz[294] zur Verteidigung der Rechtsordnung eine Freiheitsstrafe unerläßlich sein, und zwar unter anderem wegen einer bedrohlichen Zunahme des entsprechenden Delikts. Dagegen sei es in diesem Zusammenhang nicht von entscheidender Bedeutung, daß der Angeklagte bei seiner Trunkenheitsfahrt weder eine konkrete Gefahr herbeigeführt noch einen Fremdschaden angerichtet habe. Es sei — wie die Gesetzgebungsgeschichte beweise — mit dem Willen des Gesetzgebers unvereinbar[295], daß in den Fällen folgenloser Trunkenheitsfahrt selbst bei mehrfachen einschlägigen Vorstrafen niemals zur Verteidigung der Rechtsordnung eine Freiheitsstrafe zulässig sei.

Nach Stuttgart[296] vermag sich der Senat der Meinung, einer unbewußt fahrlässig begangenen Tat müsse zur Verteidigung der Rechtsordnung nicht verschärft entgegengetreten werden, weil sie nicht gezielt angegriffen worden sei[297], in dieser Allgemeinheit nicht anzuschließen.

Schleswig[298] führt lediglich aus, daß auch die Schuldform — Vorsatz oder Fahrlässigkeit — eine Rolle spielen müsse.

VIII. Die BGH-Entscheidungen vom 8. Dezember 1970 und vom 21. Januar 1971

Man kann die vielen, ungenauen, auch widersprüchlichen Gesichtspunkte, die sich in der OLG-Rechtsprechung zum Begriff „Verteidigung der Rechtsordnung" finden, am besten durch ein Kurzreferat über zwei inzwischen, d. h. während der Drucklegung, bekanntgewordene Entscheidungen des BGH zusammenfassen[298a]. Der 4. Strafsenat des BGH meint, im Unterschied zur Auffassung des OLG Oldenburg, bei der Verurteilung wegen einer Trunkenheitsfahrt mit schweren Unfallfolgen sei die Strafaussetzung nicht schon „in aller Regel" nach § 23 Abs. 3 StGB n. F. ausgeschlossen. In der näheren Begründung dieses Beschlusses wird Bezug auf eine Entscheidung des 1. Strafsenats des BGH genommen, in der es um die Aussetzung einer achtmonatigen Freiheitsstrafe eines wegen Unzucht mit Abhängigen in Tateinheit mit versuchter Notzucht, Unzucht mit Kindern und versuchter Blutschande Verurteilten geht.

---

[294] Ko 1 Ss 51/70; Ko 1 Ss 91/70 und 1 Ss 111/70 unter Hinweis auf *Martin*.
[295] Unter Hinweis auf *Horstkotte*.
[296] St 3 Ss 681/69.
[297] Unter Hinweis auf *Kunert*.
[298] Sl 1 Ss 356/69.
[298a] BGH 1 StR 353/70 v. 8. 12. 70; BGH 4 StR 238/70 v. 21. 1. 71: JZ 71, 267 f.

Nach der Entscheidung des 1. Senats führen Wortinterpretation, insbesondere auch die Schlußfolgerung von dem Begriff der „Verteididung" auf das Erfordernis eines qualifizierten Angriffs, und Entstehungsgeschichte zu keiner Klärung des unbestimmten Rechtsbegriffs. Seine Auslegung könne nur an die kriminalpolitischen Erwägungen anknüpfen, auf denen die in den §§ 14, 23 StGB getroffene Regelung beruhe. Danach gehe grundsätzlich die Geldstrafe der Freiheitsstrafe, die Aussetzung dem Vollzug vor, soweit dies im Hinblick auf die zu erwartende kriminalpolitische Wirksamkeit der Rechtsgüterschutz zulasse.

Dabei werden zunächst negative Kriterien für die Abgrenzung der Ausnahmeklausel des § 23 Abs. 3 StGB n. F. aufgestellt. Sühne bzw. Tatvergeltung sei nicht mehr zu berücksichtigen, die Schwere der Schuld könne nicht für sich allein eine Vollstreckung rechtfertigen, sondern nur mittelbar Bedeutung erlangen. Auch das Genugtuungsinteresse des Verletzten und seiner Angehörigen sei grundsätzlich auszuklammern. Eine umfassende Abwägung aller Strafzwecke sei ausgeschlossen, worin ein grundlegender Unterschied zum Begriff des öffentlichen Interesses liege.

Positiv sei festzustellen, daß es zu den Aufgaben der Strafe gehöre, das Recht gegenüber dem vom Täter begangenen Unrecht durchzusetzen, die Unverbrüchlichkeit der Rechtsordnung damit vor der Rechtsgemeinschaft zu erweisen und zugleich künftigen ähnlichen Rechtsverletzungen potentieller Täter vorzubeugen (spezielle Generalprävention). Beide dem Begriff „Verteidigung der Rechtsordnung" zugrunde liegenden Zweckgesichtspunkte würden ergänzt, zugleich aber auch begrenzt durch das weitere — subjektiv orientierte — Begriffselement der „Rechtstreue des Volkes", seien also bei der Frage der Notwendigkeit der Strafvollstreckung nur in eingeschränktem Umfang heranzuziehen. Der Gesichtspunkt der Erhaltung der Rechtstreue der Bevölkerung, der Abwehr ihrer ernstlichen Beeinträchtigung, sei nunmehr — in seiner begrenzenden Funktion — ein entscheidendes Kriterium für die Versagung einer Strafaussetzung nach der Neufassung des § 23 Abs. 3 StGB. Das sei bereits bei den Beratungen über die Reformgesetze eindeutig zum Ausdruck gekommen. Ferner wird auf die überwiegende Meinung im Schrifttum und vor allem in der Rechtsprechung hingewiesen. Die Gesetzesmaterialien zeigten, daß generalpräventiven Erwägungen bei der Strafaussetzung nur in begrenztem Maße Bedeutung zukommen solle. Eine ernstliche Gefährdung der rechtlichen Gesinnung der Bevölkerung als Folge schwindenden Vertrauens in die Funktion der Rechtspflege sei gegeben, wenn eine Strafaussetzung von der Bevölkerung angesichts der außergewöhnlichen konkreten Fallgestaltung als ungerechtfertigte Nachgiebigkeit und unsicheres Zurückweichen vor dem Verbrechen verstanden werden könnte.

VIII. Die BGH-Entscheidungen

Es bedürfe einer Gesamtwürdigung aller Tat und Täter kennzeichnenden Umstände und komme auf die Besonderheiten des Einzelfalles an. Ein Ausschluß bestimmter Tatbestände oder Tatbestandsgruppen — wie etwa der Sittlichkeitsdelikte — von der Strafaussetzung sei unzulässig (wie schon bei § 23 StGB a. F.). Die Art der Tat könne jedoch im Rahmen der Gesamtabwägung Bedeutung erlangen. Die Strafvollstreckung könne nicht mit Erwägungen begründet werden, die dem verletzten Tatbestand im ganzen zugrunde lägen.

Nach Ansicht des 1. Senats mögen im Einzelfall somit etwa die besonderen Tatfolgen, eine sich aus der Art der Tatausführung ergebende erhebliche verbrecherische Intensität, ein hartnäckiges rechtsmißachtendes Verhalten, die Verletzung von Rechtsgütern mit ungewöhnlicher Gleichgültigkeit oder auch dreistes Spekulieren auf eine Strafaussetzung bereits bei Tatbegehung Bedeutung erlangen. Als besondere Umstände könnten ferner schon häufige, besonders herausfordernde Mißachtung entsprechender Normen, rasche Wiederholungstaten, Rückfall in der Bewährungszeit, möglicherweise auch einschlägige Vorstrafen in Betracht kommen. Insbesondere in diesen letzten Fällen werde jedoch nicht selten schon eine Vollstreckung der Freiheitsstrafe zur Einwirkung auf den Täter erforderlich sein (§ 23 Abs. 1 StGB). Eine Vollstreckung könne sich schließlich auch als notwendig erweisen, wenn die Tat Ausdruck einer verbreiteten Einstellung sei, die eine durch einen erheblichen Unwertgehalt gekennzeichnete Norm nicht ernst nehme und von vornherein auf die Aussetzung einer etwaigen Freiheitsstrafe vertraue.

Der 4. Senat übernimmt diese Auffassungen ausdrücklich und führt im Hinblick auf den zu entscheidenden Fall (Trunkenheitsfahrt eines Ersttäters mit schweren Unfallfolgen) aus, die Befürchtung, die Strafaussetzung würde auf das Unverständnis der Bevölkerung stoßen und deren Rechtstreue ernstlich beeinträchtigen, liege bei gehäuft auftretenden Straftaten mit nicht wiedergutzumachenden Schäden, wie Trunkenheitsfahrten mit schweren Unfallfolgen, näher als bei sonstigen Rechtsverletzungen (unter Bestätigung der Stellungnahme des Generalbundesanwalts). Zwar werde noch nicht ohne weiteres „in aller Regel" feststehen, daß die Strafe bei der Trunkenheitsfahrt eines Ersttäters mit schweren Unfallfolgen auch vollstreckt werden müsse. Für einen nicht unwesentlichen Teil dieser Fälle werde vielmehr angenommen werden können, daß die von dem Sachverhalt voll und zutreffend unterrichtete Bevölkerung die Strafaussetzung verstehen und billigen würde, ohne in ihrem Rechtsgefühl verletzt und in ihrer Rechtstreue beeinträchtigt zu werden. In den meisten Fällen werde allerdings gerade die Prüfung der näheren Umstände ergeben, daß die Strafaussetzung des persönlich strafaussetzungswürdigen Täters derart auf das

Unverständnis der Bevölkerung stoßen würde, daß deren Rechtsgefühl und Rechtstreue ernstlich beeinträchtigt werden könnten. In einem solchen Fall könne der Tatrichter Strafaussetzung nicht allein mit Rücksicht auf das besonders günstige Persönlichkeitsbild des nicht vorbestraften Täters bewilligen. Die rein täterbezogenen Umstände, die für die Aussetzung sprächen, müßten dann zurücktreten.

Die Frage ist, ob eine Rechtsprechung, die vom Gesetzgeber zu derart unüberprüfbaren Ausführungen gezwungen wird, nicht auf prinzipielle juristische Kritik stoßen muß.

B. Kritik der Rechtsprechung

I. Kritik an der Arbeitsweise der Rechtsprechung, ausgehend von ihren Ergebnissen

1. *Maßstab: Voraussehbare und überprüfbare Ergebnisse*

Als Maßstab für die Kritik muß — wie in den vorangegangenen Kapiteln — dienen, ob es der Rechtsprechung gelingt, voraussehbare und überprüfbare Ergebnisse zu liefern (Artikel 103 Abs. 2 GG). Ein solches Ergebnis liegt vor, wenn das erkennende Gericht verbindliche Entscheidungskriterien über den Einzelfall hinaus angeben kann. Dieses Postulat ist vergleichbar dem Genauigkeitserfordernis, das im Kap. 1 über die Entstehungsgeschichte (unter D.) für ein praktikables Gesetz genannt worden ist: Entscheidungen, die solchen Voraussetzungen entsprechen, ermöglichen es, mit einiger Sicherheit vorauszusehen, wie die Gerichte in ähnlichen Fällen entscheiden werden und ob sie im konkreten Fall richtigerweise einen Anwendungsfall gesehen haben. Im folgenden wird geprüft, ob die vorliegenden Entscheidungen und damit das, was zur Zeit „die Rechtsprechung" ausmacht, den oben gesetzten Maßstäben gerecht werden.

2. *Gelingen der Rechtsprechung voraussehbare und überprüfbare Ergebnisse?*

a) Gelingen der Rechtsprechung die geforderten Ergebnisse durch Auslegung des Begriffs?

aa) Subjektive Auslegung

Unter subjektiver Auslegung soll der Versuch verstanden werden, die Absichten des Gesetzgebers aus der Entstehungsgeschichte der Norm zu ermitteln und so zu einer Entscheidung zu finden. Anknüpfend an die Untersuchungsergebnisse des 1. Kapitels ist davon auszugehen, daß die Hinweise, die man aus der Entstehungsgeschichte entnehmen kann, nicht so konkret sind, daß sie jeden Juristen zu bestimmten Ergebnissen hinführten oder jedenfalls andere Ergebnisse zwingend ausschlössen. Man kann daher mit der subjektiven Methode weder überprüfbare noch vorhersehbare Ergebnisse gewinnen. Das schlägt sich in der Mehrzahl der Urteile so nieder, daß sie zu anderen, nämlich objektiven Auslegungsmethoden überwechseln[299].

Gegen diese Kritik an der von den Gerichten versuchten subjektiven Auslegung könnte eingewandt werden, daß sie selbst die Unmöglichkeit erkennen, auf diesem Wege ein Ergebnis aus den §§ 14, 23 StGB zu erzielen. Der Einwand ist richtig: Keine Entscheidung ist ausschließlich auf die Erkenntnisse zurückzuführen, die das jeweilige Gericht mit der subjektiven Methode zu gewinnen meint. Aber der kritische Hinweis auf diejenigen Abschnitte der Entscheidungen, in denen nach der subjektiven Auslegung vorgegangen wird, ist trotzdem nötig; denn viele Entscheidungen entnehmen aus der unklaren Entstehungsgeschichte auswählend die Begriffe, die sie später bei der objektiven Auslegung als gesicherte Anhaltspunkte verwenden[300]. Insofern wird also bereits hier eine entscheidende Weiche auf dem Weg zur Entscheidung gestellt, und als „Weichensteller" fungieren Horstkotte[301] und Kunert[302].

bb) Versuch mit anderen (objektiven) Auslegungsmethoden

Zu objektiven Auslegungsversuchen kommen die Gerichte zumeist[303], nachdem sich die subjektive Methode — jedenfalls allein — als nicht verwendbar im Sinne des angestrebten Ergebnisses erwiesen hat.

Dabei gibt die sog. systematische Methode von vornherein keine große Hilfe: Bestenfalls kann man feststellen, der Begriff „Verteidigung der Rechtsordnung" tauche im StGB als Novum und Unikum auf. Deshalb weisen alle Gerichte auch mit Recht auf den Ausnahmecharakter der Bestimmung im Verhältnis zur Tendenz der Reformgesetzgebung hin.

Bei der dann angewandten Methode kann man zwei Arten des Vorgehens unterscheiden, die z. T. in den einzelnen Entscheidungen neben-

---

[299] Besonders deutlich BayObLG 6 St 13/70.
[300] Dazu kritisch *Dreher*, JR 70, S. 228; auch die jetzt ergangene Entscheidung des BGH (1 StR 353/70) stützt sich auf die gleiche Argumentation: Zunächst wird eine geringe Ergiebigkeit der Entstehungsgeschichte für die Klärung des Begriffs „Verteidigung der Rechtsordnung" festgestellt, dann aber beim Abstellen auf kriminalpolitische Erwägungen auf die entscheidende Bedeutung des Begriffs „Rechtstreue der Bevölkerung" zurückgegriffen, was bereits bei den Beratungen über die Reformgesetze eindeutig zum Ausdruck gekommen sei (unter Hinweis auf die Protokolle des Sonderausschusses und die Sitzungsberichte des Bundestages).
[301] NJW 69, S. 1601 ff.
[302] MDR 69, S. 705 ff.
[303] Besonders deutliches Beispiel: BayObLG 6 St 13/70.

einander praktiziert werden. Bei beiden werden grammatikalische und teleologische Gesichtspunkte berücksichtigt, die Akzente aber jeweils verschieden gesetzt: die erste Art der Argumentation, deren Ausgangspunkt in der Literatur bei Kunert[304] zu suchen ist, geht vom Wort „Verteidigung" aus, das begrifflich einen Angriff voraussetze; sie kommt dazu, daß ein erheblicher Angriff vorliegen muß, der die Rechtsordnung zu erschüttern droht und versucht, diesen „erheblichen Angriff" wegen des Ausnahmecharakters der Vorschrift abzusetzen gegen die „gewöhnlichen" Angriffe auf die Rechtsordnung, d. h. das durchschnittliche Delikt[305].

Bei der zweiten Art des Vorgehens — die Argumente sind auf Horstkotte zurückzuführen[306] — dient ohne den Umweg über den „Angriff" als Ausgangspunkt für eine weitere Auslegung die Formulierung, die „Verteidigung der Rechtsordnung" mache die Verhängung einer kurzen Freiheitsstrafe dann unerläßlich (§ 14 Abs. 2 StGB) — bzw. gebiete die Vollstreckung einer Freiheitsstrafe von mehr als 6 Monaten (§ 23 Abs. 3 StGB) — wenn nur auf diese Weise die rechtliche Gesinnung der Bevölkerung erhalten werden könne bzw. wenn sonst die Rechtstreue der Bevölkerung gefährdet würde[307]. Dabei wird nicht immer klar, ob die Gerichte dieses Vorgehen als objektive oder subjektive Auslegung betrachten.

Diese „Definitionen" helfen aber nicht weiter, weil sie kein sicheres Kriterium dafür bieten, *wann* ein solcher Sonderfall vorliegt. Aus diesem Grunde halten die mit Hilfe der objektiven Auslegungsmethode gewonnenen Ergebnisse nicht unserem Maßstab der Nachprüfbarkeit und Voraussehbarkeit stand. Sie sind an dem entscheidenden Punkt nicht überprüfbar und bieten keinen Anhalt für die Entscheidung zukünftiger Fälle.

Daß auch die Gerichte die Fragwürdigkeit ihrer eigenen, als logisch aufgefaßten Operationen spüren, zeigt sich daran, daß sie zuletzt immer auf den Einzelfall abstellen, obwohl sie sich vorher lange bemühen, allgemeingültige Gesichtspunkte aus dem Gesetz zu bilden.

---

[304] aaO.

[305] St 3 Ss 640/69; Kö Ss 401/69; St 3 Ss 270/70; Ce 2 Ss 43/70; Sl 1 Ss 533/69, 1 Ss 356/69; Ko 1 Ss 51/70.

[306] aaO.

[307] St 3 Ss 640/69; Kö Ss 401/69; Ol 4 Ss 445/69; St 3 Ss 460/69; BayObLG 1 a St 267/69; Ce 1 Ss 358/69; KG 2 Ss 265/69; Zw Ss 159/69; St 3 Ss 307/70, 3 Ss 270/70; Ce 3 Ss 33/70; 3 Ss 26/70, 3 Ss 371/69, 3 Ss 321/69, 2 Ss 43/70; BayObLG 2 b St 179/69, 6 St 13/70; auch der BGH (1 StR 353/70) sieht (unter Hinweis unmittelbar auf die Protokolle des Sonderausschusses, die Sitzungsberichte des Bundestages und auf die überwiegende Meinung in Schrifttum und Rechtsprechung) in der Erhaltung der Rechtstreue der Bevölkerung ein entscheidendes Kriterium; ebenso BGH 4 StR 238/70.

b) Gelingen der Rechtsprechung die geforderten Ergebnisse durch Bildung von Fallgruppen?

Die Bildung von Fallgruppen ist die konsequente Fortsetzung des Versuchs, mit Hilfe der objektiven Auslegung zum Ergebnis zu gelangen. Wenn schon auf die in der Rechtsprechung sichtbare Frage, wann eine strafbare Handlung als so ungewöhnlich und schwerwiegend anzusehen sei, daß zur „Verteidigung der Rechtsordnung" eine kurze Freiheitsstrafe unerläßlich bzw. die Vollstreckung einer Freiheitsstrafe geboten ist, keine abstrakte, generelle Antwort zu geben ist, dann jedenfalls könnte das durch Aufzählung typischer Fallkonstellationen möglich sein. Aber mit Rücksicht auf den Ausnahmecharakter der Regelung weisen die Gerichte eine Generalisierung und Schematisierung, wie sie in der Bildung von Fallgruppen liegt, zurück. Dabei ist jedoch eine Abstufung festzustellen. Als Extreme fungieren der 3. Strafsenat des OLG Celle[308] — krasse Ablehnung von Fallgruppen — und das OLG Oldenburg[309], das implizit eine Fallgruppe bildet.

Dazwischen liegen die Versuche, doch immer wieder größere Fallgruppen zu bilden, die aber in jedem Fall scheitern. Die genannte Entscheidung des OLG Oldenburg zeigt typisch, wie man die möglichen Fallgruppen immer enger absteckt, um dann doch im Einzelfall (oder wie dieses Urteil in seiner unmittelbaren Nähe) zu landen[309a].

Aber jede Bildung von Fallgruppen muß am Kern der Bestimmung, d. h. an dem Ausnahmecharakter für besondere Fälle, vorbeigehen: Weder hat der Gesetzgeber, wie etwa in § 315 c Abs. 1 S. 2 StGB, Fallgruppen gebildet, noch ist aus der Gesetzgebungsgeschichte ersichtlich, daß er eine solche Regelung im Sinn hatte. Fallgruppen sind im Verlaufe der Beratungen zwar erörtert worden, sie wurden aber weder als verbindlich und abschließend angesehen, noch wurden sie bei der endgültigen Entscheidung als maßgeblich betrachtet.

c) Gelingen der Rechtsprechung die geforderten Ergebnisse durch Entscheidung im Einzelfall?

Die letzte Konsequenz einer sonst leerlaufenden Auslegung ist die Bejahung oder Verneinung der Kriterien der §§ 14 Abs. 2, 23 Abs. 3 StGB im Einzelfall. Dies ist der Weg, auf dem die Rechtsprechung schließlich zu ihren Ergebnissen gelangt.

---

[308] Ce 12/70, 33/70, 26/70, 371/69.

[309] Ol 4 Ss 445/69.

[309a] Auch der BGH (1 StR 353/70) versucht, beispielhaft einige Fallgruppen zu bilden, wobei im Vergleich zur bisherigen Literatur und Rechtsprechung im wesentlichen keine neuen Gesichtspunkte gebracht werden, geht aber im davon aus, daß es immer auf die Besonderheiten des Einzelfalles ankomme.

aa) Keine Klarheit über die Strafzwecke

Um im Einzelfall verbindlich sagen zu können, hier sei die Rechtsordnung derart gefährdet, daß zu ihrer Verteidigung die kurze Freiheitsstrafe gem. § 14 Abs. 2 StGB unerläßlich bzw. die Vollstreckung der längeren Freiheitsstrafe gem. § 23 Abs. 3 geboten sei, müßte der Richter jedoch ein konkretisierbares Kriterium dafür an der Hand haben, wann der Strafzweck der Generalprävention den der Spezialprävention überwiegen solle. Aber wie sich aus der Entstehungsgeschichte ergibt, ist schon unklar, was von den verschiedenen widerstreitenden Meinungen unter der Generalprävention verstanden wird; wenn schon der Inhalt des Begriffes insgesamt strittig ist, dann ist noch weniger klar, was unter dem immer wieder zitierten „Teilaspekt", „Stückchen" oder „schmalen Ausschnitt" aus der Generalprävention zu verstehen ist[310]. Für die Bestimmung der entscheidenden Stelle, an der möglicherweise die Rechtstreue der Bevölkerung „umkippen" soll, fehlt jeder Anhaltspunkt[310a].

bb) Fehlen empirischer Unterlagen

Was dem Richter noch für seine sonst völlig spekulative Prognose über die „Rechtstreue" bzw. „Gefährdung der Rechtstreue" durch einen „massiven Angriff"[311] [312] fehlt, sind empirische Daten. Damit er die immer wieder versuchten Aussagen überhaupt machen und begründen kann, müßte er z. B. wissen: Wie denkt die Bevölkerung über Strafrecht, Strafen und Strafzwecke allgemein? Wie denkt sie über die Ahndung und Notwendigkeit der Ahndung bestimmter Delikte? Wie denkt sie über Straflosigkeit, Strafaussetzung zur Bewährung, Geldstrafe und Freiheitsstrafe allgemein oder auf bestimmten Gebieten (Straßenverkehr, unter bestimmten Umständen, Trunkenheit)?

Selbst wenn man diese Daten hätte, müßte man weiter fragen, ob und inwieweit auf Argumente, die der erklärten Intention des Reformgesetzgebers (Zurückdrängung der kurzen Freiheitsstrafe) widersprechen, überhaupt Rücksicht zu nehmen ist[313].

Aber da die Daten *nicht* zur Verfügung stehen, fehlt ein konkretisierbares Kriterium für die Entscheidung im Einzelfall.

---

[310] s. o. A. V. 7.

[310a] Vgl. zu der Schwierigkeit, diesen Punkt zu bestimmen: *Schoene*, NJW 70, S. 2241; auch in der Entscheidung des BGH (1 StR 353/70), der im Rahmen kriminalpolitischer Erwägungen entscheidend auf diesen Begriff abstellt, finden sich keine geeigneten Anknüpfungspunkte.

[311] *Horstkotte*, NJW 69, S. 1601 ff.

[312] *Kunert*, MDR 69, S. 705 ff.

[313] Dieser Gedanke wird von OLG Celle 3 Ss 26/70 und 33/70 gebracht.

II. Ausnahmecharakter der Norm

Da insgesamt also dem Richter jede Hilfe, jeglicher Anhalt für die Auslegung fehlt, kann die Entscheidung im Einzelfall, wie die vorausgegangene Analyse der Rechtsprechung belegt (oben A.), mit dieser oder jener Begründung in jede Richtung ausfallen.

Die Norm aber, die zwangsläufig den Richter, wenn er überhaupt entscheiden will, zu einer so gearteten Einzelfallentscheidung zwingt, verstößt wegen ihrer Unbestimmtheit gegen Art. 103 Abs. 2 GG. Die — institutionell mögliche — Konsequenz des Richters müßte die Vorlage beim Bundesverfassungsgericht nach Art. 100 Abs. 1 GG, § 13 Nr. 11 BVGG sein[313a].

II. Entspricht das Gesamtergebnis der Rechtsprechung dem Charakter der Norm als Ausnahmeregelung?

1. Erster Anschein: Anerkennung als Ausnahmeregelung

Wir haben bisher die Ergebnisse der Rechtsprechung besonders unter dem Gesichtspunkt kritisiert, daß sie versucht hat, aus einem unserer Ansicht nach zu ungenauen und daher nicht handhabbaren Gesetz Entscheidungen zu fällen.

Es ist dabei festzustellen, daß die Rechtsprechung den Gedanken der Reformgesetzgebung (Regel-Ausnahme-Verhältnis) durchaus sieht und achtet und daß sich dies auch in den Ergebnissen niederschlägt. Alle Oberlandesgerichte sehen im § 14 Abs. 2, § 23 Abs. 3 StGB die Ausnahmeregelung, die meisten sagen es ausdrücklich[314].

Aber wie ernst es der Rechtsprechung mit den inhaltlichen (qualitativen) Argumenten ist, muß man daran prüfen, ob die Ergebnisse auch quantitativ dem Ausnahmecharakter gerecht werden.

Im Ergebnis stehen 9 Entscheidungen, die sich endgültig für die Verhängung (6) oder Nichtaussetzung zur Bewährung (3) einer Freiheitsstrafe aus dem Gesichtspunkt der „Verteidigung der Rechtsordnung" aussprechen, dem Rest von 65 Entscheidungen gegenüber, die sich endgültig gegen die Verhängung oder Vollstreckung einer Freiheitsstrafe wenden, die mit oder ohne klare eigene Stellungnahme zurückverweisen oder bei denen überhaupt kein Ergebnis an der veröffentlichten Stelle mitgeteilt wird. Das ist ein Zahlenverhältnis, bei dem man auf den ersten Blick bejahen wird, daß es dem Ausnahmecharakter der Norm gerecht wird.

[313a] Zu den Aussichten eines solchen Verfahrens wird in der Zusammenfassung Stellung genommen.
[314] s. o. A. V. 1. und A. VIII.

2. Mögliche Vorbehalte

a) Unsicher, ob die Ergebnisse repräsentativ für die Oberlandesgerichte sind

Wie oben unter A. I. beschrieben, haben uns von den in der Bundesrepublik bestehenden Oberlandesgerichten — einschließlich des Bayerischen Obersten Landesgerichts — nicht alle auf unsere Bitte hin Entscheidungen zur Frage „Verteidigung der Rechtsordnung" überlassen. Auf Entscheidungen der Gerichte, die uns aus diesem Grund bei der Sammlung des Materials fehlten, konnten wir also nur zurückgreifen, soweit sie inzwischen veröffentlicht wurden.

Die Auswahl der Entscheidungen, ob veröffentlicht oder zugesandt, stand natürlich im Ermessen der Gerichte.

Aus diesen Gründen bleiben zu viele Unwägbarkeiten, als daß man von einem gesicherten Resultat i. S. d. Ausnahmeregelung sprechen könnte. Außerdem hängen die Ergebnisse von der Konstellation der zur Entscheidung gebrachten Fälle ab. Zukünftige Fälle können anders geartet sein. Aber selbst wenn sie ähnlich wären: aus der oben (I.) genannten Kritik ergibt sich, daß mangels verbindlicher Kriterien für die Entscheidung eine gesicherte Prognose ausgeschlossen ist.

b) Die Vorinstanzen und ihr Verhältnis zur Reformgesetzgebung

In den Entscheidungen der Vorinstanzen ist, soweit das aus den Akten der Oberlandesgerichte ersichtlich ist, eher als bei diesen die Neigung festzustellen, auch nach Inkrafttreten des 1. StRG eine kurze Freiheitsstrafe zu verhängen. Hätten wir alle Entscheidungen der Vorinstanzen zur Verfügung und lägen uns weiter Entscheidungen der Amts- und Landgerichte vor, die Rechtskraft erlangt haben — wir würden wahrscheinlich zu anderen Relationen gelangen als bei den Oberlandesgerichten. Was hier als Vermutung formuliert wird, kann aber nicht belegt werden, da uns diese Unterlagen fehlen (s. auch oben A. I. — keine Entscheidungen vor allem von Amtsgerichten)[315].

c) Vorwiegend Verkehrsdelikte

Schließlich ist zu berücksichtigen, daß nach der Rechtsprechung unter die §§ 14, 23 StGB fast ausschließlich Straßenverkehrsdelikte fallen (s.

---

[315] Als es sich in einem frühen Stadium der Untersuchung herausstellte, daß Entscheidungen von Amtsgerichten nicht zu beschaffen seien, war zunächst geplant, mit Hilfe einer Fragebogenaktion die Meinung von Amtsrichtern zu den §§ 14 Abs. 2 und 23 Abs. 3 zu erforschen. Die Befragung unterblieb dann aus technischen Schwierigkeiten.

oben A. II. — mindestens 63 von 74 untersuchten Fällen). Verkehrsdelikte machen im Schnitt 80 % aller Strafsachen aus, mit denen die Gerichte befaßt sind[316].

So gesehen ist der Charakter dieser Regelung, nicht nur für bestimmte Deliktsgruppen, sondern auch generell eine Ausnahme im Bereich der kurzen Freiheitsstrafen zu machen, verloren gegangen[316a].

III. Selbstverständnis und Funktion der Rechtsprechung zu den §§ 14, 23 StGB

Es stellt sich die Frage, ob es überhaupt zulässig ist, daß die Rechtsprechung den Begriff „Verteidigung der Rechtsordnung" anwendet, obwohl der Gesetzgeber eine inhaltsleere Formulierung gewählt und deren Ausgestaltung der Rechtsprechung überlassen hat. Wenn man zu dieser Frage Stellung nehmen will, so braucht man einen Maßstab. Als solcher bietet sich das Prinzip der Gewaltenteilung an, um festzustellen, ob die Rechtsprechung unzulässigerweise Aufgaben übernommen hat, die der Gesetzgeber hätte lösen müssen. Doch hat der Grundgesetzgeber in Kauf genommen, daß sich die Aufgaben der Gewalten überschneiden[317]. Auch im Strafrecht ist anerkannt, daß der Gesetzgeber Begriffe relativ unbestimmt formulieren kann, um die weitere Ausgestaltung dem Richter zu überlassen[318]. Aus dem Gewaltenteilungsprinzip läßt sich deswegen ein geeigneter Maßstab zwingend nicht gewinnen. Aber es ist möglich, die tatsächliche Funktion der Rechtsprechung bei der Anwendung des Begriffs „Verteidigung der Rechtsordnung" mit der zu vergleichen, die sie nach ihrem eigenen Selbstverständnis einnimmt.

1. Gegenüberstellung von Selbstverständnis und Funktion

a) Selbstverständnis der Rechtsprechung: Gesetzesinterpretation

Das Selbstverständnis der Rechtsprechung läßt sich mit dem Verfahren belegen, mit dem sie die Entscheidungen zur „Verteidigung der Rechtsordnung" begründet. Man kann dieses Verfahren dahingehend beschreiben, daß die Rechtsprechung versucht, die im Gesetz enthaltenen Entscheidungen nachzuvollziehen und zu konkretisieren. Nach diesem Selbstverständnis ist Aufgabe der Rechtsprechung die Gesetzesinterpretation (vgl. 3. Kap. A. III). Dieses Verfahren beruht auf der Bindung des Richters an das Gesetz, Art. 97 Abs. 1, Art. 20 Abs. 3 GG.

---

[316] *Koch* in NJW 1970, S. 842.
[316a] Vgl. auch *Quack*, ZRP 71, S. 30 f.
[317] *Maunz-Dürig-Herzog*, Art. 20 Abs. 2 GG Nr. 80.
[318] *Schönke-Schröder*, § 2 Nr. 34.

b) Grenze der Interpretation

aa) Grenze der Interpretation im Strafrecht allgemein

Die Grenze der Interpretation im Strafrecht ist trotz Art. 103 Abs. 2 GG unscharf und umstritten[319]. Deswegen wird auf den Versuch verzichtet, diese Grenze von einem allgemeinen Ansatz her zu bestimmen.

bb) Bestimmung der Grenze bei der Anwendung des Begriffs „Verteidigung der Rechtsordnung" durch die Gerichte

Es ist aber möglich, die Grenze der Gesetzesinterpretation zu bestimmen, wenn man die Voraussetzungen offenlegt, auf denen das Interpretationsverfahren der Rechtsprechung zu diesem Begriff beruht. Dann läßt sich zwar nicht allgemein sagen, wo die Grenze der Gesetzesinterpretation im Strafrecht liegt, wohl aber, wo sie bei der Anwendung dieses Begriffs durch die Gerichte liegt und ob sie beachtet ist.

Dazu ist es erforderlich, das Interpretationsverfahren der Rechtsprechung zusammenfassend zu beschreiben.

Die Gerichte versuchen, den Begriff „Verteidigung der Rechtsordnung" mit Inhalt zu füllen, indem sie den Willen des Gesetzgebers aus der Gesetzgebungsgeschichte ermitteln[320], insoweit wenden sie ein subjektives Auslegungsverfahren an. Für ein subjektives Auslegungsverfahren ergibt sich eine Grenze aber dann, wenn sich aus der Entstehungsgeschichte der Wille des Gesetzgebers nicht eindeutig ermitteln läßt.

Aber auch dort, wo die Gerichte sich nicht direkt auf die Entstehungsgeschichte beziehen und andere Auslegungsverfahren benutzen, beruhen ihre Ergebnisse nicht auf Gründen, die sich losgelöst vom historischen Gesetzgeber aus dem Gesetz ergeben.

Die Gerichte verwenden nämlich als Grundlage für die weitere Auslegung und als Ausgangspunkt für andere Auslegungsverfahren den Gedanken, daß es bei der Verhängung bzw. Vollstreckung einer kurzen Freiheitsstrafe maßgeblich darauf ankomme, ob die Rechtstreue der Bevölkerung gefährdet sei[321]. Zum Teil belassen es die Gerichte bei dieser Feststellung ohne weitere Begründung[322], wenn sie aber den Begriff aus dem Gesetz abzuleiten versuchen, stützen sie sich entweder direkt auf die Materialien[322a], oder aber sie berufen sich auf die

---

[319] *Schönke-Schröder*, § 2 Nr. 42, 45.
[320] St 3 Ss 640/69; Fr 2 Ss 729/69; Ol 4 Ss 445/69; Ce 3 Ss 12/70; BayObLG 6 St 13/70; Fr 2 Ss 769/69; 3. Kap. A V 8 und die dort zitierten Entscheidungen.
[321] Auch Ce 3 Ss 26/70, das den Begriff Rechtstreue einschränkend interpretiert, baut auf ihm auf.
[322] Zw Ss 159/69; Sl 1 Ss 533/69.
[322a] Fr 2 Ss 769/69; auch der BGH (1 StR 353/70) zieht als Beleg unmittelbar

III. Selbstverständnis und Funktion der Rechtsprechung

Literatur[323], deren Interpretation der Entstehungsgeschichte sie auf diese Weise übernehmen. Kennzeichnend ist dafür das Zitat „Zum Gesetzgebungsverfahren Horstkotte" oder „Zur Entstehungsgeschichte zusammenfassend Horstkotte"[325]. Daran läßt sich besonders deutlich belegen, daß der Begriff der Rechtstreue aus der Gesetzgebungsgeschichte abgeleitet wird. Der Begriff der Rechtstreue dient dann zur weiteren Konkretisierung des Begriffs „Verteidigung der Rechtsordnung"[326]. Die Gerichte verzichten also auf eine rein subjektive Auslegung; die anderen Auslegungsversuche des Begriffs „Verteidigung der Rechtsordnung" bauen aber auf den Ergebnissen der subjektiven Auslegung auf. Sie setzen daher wie die subjektive Auslegung voraus, daß die Gerichte eine klare Entscheidung des Gesetzgebers gewinnen können entweder aus den Materialien oder aus der Literatur oder aus dem Zusammenhang der Reformgesetzgebung, in welchen Fällen der Gesetzgeber die Verhängung bzw. Vollstreckung der kurzen Freiheitsstrafe für notwendig hielt. Gelingt es den Gerichten nicht, ihre Entscheidung auf eine solche Entscheidung des Gesetzgebers zu stützen, so deckt sich ihr Selbstverständnis nicht mit ihrer tatsächlichen Funktion.

c) Tatsächliche Funktion der Rechtsprechung

Die Rechtsprechung ist bei der Anwendung des Begriffs „Verteidigung der Rechtsordnung" zu Entscheidungen gekommen. Diese Entscheidungen können durch Interpretation aus Entscheidungen des Gesetzgebers abgeleitet sein, dann müßten sich Entscheidungen des Gesetzgebers aus den Materialien, der Literatur oder aber aus dem Zusammenhang der Reformgesetzgebung ergeben haben. Ergeben sie sich nicht auf diese Weise, so hat die Rechtsprechung ihre Entscheidungen unabhängig vom Gesetzgeber getroffen und — da die Auslegung des Begriffs „Verteidigung der Rechtsordnung" direkt oder indirekt auf die Gesetzgebungsgeschichte gestützt wird — auch unabhängig vom Gesetz.

Aus der Gesetzgebungsgeschichte (Materialien) ergibt sich, daß zwar Einigkeit darüber bestand, in besonderen Ausnahmefällen kurze Freiheitsstrafen zu verhängen bzw. zu vollstrecken. Jedoch war man sich nicht einig, in welchen Fällen diese Ausnahmeregelung eingreifen sollte. Es wurde deshalb ein völlig neuer, inhaltsleerer Begriff geschaffen und

---

die Protokolle des Sonderausschusses und die Sitzungsberichte des Bundestages heran.

[323] St 3 Ss 640/69, 270/70, 307/70; Kö Ss 401/69; Fr 2 Ss 729/69; Ce 1 Ss 358/69; Ol 4 Ss 445/69; BayObLG 1 a St 267/69, 2 b St 179/69, 6 St 13/70; KG 2 Ss 265/69.
[325] Ce 3 Ss 371/69.
[326] s. o. A VII. 3 a, b.

die weitere Entscheidung der Rechtsprechung überlassen[327]. Aus dem Inhalt der Erörterungen im Gesetzgebungsverfahren kann die Rechtsprechung ihre Entscheidungen also nicht ableiten, in welchen Fällen sie eine kurze Freiheitsstrafe verhängt bzw. vollstreckt.

Auch die Literatur kann eindeutige Entscheidungen des Gesetzgebers nicht ermitteln. Gelingt es ihr trotzdem, Entscheidungshilfen zu geben, so beruhen diese, insbesondere der Begriff der Rechtstreue, auf einer einseitigen, bereits vom angestrebten Ergebnis bestimmten Interpretation der Beratungen. Verwendet die Rechtsprechung diese Interpretation, so kann sie sich deswegen nicht auf die Gesetzgebungsgeschichte berufen, sondern macht sich die rechtspolitische Entscheidung der Autoren zu eigen[328].

Aus dem Ziel der Reformgesetzgebung lassen sich nicht die Fälle ermitteln, in denen eine kurze Freiheitsstrafe zu verhängen bzw. vollstrecken ist, weil die Einengung der kurzen Freiheitsstrafe Reformziel war[329]. Die Verhängung läßt sich nur aus anderen Gesichtspunkten begründen, die die Durchsetzung der Reformziele begrenzen. Hier hat der Gesetzgeber keine klare Grenze gezogen, sondern die Entscheidung beim Vorliegen besonderer Umstände zugunsten der kurzen Freiheitsstrafe getroffen, aber nicht gesagt, welche Umstände damit gemeint sind. Auch aus dem Ziel der Reformgesetzgebung kann der Richter nicht ableiten, in welchen Fällen eine kurze Freiheitsstrafe zu verhängen bzw. zu vollstrecken ist[329a].

Die Urteile werden zwar mit einer Gesetzesinterpretation begründet. Die Interpretation der Gerichte stützt sich dabei direkt oder indirekt auf den Willen des Gesetzgebers[330]. Der Gesetzgeber hat aber nicht entschieden, in welchen Fällen eine kurze Freiheitsstrafe zu verhängen bzw. zu vollstrecken ist. Die Gerichte können also ihre Entscheidungen nicht mit Hilfe des „Willens des Gesetzgebers" aus dem Gesetz ableiten. Sie treffen also diese Entscheidungen selbst, während sie glauben, diese Entscheidungen aus dem Gesetz abzuleiten. Es ergibt sich daher ein Widerspruch zwischen Selbstverständnis und Funktion des Richters bei der Anwendung des Begriffs „Verteidigung der Rechtsordnung".

---

[327] 1. Kap. B III, B IV, C VI, D II.

[328] 1. Kap. C VI; D II; 2. Kap. B II.

[329] Ol 4 Ss 445/69.

[329a] Auch die Entscheidung des BGH (1 StR 353/70) steht dem nicht entgegen. Sie stellt auf die kriminalpolitischen Erwägungen ab, auf denen die §§ 14, 23 StGB beruhen, wobei darunter das Reformziel im engeren Sinne als auch dessen Begrenzung verstanden werden. Auf Grund des Reformziels im engeren Sinne gelangt der BGH nur zu einer negativen Abgrenzung des Begriffs „Verteidigung der Rechtsordnung", der positive Inhalt des Begriffs wird aber wieder nur mit den — nicht eindeutigen — Beratungen im Sonderausschuß und den Sitzungsberichten des Bundestages belegt.

[330] s. o. B III 1 a bb.

III. Selbstverständnis und Funktion der Rechtsprechung

2. Bewertung des Widerspruchs zwischen Selbstverständnis und tatsächlicher Funktion

a) Stellungnahme der Gerichte

Keines der Gerichte setzt sich mit dem Widerspruch auseinander. Das läßt sich an den Stellen belegen, an denen man eine solche Auseinandersetzung erwarten könnte.

aa) Ergebnislose Anwendung der subjektiven Methode

Einige Gerichte stellen ausdrücklich fest, daß der Wortlaut des Begriffs[331] wie auch die Entstehungsgeschichte wenig Anhalt dafür bieten, in welchen Fällen eine kurze Freiheitsstrafe verhängt bzw. vollstreckt werden soll[332]. Hier hätte sich die Frage stellen müssen, ob der Gesetzgeber überhaupt eine klare Entscheidung getroffen hat. Indem sich die Gerichte aber auf die Literatur oder unmittelbar auf einzelne ausgewählte Stellen in den Protokollen des Sonderausschusses berufen, extrahieren sie aus der widersprüchlichen Gesetzgebungsgeschichte den Begriff der Rechtstreue[333], den sie mit Hilfe anderer Auslegungsverfahren konkretisieren.

Die Gerichte machen sich damit, soweit sie sich ausdrücklich oder nicht ausdrücklich auf die Literatur stützen, die rechtspolitische Entscheidung der Autoren[334] zu eigen, begründen die Entscheidung aber mit dem „Willen des Gesetzgebers", ohne den Begriff der Rechtstreue mit der widersprüchlichen Entstehungsgeschichte zu konfrontieren[335].

bb) Stilistische Vorbereitung der Einzelfallentscheidung

Selbst der meist ausdrücklich unter Hinweis auf die Literatur gewonnene Begriff der Rechtstreue ist so allgemein, daß er weiterer Auslegung bedarf.

Für diese Auslegung der „Verteidigung der Rechtsordnung" finden sich keine klaren Entscheidungen des Gesetzgebers[336]. Das zwingt die Rechtsprechung im Ergebnis zu Einzelfallentscheidungen[337]. Die Einzel-

---

[331] St 3 Ss 420/69, 681/69, 726/69; BayObLG 6 St 13/70.
[332] Ol 4 Ss 445/69; BayObLG 6 St 13/70.
[333] 3. Kap. B III 1 a bb.
[334] s. o. A V 8.
[335] Besonders deutlich bei Ol 4 Ss 445/69. Auch der BGH (1 StR 353/70), der als Beleg unmittelbar die Protokolle des Sonderausschusses und die Sitzungsberichte des Bundestages heranzieht, geht von der „Rechtstreue der Bevölkerung" als entscheidendem Kriterium aus, was bereits bei den Beratungen über die Reformgesetze eindeutig zum Ausdruck gekommen sei.
[336] 3. Kap. B I 2 a aa.
[337] 3. Kap. B I 2 c.

fallentscheidungen werden stilistisch dadurch vorbereitet, daß die Voraussetzungen der kurzen Freiheitsstrafen mit Formulierungen beschrieben werden wie „... unter diesen besonderen Umständen..."[338] „... kann vorliegen (es folgt dann kein gesetzliches Merkmal)"[339] „... in der Regel..."[340] „insbesondere dann"[341] „... vor allem dann nicht..."[342]; die folgende Konkretisierung des Begriffs wird nicht mehr aus dem Gesetz begründet; aber auch die dann entwickelten Kriterien werden auf den Einzelfall beschränkt[343]. Die Entscheidung beruht dann auf der umfassenden Würdigung von Tat und Täter, auf den „besonderen Umständen des Einzelfalles"[343]. Ein Senat spricht ausdrücklich von „Ermessen"[344]. Im Ergebnis verzichtet die Rechtsprechung also darauf, die Entscheidung an Kriterien zu binden, die sie aus dem Gesetz abgeleitet hat. Auch an dieser Stelle setzt sie sich mit der Zulässigkeit eines solchen Verfahrens nicht auseinander.

cc) Pragmatische Gründe, den Widerspruch zwischen Selbstverständnis und Funktion nicht ausdrücklich zu erörtern

Es ist aber möglich, daß die Gerichte, insbesondere, wenn sie die Verhängung oder Vollstreckung einer kurzen Freiheitsstrafe ablehnen, die Unzulässigkeit einer Anwendung des Begriffes „Verteidigung der Rechtsordnung" einräumen, ihre Entscheidung aber dennoch mit einer Auslegung des Begriffs „Verteidigung der Rechtsordnung" begründen. Denn der Begriff läßt den Gerichten so viele Entscheidungsmöglichkeiten, daß sich mit ihm auch entgegengesetzte Ergebnisse begründen lassen[345]. Deswegen ist zu vermuten, daß Gerichte zwar die Anwendung ablehnen, dies aber mit einer Auslegung des Begriffs begründen, um die Rechtssicherheit nicht durch grundsätzliche Auseinandersetzungen zu gefährden oder im Rechtsmittelverfahren aufgehoben zu werden. Das sind die Gründe, aus denen auch eine baldige und umfassende BGH-Entscheidung in der Literatur gefordert wird[346]. Man kann deswegen nicht feststellen, inwiefern bei der Formulierung der Urteilsgründe pragmatische Erwägungen eine Rolle spielen.

---

[338] Ce 3 Ss 33/70.
[339] Ol 4 Ss 445/69.
[340] Ol 4 Ss 445/69.
[341] Fr 3 Ss 57/70.
[342] Fr 2 Ss 769/69.
[343] Ol 4 Ss 445/69; auch der BGH (1 StR 353/70) schränkt auf diese Weise seine bei der weiteren Konkretisierung beispielhaft gebildeten Abgrenzungskriterien ein.
[344] St 3 Ss 420/69, 681/69, 726/69; 270/70.
[345] Ol 4 Ss 445/69 und Ce 1 Ss 45/70.
[346] *Koch*, NJW 1970, S. 844; inzwischen, d. h. während der Drucklegung, sind zwei umfangreichere Entscheidungen des BGH bekannt geworden (1 StR 353/70 und 4 StR 238/70), siehe dazu A. VIII.

III. Selbstverständnis und Funktion der Rechtsprechung

Zusammenfassend läßt sich also sagen, daß Selbstverständnis und tatsächliche Funktion der Rechtsprechung sich bei der Anwendung des Begriffs „Verteidigung der Rechtsordnung" nicht decken. Eine Auseinandersetzung darüber findet in den Urteilen nicht statt. Das kann aber auch pragmatische Gründe haben.

b) Läßt sich der Widerspruch zwischen Selbstverständnis und Funktion mit Erfolg erörtern?

Möglich ist aber auch, daß die Kritik am Widerspruch zwischen Selbstverständnis und Funktion in den heute herrschenden Meinungen keine Unterstützung finden würde; eine solche Kritik müßte stattfinden unter dem Gesichtspunkt der Gewaltenteilung und der gesetzlichen Bestimmtheit der Strafbarkeit.

aa) Gewaltenteilung

Dem Grundsatz der Gewaltenteilung kann es widersprechen, daß der Gesetzgeber der Rechtsprechung Aufgaben zuweist, die sie mit Gesetzesinterpretation nicht bewältigen kann, sondern die von der Rechtsprechung eigene rechtspolitische Entscheidungen verlangen. Ein Versuch, diese Aufgabenverschiebung unter dem Gesichtspunkt der Gewaltenteilung zu kritisieren, stößt auf die h. L., die davon ausgeht, daß der Gesetzgeber die Gewaltenteilung gewollt hat, damit sich die Gewalten wechselseitig kontrollieren und hemmen. Die Kontrolle ist nur dann gefährdet, wenn der Kernbereich einer anderen Gewalt gefährdet ist[347]. Dieser Kernbereich läßt sich nicht exakt umgrenzen. Man wird vielmehr argumentieren können, die Entscheidungen zwischen Geld- und Freiheitsstrafe in besonders schwer zu würdigenden Sonderfällen brauche nicht dem Gesetzgeber überlassen zu bleiben, sie gehöre auf jeden Fall nicht zum Kernbereich seiner Tätigkeit. Angesichts der h. L. verspricht eine Kritik hieran kaum Aussicht auf Erfolg; gerade deshalb kann man aber fragen, ob das Prinzip der Gewaltenteilung nicht größeren praktischen Wert gewinnen würde, wenn es die Übertragung von Aufgaben an die Rechtsprechung verhindern würde, die diese mit ihren Methoden weder vorhersehbar noch nachvollziehbar lösen kann.

bb) Bestimmtheit der Strafbarkeit

Eine weitere Möglichkeit, den Widerspruch zwischen Selbstverständnis und Funktion der Rechtsprechung mit Aussicht auf Konsequenzen zu formulieren, kann sich aus dem Gesichtspunkt der gesetzlichen Bestimmtheit der Strafbarkeit ergeben.

---

[347] *Maunz-Dürig*, Art. 20 Abs. 2, Nr. 81 f.

Art. 103 Abs. 2 GG umfaßt auch den Grundsatz der Bestimmtheit der Strafandrohung[348], doch hat der Richter nach h. M. bei der Beurteilung einen Ermessensspielraum[349], weil der Gesetzgeber nur einen Strafrahmen anzugeben braucht. Diesen Gedanken des Ermessens wendet ein Senat auch auf den Begriff der „Verteidigung der Rechtsordnung" an[350]. Schon daran könnte die Kritik scheitern, denn jedes Ermessen bringt ein gewisses Maß an Unbestimmtheit, zumal der Gesetzgeber sich nicht auf bestimmte Strafzwecke festlegen wollte[350a], anhand deren das Ermessen ausgeübt werden könnte.

Mithin gilt es zunächst dem Einwand zu begegnen, die Anwendung des Begriffs „Verteidigung der Rechtsordnung" führe zu ebenso bestimmten (oder unbestimmten) Ergebnissen wie die gewöhnliche Strafzumessung. Die Gründe, mit deren Hilfe man das Ermessen des Richters bei der Strafzumessung als jedenfalls annähernd bestimmt bezeichnen kann sind folgende:

— Bei bereits lange angewandten Normen können Entscheidungen des Gesetzgebers durch die Gerichte konkretisiert sein. Bei der Strafzumessung können sich die Gerichte an den Ergebnissen von Vorentscheidungen orientieren, ohne auf die Strafgründe und -zwecke einzugehen.

— Spezialpräventive Bedenken haben heute bei längeren Freiheitsstrafen noch keinen Einfluß auf die Frage, ob diese verhängt werden oder nicht. Resozialisierungserwägungen werden nur diskutiert im Rahmen des Strafvollzuges, der Strafhöhe und des Begnadigungsrechts, jedoch wird die Verhängung längerer Freiheitsstrafen nicht prinzipiell in Frage gestellt. Die Verhängung längerer Freiheitsstrafen ist demzufolge heute ein quantitatives Problem, das durch Abwägung von Schuld, General- und Spezialprävention entschieden wird.

Selbst, wenn man diese Argumente trotz der in der Praxis oft recht unterschiedlichen Ergebnisse akzeptiert: Sie treffen für die Verhängung bzw. Vollstreckung einer kurzen Freiheitsstrafe zur Verteidigung der Rechtsordnung nicht zu.

— Es gibt keine einheitliche Gerichtspraxis zu diesem Begriff. Allenfalls kann man also seine Bestimmtheit mit der Erwartung begründen, es werde einmal eine einheitliche Praxis zu diesem Begriff geben. Ob und wann es eine solche Praxis geben wird, ist aber offen.

---

[348] *Schönke-Schröder*, § 2 Nr. 3; *Maunz-Dürig*, Art. 103 Nr. 108; *Sax*, in: Die Grundrechte III/2, 1012.
[349] *Maunz-Dürig*, Art. 103 Nr. 108.
[350] St 3 Ss 420/69, 681/69, 726/69.
[350a] 1. Kap. B III 1.

III. Selbstverständnis und Funktion der Rechtsprechung

Sicher jedoch ist es ein Unterschied, ob man das Bestehen einer einheitlichen Gerichtspraxis feststellt oder ob man die Dinge laufen läßt in der Erwartung, sie später einmal durch eine einheitliche Praxis rechtfertigen zu können.

— Die Bedenken gegen die resozialisierungsfeindliche kurze Freiheitsstrafe lassen sich nicht durch eine Quantifizierung lösen. Dem hat der Gesetzgeber Rechnung zu tragen versucht, indem er in den §§ 14, 23 StGB ein Regel-Ausnahme-Verhältnis schuf: Sofern nicht die Einwirkung auf den Täter eine kurze Freiheitsstrafe erforderlich macht, soll wegen ihrer Resozialisierungsfeindlichkeit keine kurze Freiheitsstrafe verhängt bzw. vollstreckt werden, sofern dies nicht ausnahmsweise „zur Verteidigung der Rechtsordnung" aus generalpräventiven Gründen erforderlich ist. Der Richter kann diese Entscheidung nicht mithilfe der Begriffe „mehr" oder „weniger" treffen, er kann nur feststellen, ob es sich um einen Regelfall oder eine Ausnahme handelt. Es ist kein quantitatives Abwägen der Strafzwecke möglich, sondern der Richter muß sich im Einzelfall alternativ zwischen ihnen entscheiden; während er aus generalpräventiven Überlegungen die Verhängung einer kurzen Freiheitsstrafe begründen kann, führen spezialpräventive Überlegungen zu einer Ablehnung der kurzen Freiheitsstrafe. Die Entscheidung, in welchen Fällen die Generalprävention überwiegt, läßt sich nicht aus dem Gesetz entnehmen. So hängt das Ergebnis davon ab, ob der Richter sich selbst für Generalprävention oder Spezialprävention entscheidet. Hier ist das Ermessen des Richters nicht durch das Gesetz gebunden[351].

Mithin räumt der Gesichtspunkt des richterlichen Strafzumessungsermessens die Bedenken gegen die Bestimmtheit des Begriffs „Verteidigung der Rechtsordnung" nicht aus. Denn während bei der gewöhnlichen Strafzumessung General- und Spezialprävention das Ermessen kumulativ begrenzen, sieht sich die Rechtsprechung dagegen beim Begriff „Verteidigung der Rechtsordnung" zu einer alternativen Entscheidung zwischen General- und Spezialprävention gezwungen.

Deshalb kann man fordern, daß die rechtlichen Kriterien bestimmt sein müssen, nach denen sich der Richter zwischen General- und Spezialprävention entscheidet. Aber die herrschende Lehre gesteht zu, daß die Gesetze nicht in der beschriebenen Weise bestimmt sein können wegen der Vielgestaltigkeit des Lebens, des Fortschritts der Rechtsentwicklung und weil der Gesetzgeber diese Fragen den Richtern zu überlassen sucht[352].

---
[351] Vgl. *Knoche*, Blutalkohol 1970, S. 202.
[352] *Schönke-Schröder*, § 2 Nr. 34.

Selbst in den Straftatbeständen werden daher nur so weit wie möglich bestimmte Begriffe gefordert[353]. Damit läßt sich dann begründen, daß der Begriff „Verteidigung der Rechtsordnung" den Bestimmtheitserfordernissen genügt, weil es dem Gesetzgeber nicht möglich war, den Begriff genauer zu formulieren.

Doch ist fraglich, ob eine gesetzliche Regelung, die zu nicht vorhersehbaren und nicht nachprüfbaren Ergebnissen führt, in jedem Fall besser ist als keine gesetzliche Regelung; angewandt auf den typischen Anwendungsfall des Begriffs hieße das, ob es wirklich besser ist, in nicht vorhersehbaren und nachprüfbaren Fällen Täter mit kurzer Freiheitsstrafe zu belegen, statt auf diese Art der Eindämmung der Trunkenheit im Straßenverkehr zu verzichten. Wenn hier jedoch eine klare Entscheidung zugunsten der kurzen Freiheitsstrafe möglich ist, so hätte sie auch der Gesetzgeber — unter Wahrung des Bestimmtheitsgrundsatzes — in das Gesetz aufnehmen können[354].

Die bisherige Kritik hat also gezeigt, daß der Gesetzgeber die Rechtsprechung mit dem Begriff der Verteidigung der Rechtsordnung vor eine Aufgabe stellt, die sie nur in Widerspruch zu ihrem Selbstverständnis bewältigt. Es hat sich weiter gezeigt, daß die Rechtsprechung sich mit der Berufung auf den Gewaltenteilungsgrundsatz und die Bestimmtheit der Strafbarkeit gegen diese Überforderung nicht mit Aussicht auf Erfolg wehren kann. Es bleibt die Frage, wie man die Haltung der Rechtsprechung angesichts dieser Situation bewerten will. Nach dem oben Gesagten ergibt sich aber auch, daß man, wenn man die Haltung der Rechtsprechung ablehnt, die Meinungen zum Gewaltenteilungsprinzip und zum Bestimmtheitsgrundsatz überprüfen kann und muß.

c) Konsequenzen des Widerspruchs zwischen Funktion
und Selbstverständnis

Man kann die Haltung der Rechtsprechung bewerten, wenn man die Folgen klärt, die sich aus ihr ergeben.

aa) Gesichtspunkte für die Beibehaltung des Widerspruchs zwischen
Funktion und Selbstverständnis

Die Haltung der Rechtsprechung ermöglicht es ihr, den Begriff „Verteidigung der Rechtsordnung" anzuwenden, ohne andere Methoden als das Verfahren der Gesetzesinterpretation anzuwenden, um diese Ent-

---

[353] *Schönke-Schröder,* § 2 Nr. 64 b.
[354] Die Behandlung der Trunkenheit am Steuer war schon in der bisherigen Rechtsprechung zum Begriff des „öffentlichen Interesses", § 23 a. F., strittig.

III. Selbstverständnis und Funktion der Rechtsprechung

scheidungen zu begründen. Diese Methode ist durch Tradition, Ausbildung und Wissenschaft geprägt und hat in Verbindung mit der Gerichtsstruktur einen stabilisierenden Effekt. Vorhersehbar und nachprüfbar sind ihre Ergebnisse zu den §§ 14, 23 StGB jedoch nicht.

Die Rechtsprechung kann sich durch ihre Haltung der geänderten Aufgabenverteilung zwischen Gesetzgebung und Rechtsprechung anpassen, ohne auf angestrebte Ergebnisse verzichten zu müssen und ohne formal gegen den Grundsatz der Gewaltenteilung zu verstoßen. Sie erspart sich durch ihre Haltung eine zumindest langwierige Auseinandersetzung mit den Auffassungen zur Gewaltenteilung und zur Bestimmtheit der Strafbarkeit.

Die Haltung der Rechtsprechung hat also den Vorteil, daß sie ohne größere Auseinandersetzung in vielen Fällen die angestrebten Ergebnisse erreicht.

bb) Gesichtspunkte gegen die Beibehaltung des Widerspruchs

Aber die Haltung der Rechtsprechung hat noch eine weitere Folge: die Rechtsprechung entnimmt dem Gesetz Entscheidungen auch in den Fällen, die der Gesetzgeber nicht klar geregelt hat. Sie verhält sich auch in diesen Fällen so, als könne man dem Gesetz eine bestimmte Entscheidung entnehmen.

Das führt zunächst einmal dazu, daß sie die ungenügende Regelung des Gesetzgebers verdeckt. Es führt aber auch dazu, daß sie sich in den Fällen auf den Gesetzgeber beruft, in denen sie sich nicht auf ihn berufen kann, in denen sie also die Entscheidung selbst zu verantworten hätte.

Gegen die Haltung der Rechtsprechung sprechen die unvorhersehbaren Ergebnisse und die Verschleierung der tatsächlichen Verantwortlichkeit für die Ergebnisse und deren ständige Reproduktion.

Eine Kritik an der Rechtsprechung zu den §§ 14, 23 StGB erfordert also eine Überprüfung der juristischen Grundhaltung: soll man sich unter Anpassung an den status quo bemühen, die angestrebten Ergebnisse zu erreichen, oder will man die Konsequenzen ziehen im Hinblick auf ein Recht, in dem die Verantwortung klarer verteilt und die Ergebnisse vorhersehbar, genau begründet und damit überprüfbar sind. In dieser Arbeit wird die Meinung vertreten, daß man versuchen sollte, diese Konsequenzen zu ziehen.

Zusammenfassung:
Auf den Begriff „Verteidigung und Rechtsordnung" (§§ 14, 23 StGB) kann die Verhängung bzw. Vollstreckung einer Freihheitsstrafe nicht gestützt werden

Ergebnis der Untersuchung ist, daß Rechtsprechung und Literatur versuchen, eine fehlende Entscheidung des Gesetzgebers durch vielfältige Interpretationsbemühungen aus unterschiedlichen Interessen zu ersetzen. Man kann nicht im Ernst behaupten, der Gesetzgeber habe einen inhaltlich bestimmten Willen im Verlauf des Gesetzgebungsverfahrens erklärt. Im Gesetzgebungsverfahren hat man sich nicht für die konsequente Durchführung des Grundsatzes entschließen können, die kurzfristige Freiheitsstrafe gänzlich zu verhindern; für die Fälle der Durchbrechung dieses Prinzips hat man überdies keine Maßstäbe gefunden.

Bei der Formel „Verteidigung der Rechtsordnung" hat der Gesetzgeber in der Meinung, Ausnahmen machen zu müssen — dem Beobachter wird nicht überzeugend klar gemacht, warum etwas, das als sozialschädlich erkannt worden ist wie die kurze Freiheitsstrafe, nicht vollständig aufgegeben wird —, die Durchbrechungen eines Reformversuchs nicht überprüfbar eingegrenzt. Die juristischen Schriftsteller bewegen sich daher auf einem ungesicherten Grund; sie finden einen „beklagenswert schillernden Begriff"[1]. Folglich können die Autoren ohne Schwierigkeiten ihre eigenen kriminalpolitischen Auffassungen als Meinungen des Gesetzgebers ausgeben. Dieses Verfahren wird nur dem durchsichtig, der der Gesetzgebungsarbeit nachspürt; aber wer tut das schon?

Die Rechtsprechung, aufgefordert, das Gesetz anzuwenden, gibt vor, einen gesetzgeberischen Willen zu vollziehen, obwohl dieser nie vorlag. Die Gerichte, obwohl verfassungsrechtlich als Anwender des Gesetzes ausgewiesen, setzen damit Recht; doch übernehmen sie dafür nicht die Verantwortung, weil ihnen, wie sie zugestehen oder zu ihren Gunsten annehmen, im Gewaltenteilungssystem der Verfassung nur das Amt der Gesetzesauslegung zukommt.

Für die Auslegung des Begriffs „Verteidigung der Rechtsordnung" und für eigene rechtspolitische Entscheidungen fehlen der Recht-

---

[1] So *Quack*, ZRP 71, S. 30.

sprechung aber klare Anhaltspunkte. Ihre Bemühungen um Präzisierung dieses Begriffs — so sachlich die Bemühungen sein mögen — führen nur zu einem losen Rahmen und leicht verschiebbaren Grenzen. Daran ändern auch die inzwischen ergangenen Entscheidungen des 1. und 4. Strafsenats des BGH nichts (s. Kap. 3 VIII); sie sind — vielleicht gerade wegen ihrer Ausführlichkeit — eher ein zusammenfassender Nachweis für diese Situation.

Fazit:

— der parlamentarische Gesetzgeber hat kein eindeutiges Votum gegen (oder für) die kurze Freiheitsstrafe abgegeben,

— bei dem Versuch, die Grundsatzlosigkeit durch brauchbare pragmatische Anweisung an die Gesetzesanwender zu ersetzen, ist die Legislative mit dem Begriff „Verteidigung der Rechtsordnung" nicht weit gekommen,

— eine erforderliche Grundsatzentscheidung wird auf die Rechtsprechung abgewälzt,

— die Literatur zum Begriff „Verteidigung der Rechtsordnung" wird durch dieses Verfahren angeregt, eigene kriminalpolitische Zielsetzungen als die des Gesetzgebers auszugeben,

— die Rechtsprechung deckt die Verschiebung einer Problemlösung an die nicht verfassungsgemäße Stelle nicht auf,

— die Rechtsprechung perpetuiert einen falsch angelegten Prozeß und verdeckt die Entschlußlosigkeit des Gesetzgebers,

— es tritt dabei beispielhaft ein Verhalten der Jurisprudenz im allgemeinen in Erscheinung, die Verantwortung für eigene Beurteilungen nicht offen zu übernehmen, sondern diese Verantwortung mit Hilfe von Zitaten und Verweisungen auf andere, meist kollektive Entscheidungsgremien zu verschieben,

— in welchen Fällen eine kurze Freiheitsstrafe noch vernünftig sein kann, bleibt offen; Verhängung und Vollzug einer kurzen Freiheitsstrafe zur Verteidigung der Rechtsordnung wird Zufall.

Damit richtet sich der Blick auf das Bundesverfassungsgericht. Die verfassungsrechtliche Seite des Begriffs „Verteidigung der Rechtsordnung" ist im Laufe der Abhandlung mehrmals angeschnitten worden. Die Untersuchung dieses Aspekts kann jedoch nicht weiterführen; sie schließt nur den Kreis der Betrachtungen. Die Lösung des geschilderten Problems liegt heute außerhalb der Möglichkeiten eines Verfassungsrechtsstreits. Die Mängel, die dem Begriff „Verteidigung der Rechtsordnung" anhaften, sind in dieser Studie nur deshalb sichtbar geworden und sie haben nur deshalb als nicht behebbar bezeichnet werden können, weil Gesetzgebung, juristische Literatur und Rechtsprechung zu diesem Begriff unter einem etwas kritischeren Gesichtspunkt betrachtet worden sind als das im allgemeinen und auch in der Rechtsprechung des Bundesverfassungsgerichts geschieht. Mit anderen Worten: Das Bundesverfassungsgericht würde die Situation im Bereich der Auslegung der §§ 14, 23 StGB, die hier als nicht behebbarer Mangel bezeichnet worden ist, wahrscheinlich nicht als Mangel ansehen. Dies ist nicht lediglich eine auf die bisherige Rechtsprechung des Bundesverfassungsgerichts zur notwendigen Genauigkeit strafrechtlicher Bestimmungen[1a] gestützte Vermutung. Die Auffassung wird vielmehr durch einen konkreten Vorgang nahegelegt:

Angerufen, die neuen Bestimmungen zur kurzfristigen Freiheitsstrafe auf ihre Verfassungsmäßigkeit zu überprüfen, kommt das Bundesverfassungsgericht in seinem Beschluß vom 9. Juni 1970 gemäß § 24 BVerfGG nicht einmal zu einer Berührung mit dem Genauigkeitsgebot des Art. 103 Abs. 2 GG[2]. Ein Amtsrichter hatte gem. Art. 100 Abs. 1 GG vorgelegt mit der Begründung, daß die Reformgesetze ihn in der richterlichen Entscheidungsfreiheit beschränkten; die Reformgesetze zur Eindämmung der kurzen Freiheitsstrafe verhinderten, daß der Straftäter entsprechend Art. 1 GG schuldangemessen und dem Unrechtsgehalt entsprechend bestraft werde; die Vorlage rügt weiter, daß in Zweifelsfällen in erhöhte Strafaussprüche ausgewichen werde, um dem Begründungszwang der §§ 14, 23 StGB zu entgehen; als schwerwiegenden Verfassungsverstoß sieht es der beschwerdeführende Richter außerdem an, daß entgegen den Prinzipien eines Schuldstrafrechts mit Hilfe der Ausnahmeklausel „Verteidigung der Rechtsordnung" der Einzeltäter für generalpräventive Zwecke einstehen muß, über das Maß des schuldhaft verwirklichten Unrechts hinaus.

Die Bedenken des Amtsrichters nimmt das Bundesverfassungsgericht nicht sonderlich schwer. Es antwortet mit globalen und altbekannten Argumenten: Art. 1 GG wird einfach gegen die Vorlage gekehrt; die neuen Bestimmungen seien gerade im Hinblick auf Art. 1 GG geschaffen. Zum Einwand, es entstehe die Möglichkeit einer Übermaßbestrafung aus generalpräventiven Erwägungen wird vermerkt, die Zeit zur ausnahmslosen Anwendung des Reformgedankens sei noch nicht reif. Zum Beschwerdepunkt, es würden das persönliche Schuldmaß übersteigende Strafaussprüche in der Absicht ergehen, potentielle dritte Täter abzuschrecken, erklärt das Verfassungsgericht, gerade die Formulierung der ersten Ausnahmealternative „besondere in der Tat

---

[1a] BVerfGE 4, S. 357; 11, S. 238; 14, S. 251.
[2] BvL 24/69 = NJW 70, S. 1453 f.

oder der Täterpersönlichkeit liegende Umstände" könnte verfassungsrechtlich ausreichend gewährleisten, daß der Einzeltäter nicht für Dritte büßen müßte.

Die Begründung des Amtsrichters für die Vorlage und die generalklauselartigen Gründe, mit denen das Bundesverfassungsgericht die Beschwerde zurückweist, sind ein zusammenfassender Beleg dafür, daß der Begriff „zur Verteidigung der Rechtsordnung" in den §§ 14, 23 StGB völlig unbestimmt ist. Aber dem Bundesverfassungsgericht liegt die Frage, ob die §§ 14, 23 StGB — gemessen an Art. 103 Abs. 2 GG — einer Überprüfung standhalten, so fern, daß es die Frage nicht stellt. Aus der Sicht dieser Untersuchung hat das Bundesverfassungsgericht das Problem der Bestimmtheit der §§ 14, 23 StGB allerdings implizit entschieden: das Bundesverfassungsgericht hat an der Bestimmtheit jedenfalls des Ausdrucks „zur Verteidigung der Rechtsordnung" keine Zweifel. Das Bundesverfassungsgericht hat die in der Gesetzgebungsarbeit ermittelte Zweideutigkeit und Unentschiedenheit verlängert und sanktioniert. Eine neuerliche Verfassungsbeschwerde oder Vorlage wegen der Unbestimmtheit des Begriffs „Verteidigung der Rechtsordnung" in den §§ 14, 23 StGB — diesmal nicht nur implizit, sondern explizit, gestützt auf Art. 103 Abs. 2 GG — könnte nach unserer Meinung zwar erhoben werden, und sie müßte nach der hier vertretenen Auffassung auch Erfolg haben. Aber die Aussichten einer neuen Verfassungsbeschwerde oder Vorlage dürften nicht groß sein, wenn man diese Aussichten an dem oben referierten Beschluß des Bundesverfassungsgerichts vom 9. Juni 1970 und an dem in dieser Untersuchung ausgebreiteten Material aus der Rechtsprechung und der Literatur mißt; ein gut besetzter „Zug der Zeit" scheint dahin zu gehen, auch noch das ungenaueste Gesetz für die Rechtsanwendung zu akzeptieren[2a]. Der BGH hat mit seinen Entscheidungen gerade zum Begriff „Verteidigung der Rechtsordnung" diesen Zug entscheidend unterstützt.

Eine Verfassungsbeschwerde würde mithin die Probleme, die im Laufe dieser Arbeit bezeichnet und konkretisiert worden sind, zu spät oder gar nicht lösen. Diese Probleme verlangen aber eine unverzügliche und entschiedene Lösung.

Diese Lösung muß darin bestehen, daß aus den §§ 14, 23 StGB, soweit diese Vorschriften auf die „Verteidigung der Rechtsordnung" Bezug nehmen, keine kurzen Freiheitsstrafen verhängt oder vollstreckt werden.

[2a] z. B.: „grober Unfug" (§ 360 Abs. 1 Nr. 11 StGB; vgl. BVerfG in NJW 69, S. 1759); „offensichtlich verfehlt" (§ 16 StGB); „Genugtuung für das begangene Unrecht" (§ 24 a Abs. 1 StGB); „unzumutbare Anforderungen (§§ 24 a Abs. 1, 24 b Abs. 1 StGB).

Die Lösung scheint von vornherein auf den Einwand zu stoßen, sie sei juristisch, nämlich wegen entgegenstehenden positiven Verfassungsrechts nicht möglich[2b]. Das Verfassungsrecht verlange, Gesetze, die vom Bundestag im formal ordnungsgemäßen Verfahren beschlossen sind und nicht oder noch nicht für verfassungswidrig erklärt worden sind, anzuwenden, und sei diese Anwendung noch so unklar (Art. 100 GG und Art. 20 Abs. 3 GG). Die §§ 14, 23 StGB, soweit diese Bestimmungen auf die „Verteidigung der Rechtsordnung" Bezug nehmen, könnten folglich in den rechtsanwendenden Berufen bei der Verhängung bzw. Vollstreckung kurzer Freiheitsstrafen nur dann außer Betracht bleiben, wenn das Bundesverfassungsgericht die Vorschriften für verfassungswidrig erklärt hätte.

Der Einwand, der Richter sei an das Gesetz gebunden (Art. 20 Abs. 3 GG) und das Gesetz wolle in manchen Fällen angewandt werden, würde dazu führen, daß der Richter gezwungen ist, in manchen Fällen kurze Freiheitsstrafen zu verhängen bzw. zu vollstrecken und dabei — unserer Meinung nach — willkürlich zu entscheiden. Die Bindung des Richters an das Gesetz dient aber gerade dem Ausschluß richterlicher Willkür. Die Bindung an das Gesetz würde sich also in der Praxis in ihr Gegenteil verkehren.

Der Einwand, der Richter sei an das Gesetz gebunden, vereinfacht das Problem, weil er die Wechselbeziehung zwischen Genauigkeit des Gesetzes und richterlicher Bindung nicht berücksichtigt.

Hier müssen noch einmal die Bewertungskriterien erwähnt werden, die dieser Arbeit zugrunde liegen. Aus rechtspolitischen Gründen werden strengere Anforderungen an die Genauigkeit gesetzlicher Begriffe gestellt, als man das heute üblicherweise tut. Darin steckt die Forderung nach einer strengeren Bindung des Richters an das Gesetz. Eine strenge Bindung des Richters an das Gesetz setzt aber — in dem in dieser Arbeit beschriebenen Sinn — genaue Gesetze voraus. Denn wenn der Richter ein solches Gesetz nicht hat, so entscheidet er — am Maßstab des hier vertretenen Genauigkeitserfordernisses — unabhängig vom Gesetz, wenn er ein solches Gesetz dennoch anwendet. Das zeigt die Gerichtspraxis zum Begriff „Verteidigung der Rechtsordnung". Eine Entscheidung des Richters unabhängig vom Gesetz aber widerspricht Art. 103 Abs. 2 GG, wenn sie zu Lasten des Angeklagten geht.

Der Einwand, der Richter sei wegen seiner Bindung an das Gesetz verpflichtet, in manchen Fällen kurze Freiheitsstrafen zu verhängen bzw. zu vollstrecken, setzt demgegenüber voraus, daß man die Bestimmtheit des Begriffs gemessen an Art. 103 Abs. 2 GG bejaht. Erklärt man aber den Begriff „Verteidigung der Rechtsordnung" für bestimmt

---

[2b] Dieser Einwand ist im Anhang (Anm. 3) ausführlich begründet.

genug i. S. d. Art. 103 Abs. 2 GG, so impliziert das niedrigere Anforderungen an die Genauigkeit eines gesetzlichen Begriffes: Man muß Gesetze auch dann als genau bezeichnen, wenn sie weder zu vorhersehbaren noch zu nachprüfbaren Ergebnissen führen. Gesetzesanwendung in diesem Verständnis ist dann lediglich Zuordnung oder Nichtzuordnung von Tatsachen zu einer Norm, ohne daß der Richter im strengen Sinn an das Gesetz gebunden ist. Denn man kann die Bindung des Richters an das Gesetz weder mit Hilfe der Ergebnisse (welche nicht vorhersehbar zu sein brauchen) noch mit Hilfe der Methode (welche nicht nachprüfbar zu sein braucht) bestimmen. Wenn man die Bindung des Richters an das Gesetz aber weder im Ergebnis noch in der Methode bestimmen kann, so kann man sie auch nicht kontrollieren. Die „Bindung" des Richters an ein Gesetz, das keine vorhersehbaren und nachprüfbaren Entscheidungen ermöglicht, ist eine Begriffshülse ohne Begriffsinhalt. Zwar ist der Richter grundsätzlich verpflichtet zu prüfen, ob ein Sachverhalt unter eine solche Norm fällt. Wenn er aber keine verbindlichen Entscheidungskriterien findet, so ist er nicht verpflichtet, Entscheidungskriterien zu erfinden, die zur Verhängung bzw. Vollstreckung einer kurzen Freiheitsstrafe führen.

Der Einwand, aus Art. 20 Abs. 3 GG folge die Pflicht des Richters, zur Verteidigung der Rechtsordnung in manchen Fällen kurze Freiheitsstrafen zu verhängen bzw. zu vollstrecken, wäre also inkonsequent: er setzt eine strengere Bindung des Richters an das Gesetz voraus, als sie bei einem solchen — gemessen an den hier vertretenen Erfordernissen — ungenauen Gesetz möglich ist. Entweder man lehnt den Begriff „Verteidigung der Rechtsordnung" als zu ungenau ab, oder man verzichtet darauf, bei der „Anwendung" dieses Begriffs die Richter in Ergebnis und Methode zu binden. In keinem Fall aber läßt sich aus der Bindung des Richters an das Gesetz folgern, er müsse kurze Freiheitsstrafen zur Verteidigung der Rechtsordnung verhängen bzw. vollstrecken.

Der Einwand, der Richter müsse aufgrund Art. 20 Abs. 3 GG zur Verteidigung der Rechtsordnung in bestimmten Fällen kurze Freiheitsstrafen verhängen bzw. vollstrecken, differenziert also die Möglichkeiten einer Stellungnahme zu einem ungenauen Gesetz oder zu einem ungenauen Gesetzesteil nicht genügend und verkürzt damit die Möglichkeiten juristischer Behandlung von Gesetzen bei der Anwendung überhaupt.

Die Alternative: Feststellung der Verfassungswidrigkeit der §§ 14, 23 StGB, soweit sie den Begriff „Verteidigung der Rechtsordnung" enthalten, durch das Bundesverfassungsgericht oder Anwendung dieser Vorschriften, stimmt nicht. Es gibt drei Möglichkeiten: Feststellung der

Verfassungswidrigkeit oder Anwendung mit Hilfe der begrifflichen Brücken, vor allem der objektiven Auslegung, oder eben drittens: Anwendung des Gesetzes, so wie der Gesetzgeber es erlassen hat, geleitet bei dieser dritten Möglichkeit allerdings von einer Bewertung der Arbeitsweise des Gesetzgebers und einer Bewertung der sachlichen Konsequenzen seiner Arbeit. Diese dritte Möglichkeit, die im Rahmen dieser Untersuchung wiederholt als Beurteilungsmaßstab gedient hat, ist hier für die §§ 14, 23 StGB so weit zu präzisieren, daß ihre Zulässigkeit für rechtsanwende, besonders richterliche Tätigkeit überprüfbar wird.

Der Richter kann sich auf den Standpunkt stellen: wenn in konkreten Fällen mit Hilfe des Begriffs „Verteidigung der Rechtsordnung" Ergebnisse erzielt werden sollen, wenn also dieser Begriff angewendet wird, so zeigen sich — verglichen mit durchschnittlichen Schwierigkeiten in strafrechtlichen Fragen — so große Unsicherheiten, daß allein durch Willkür eine Entscheidung herbeigeführt werden kann. Diese Willkür — mag sie auch noch als objektive Auslegung bezeichnet werden können — kann der Gesetzgeber nicht verlangen oder auch nur erwarten. Nimmt man diesen Zusatz von Willkür bei der Handhabung des Begriffs „Verteidigung der Rechtsordnung" weg, so führt gerade dies zu klaren Ergebnissen: der Begriff „Verteidigung der Rechtsordnung" ist von konkreten Fällen so weit entfernt, daß er eine gesetzliche Legitimation für die Verhängung oder Vollstreckung einer kurzen Freiheitsstrafe nicht hergeben kann. Wendet man die §§ 14, 23 StGB, soweit sie hier betrachtet worden sind, mit Akribie an, so zeigt sich, daß diese Bestimmungen keine Regelungen enthalten.

Dieser methodische Standpunkt gerät nicht in Kollision mit dem verfassungsrechtlichen Gebot der Anwendung verfassungsgemäß beschlossener Gesetze. Dieser Standpunkt kann sich vielmehr gerade darauf berufen, den verfassungsgemäß zustande gekommenen Beschluß genau nachzuvollziehen. Gegen diese dritte Möglichkeit, unklare gesetzliche Regelungen praktisch zu behandeln, läßt sich auch nicht vorbringen, sie unterlaufe die Alleinzuständigkeit des Bundesverfassungsgerichts, vom Bundestag beschlossene Gesetze an Art. 103 Abs. 2 GG zu messen. Formal kommt der hier eingenommene Standpunkt ohne Hinweis auf Art. 103 Abs. 2 GG aus; die Begründung für die Forderung, mit Hilfe des Begriffs „Verteidigung der Rechtsordnung" keine kurzen Freiheitsstrafen zu verhängen oder zu vollstrecken, liegt in methodischen Erwägungen, die lediglich vom rechtspolitischen Gehalt des Artikels 103 Abs. 2 GG mitmotiviert sind; aber für die Begründung der Zulässigkeit solcher Erwägungen braucht man juristisch den Hinweis auf eine aus Art. 103 Abs. 2 GG entnommene Verfassungswidrigkeit nicht. Dies bedeutet anders gesehen, daß, auch wenn das Bundesverfassungsgericht eine Verfassungsbeschwerde wegen der Ungenauigkeit des Begriffs „Verteidigung der Rechtsordnung" zurückweisen würde, die aufgeführten methodischen Erwägungen weiterhin möglich und nach unserer Meinung auch notwendig wären.

Bedenklich an der hier skizzierten dritten Möglichkeit, zu einem unklaren Gesetz bei seiner Handhabung Stellung zu beziehen, ist allerdings folgendes: man verfällt auf diese dritte Möglichkeit bei der Beschäftigung mit dem Begriff „Verteidigung der Rechtsordnung" nicht lediglich wegen der methodischen Forderung nach Klarheit und Redlichkeit juristischer Begriffsbildung bei der Gesetzgebung und Gesetzesanwendung; ein ebenso gewichtiger Anlaß, diesen Weg zu versuchen und als gut gangbar vorzuschlagen ist, daß auf diesem Wege eine weitere Zurückdrängung der kurzen Freiheitsstrafe möglich erscheint. An einem Beispiel ist ganz deutlich zu sagen, was damit gemeint ist. Wenn etwa der Begriff „Verteidigung der Rechtsordnung" in ähnlicher Unklarheit wie jetzt in den §§ 14, 23 StGB dazu verwendet worden wäre, einen bisher nicht möglichen Übergang von langen zu kurzen Freiheitsstrafen zu schaffen, dann wäre wahrscheinlich der Begriff von uns für anwendbar erklärt worden. Aber daß die Wahl einer methodischen Möglichkeit von den Sachergebnissen abhängt, die diese Möglichkeit eröffnet, sollte nicht mehr als auffällig betrachtet werden[3]. Bedenklich bleibt damit das hier befürwortete Verfahren nur, wenn man die sachlichen Ergebnisse, die Anlaß für die Wahl oder Ablehnung bestimmter methodischer Verfahren waren, nicht oder nur verschwommen mitteilt. Wir meinen, diesen Bedenken entgangen zu sein.

E r g e b n i s : „Verteidigung der Rechtsordnung" (§§ 14, 23 StGB) hat keinen Inhalt und regelt nichts; im Gesetzgebungsverfahren hat dieser Begriff keinen Inhalt erhalten, die Literatur hat mit untauglichen Mitteln am untauglichen Objekt versucht, Inhalte zu finden; die Rechtsprechung bietet ein Bild methodischer und sachlicher Verwirrung. Nichts liegt juristisch näher als künftig in den Fällen Geldstrafen zu verhängen bzw. die Vollstreckung von Freiheitsstrafen auszusetzen, in denen man bisher erwogen hat, zur Verteidigung der Rechtsordnung eine Freiheitsstrafe zu verhängen bzw. zu vollstrecken.

Würde man so verfahren, so wäre dies ein kleiner Fortschritt

1. auf dem Wege zur weiteren Eindämmung der kurzen Freiheitsstrafe,
2. auf dem Wege zur genaueren Abgrenzung zwischen Strafrechtssetzung und Strafrechtsanwendung in einem demokratischen Rechtsstaat.

---
[3] Vgl. *Engisch*, Einführung in das juristische Denken, 3. Aufl., S. 95 ff., mit einer Darstellung des Problems und mit eingehenden Literaturhinweisen.

Anhang:
Ein strafrechtliches Seminar als hochschuldidaktisches Problem

Es ist ungewöhnlich, einer juristischen Arbeit einen Bericht über ihre Entstehung beizufügen. Uns hat dazu dreierlei veranlaßt:

Erstens soll — was bei juristischen Arbeiten selten geschieht — gezeigt werden, wie es kam, daß gerade dieses Thema und diese Zielsetzung gewählt und gerade dieses Ergebnis erzielt wurde.

Zweitens soll unsere Arbeitsweise für andere Juristen an den Hochschulen beschrieben werden, weil wir meinen, es spreche so viel für diese Methode, daß dieses Seminar als Modell dienen kann.

Drittens ist der Bericht vielleicht für Fachleute (Pädagogen, Psychologen) interessant, die daraus Erfahrungen gewinnen können, die sich eines Tages in einer Didaktik der Rechtswissenschaft niederschlagen.

A. Anlaß für das Seminar

Bereits der Vorläufer des strafrechtlichen Seminars im Sommersemester 1970, das von Prof. Naucke durchgeführte und geleitete Seminar über aktuelle Fragen des Strafrechts im Wintersemester 1969/70, brachte eine weitgehende Abkehr vom Seminar herkömmlichen Stils: Doktoranden referierten über ihre Arbeiten, die sich in einem fortgeschrittenen Stadium befanden. Der Seminarteilnehmer konnte seine Aufmerksamkeit, die bisher fast ausschließlich auf das von ihm erwartete „wissenschaftliche" Seminarreferat gerichtet war, ungeteilt der Nacharbeitung der in die Referate einführenden Skripten, dem Referat selbst und der anschließenden Diskussion widmen.

Ein Erfolg zeigte sich im Niveau der Diskussion; zu bemängeln blieb jedoch, daß bei weitem nicht alle Mitglieder des Seminars sich an der Erörterung der Probleme beteiligten. Um die Ursachen aufzudecken und Fehler bei einer Fortsetzung des Seminars im Sommersemester zu vermeiden, wurde von einem studentischen Teilnehmer der Versuch unternommen, mit Mitteln der Lernpsychologie das Seminar einer kritischen Überprüfung nach Form und Inhalt zu unterziehen und ein neues Modell zu entwerfen. An Ergebnissen wurde in der Schlußsitzung des Wintersemesters u.a. vorgetragen:

Der nicht einzuholende Wissensvorsprung der Referenten auf ihren Spezialgebieten habe hemmend auf die Aktivität der Teilnehmer gewirkt. Weiterhin hätten die große Teilnehmerzahl (über 30) sowie die feste Struktur, insbesondere der fehlende Wechsel in der Leitung, die Entwicklung kreativer Tätigkeit, die Bildung von Selbständigkeit und Selbstbewußtsein verhindert. Die durch den Universitätsbetrieb auf sekundäre Ziele — Leistungsnachweise, Examina, Verbesserung der Berufschancen usw. — gerichtete Arbeitshaltung müsse von einer primärmotivierten, unbelasteten und freien

Beschäftigung mit dem Recht abgelöst werden. Die Ausbildung hierarchischer Strukturen sei von vornherein zu unterbinden; die Teilnehmer sollten selbst über die Themen bestimmen; größte Mühe sei auf ständigen Praxisbezug zu verwenden; außerdem sei für einen ständigen Wechsel in der Leitung zu sorgen.

Diese Einwände gegen das strafrechtliche Seminar im Wintersemester 1969/70 waren veranlaßt von einem lerntheoretischen Konzept für die Gruppenarbeit im Bereich der Rechtswissenschaft. Dieses Konzept geht von Einsichten und Erfahrungen aus, die sich aus den Reformbemühungen im Bereich aller Schultypen ergeben haben. Belegt wird dieses Konzept etwa mit den Arbeiten von Foppa und Hilgard/Bower[1]. Es steht unter dem Eindruck der herausragenden Bedeutung, die der Gruppenarbeit in der aktuellen Pädagogik und Psychologie beigemessen wird. Die Bedeutung der Gruppenarbeit liegt danach nicht lediglich in der Zusammenarbeit einer kleinen Zahl von Lernenden und Lehrenden, vielmehr soll ermöglicht werden, die Phänomene der Gruppendynamik für Lerninhalte und Lernverfahren zu beachten und zu nutzen und auf die Motivation des einzelnen Gruppenmitglieds nicht nur einzugehen, sondern einzuwirken; die Einwirkung wird dabei vor allem darin gesehen, daß Primärmotivationen geschaffen oder angeregt werden und daß Sekundärmotivationen sachgerechter auf den zu vermittelnden Stoff abgestimmt werden. Dieses lerntheoretische Konzept will weiter die Arten von Gruppen- oder Teamarbeit, die sich im wirtschaftlichen und wissenschaftlichen, insbesondere im naturwissenschaftlichen Bereich herausgebildet und bewährt haben, für den Bereich der rechtswissenschaftlichen Ausbildung auswerten und übernehmen, soweit sich das als möglich und zweckmäßig herausstellt. Die Notwendigkeit, diesen lerntheoretischen Ansatz zumindest versuchsweise in die juristische Ausbildungspraxis umzusetzen, wurde auch damit begründet, daß Gruppenarbeit in Reformvorschlägen für die juristische Ausbildung häufig als Allheilmittel angepriesen wird, ohne daß präzise Pläne und praktische Erfahrungen vorgezeigt werden können.

Aus diesen Voraussetzungen ergaben sich bestimmte Zielvorstellungen für ein rechtswissenschaftliches, z. B. ein strafrechtliches Seminar an einer Universität, nämlich im einzelnen: Vermeidung fehlorientierter Sekundärmotivationen und Ersetzung durch Primärmotivationen; Förderung einer kritischen Einstellung gegenüber dem Recht und seiner Wissenschaft, darin enthalten die Abschaffung von Ausbildungszwängen auch in der Form des zensierten Seminarreferats und die ständige Anregung zur freien Diskussion in den Gruppen; intensive Bemühungen zur Freisetzung von Initiativen der Teilnehmer oder der Mitglieder eines Seminars; Versuch, Spannungen und Verständigungsschwierigkeiten unter den Mitgliedern oder Mitgliedergruppen eines Seminars soweit wie möglich abzubauen durch die Statuierung einer Gleichgewichtigkeit aller Teilnehmer in Diskussion und Abstimmung, durch weitgehende Vermeidung eines Wettbewerbs um sekundäre Ziele und durch ständige Kommunikation in den Gruppen. Das Konzept versuchte von vornherein, die Schwierigkeiten aufzufangen, die sich bei einer Übertragung eines im wesentlichen im Schulbereich entstandenen lerntheoretischen Konzepts auf einen von vielen Traditionen abhängigen und bestimmten wissenschaftlichen Studiengang ergeben mußten. Gegen-

---

[1] *Foppa*, Lernen, Gedächtnis, Verhalten, 1965; *Hilgard/Bower*, Theories of learning, 3. Aufl., 1966.

stand der Überlegungen waren dabei insbesondere die Grenzen der Nützlichkeit lerntheoretischer Erkenntnisse im Hinblick auf juristische Ziele und die Beeinträchtigung lerntheoretisch begründeter Verfahrensweisen durch das Fehlen einer Einigkeit über Ausbildungs- und Untersuchungsziele im Bereich der Rechtswissenschaft.

Die Übernahme lernpsychologischer Erkenntnisse bei der Planung und Durchführung eines Seminars blieb daher schon am Ende des Wintersemesters 1969/70 nicht ohne Widerspruch; insbesondere wurde eingewandt: Der Lernpsychologie ermangele es an einem akzeptierten Wissensstand. Eine einseitige lernpsychologische Betrachtungsweise vernachlässige die sonstigen vielgestaltigen Faktoren, von denen eine juristische Lehrveranstaltung abhänge: So dürfte z. B. die hochschulpolitische Relevanz der Forderung nach Verringerung der Teilnehmerzahl nicht übersehen werden, weil die Beschränkung nur mittels eines numerus clausus möglich sei. Richtungsweisend für den Einsatz lernpsychologischer Mittel sei das Ziel der Lehrveranstaltung, das nicht die Lernpsychologie festlegen könne; entscheidend sei vielmehr das Problem, das Ziel des Seminars so genau zu bestimmen, daß die Mittel zur Erreichung des Ziels abgeleitet werden können.

Zustimmung fand insbesondere der zuletzt genannte Einwand; wenn sich auch die geforderten, lernpsychologisch begründeten Maßnahmen auf eine bestimmte Zielvorstellung gründeten, so war doch zu verlangen, daß diese als Prämisse deutlich vorangestellt wurde.

Von vornherein bestand darin Einigkeit, daß das geplante Seminar keine Lehrveranstaltung im überkommenen Sinne darstellen solle. Nicht sei der Teilnehmer zu einer perfekten Handhabung der gegenwärtig praktizierten Techniken der Gesetzesanwendung anzuleiten, vielmehr müsse gerade die Begrenztheit dieser juristischen Arbeitsweise aufgezeigt werden. Über diese Aufgabe hinaus gelte es, neue Wege aufzufinden und Methoden zu entwickeln, die dem Juristen die richtige Entscheidung von Sachfragen ermöglichen, indem er auch jenseits der Grenzen des bisher verwandten Materials alle zur Klärung erforderlichen Fakten erfaßt und verwertet. Bei der Ausgestaltung des Seminars war daher größter Wert darauf zu legen, daß sich eine kritische Haltung der Teilnehmer frei entfalten konnte. Aus diesem Grunde schien der Versuch angezeigt, das in der kritischen Stellungnahme entworfene Modell der Gruppenarbeit so weit wie möglich zu übernehmen.

Die Verringerung der Teilnehmerzahl sollte dadurch herbeigeführt werden, daß lediglich den bisherigen Seminarteilnehmern die Möglichkeit eröffnet wurde, sich innerhalb einer einwöchigen Frist in eine Aufnahmeliste einzutragen. Bedenken gegen die Maßnahme und das Verfahren wurden zurückgestellt, um das Projekt nicht zu gefährden. Später kamen einige Teilnehmer aus dem im Wintersemester 1969/70 von Prof. Naucke abgehaltenen rechtsphilosophischen Kolloquium hinzu; mit diesen Teilnehmern war vereinbart worden, die theoretische Diskussion aus dem Kolloquium an einem praktischen Beispiel weiterzuführen; diese Zielsetzung traf sich mit der Zielsetzung des Seminars.

In den Semesterferien setzte eine kleine Gruppe, bestehend aus Prof. Naucke und zwei studentischen Teilnehmern, mit zwei Besprechungen die Vorbereitung des Seminars fort. Das erste Zusammentreffen erbrachte eine Einigung darüber, daß — entgegen einem ursprünglich gefaßten Entschluß — nur e i n Sachthema bearbeitet werden sollte, damit zu erwartende Schwierigkeiten gebührende Berücksichtigung finden konnten und das Anliegen

— soweit möglich auch in einer Veröffentlichung — genügend klar zum Ausdruck gebracht werden konnte. Unter Berücksichtigung der vereinbarten Zielsetzung sah man es aber als erforderlich an, dem Exemplarischen des Themas stets besondere Beachtung zu schenken. An die Teilnehmer erging die Aufforderung, Themenvorschläge einzureichen, die folgenden Kriterien genügen sollten: Das bisher zum Thema veröffentlichte Material sollte überschaubar und die Bearbeitung innerhalb eines Semesters möglich sein; außerdem sollte das Thema sich dazu eignen, als Beispiel für eine kritische juristische Arbeitsweise vorgeführt zu werden. Es gingen folgende Themenvorschläge ein:

1. Sitzungspolizei in den Demonstrantenprozessen der letzten Jahre; Auswirkungen auf das geltende Recht der Sitzungspolizei.
2. Beiträge zur Reform des Kuppelei-Tatbestandes; Ausgangspunkt sollte besonders der Alternativ-Entwurf 1966 sein.
3. Vorschlag zur Neugestaltung des Zeugnisverweigerungsrechts der Presse nach der StPO unter Berücksichtigung der Regelungen in den Landespressegesetzen.
4. Diebstahl in Selbstbedienungsläden; Behandlung mit dem Ziel, die mißlichen Ergebnisse, zu denen die augenblickliche Regelung führt, zu vermeiden.
5. Die Antinomie im Strafprozeßrecht zwischen dem Gnadenweg bei der Entlassung von zu lebenslanger Freiheitsstrafe Verurteilten und dem Resozialisierungsgedanken.
6. Analyse und rechtspolitische Bedeutung der sog. Michael-Kohlhaas-Situation.
7. Die Entstehung des Ausdrucks „Die Verteidigung der Rechtsordnung" (in den §§ 14, 23 StGB).

Weiter ging ein lernpsychologisch orientierter Vorschlag zur Organisation und Terminplanung ein. Der Plan sah eine weitere Aufteilung der Seminargruppe in vier bis fünf Personen umfassende Untergruppen vor, denen je ein Teilbereich des Themas zugeordnet werden sollte. Diesen Teilbereich in selbständiger Tätigkeit zu erarbeiten, Material zu sammeln, Ansatzpunkte für kritische Fragestellungen aufzubereiten und die Ergebnisse in adäquater Form in das Plenum des Seminars einzubringen, sollte den Untergruppen zur Aufgabe gemacht werden. Jede Untergruppe sollte ihre Arbeit erledigt haben, ehe die nächste tätig wurde, damit die übrigen Teilnehmer sich ganz der Durcharbeitung des vorgelegten Materials und der Diskussion im Plenum widmen konnten. Ziel der Bildung von Untergruppen war es, eine noch intensivere Form kreativer und auf aktive Kommunikation angelegter Zusammenarbeit zu schaffen sowie für jeden einzelnen die Möglichkeit häufiger Verbalisierung und damit weiterer Klärung der Probleme zu begründen. Weiterhin sollte damit der didaktischen Erfahrung Rechnung getragen werden, daß in eigenen, selbständigen Untersuchungen erworbene Kenntnisse weit besser haften als durch Rezeption erlangtes Wissen.

In ihrer zweiten Sitzung während der Semesterferien stellte die Vorbereitungsgruppe die eingegangenen Themenvorschläge zusammen und legte den Rahmen für die Tagesordnung der ersten Seminarsitzung im Sommersemester fest. Die Themenvorschläge, der Vorschlag zur Organisation und Termingestaltung und die Tagesordnung wurden allen Teilnehmern einige Wochen vor Beginn des Seminars mitgeteilt.

Zu Beginn des Sommersemesters ergab sich als endgültige Teilnehmerzahl: Vierzehn (darunter eine Studentin)[2]. In der ersten Sitzung wurde ein studentischer Teilnehmer zum Leiter gewählt.

Die neu zusammengetretene Seminargruppe bestätigte bei drei Stimmenthaltungen den Beschluß des Seminars vom Wintersemester 1969/70, die Teilnehmerzahl begrenzt zu halten.

Um eine uferlose Diskussion über die sieben Themenvorschläge zu vermeiden, wurde nach kurzer Erörterung der Vorschläge eine vorläufige Abstimmung vorgenommen. Die beiden Vorschläge mit den meisten Stimmen erfuhren darauf eine Gegenüberstellung und intensive Besprechung:

1. Der Diebstahl in Selbstbedienungsläden. Bietet § 242 StGB noch eine sachgerechte Lösung?
2. Zum Begriff „Verteidigung der Rechtsordnung" (§§ 14 Abs. 1, 23 Abs. 3 StGB).

   Ist der im Zuge der Strafrechtsreform entstandene Ausdruck in der Praxis verwendbar?

Dem ersten Vorschlag wurde entgegengehalten, daß eine Bearbeitung und Veröffentlichung keine Aussicht auf Erfolg in der Praxis habe; die Rechtsprechung weise keine Anzeichen für eine Wandlung auf, auch könne nicht erwartet werden, daß der Richter von den Begriffen der festgefahrenen Dogmatik abweiche. Gerade aus praktischen Gründen bot sich das zweite Thema an; denn die Gerichte zeigen eine erhebliche Unsicherheit im Umgang mit dem neu geprägten Begriff „Verteidigung der Rechtsordnung". — In der Endabstimmung fand sich eine klare Mehrheit für den zweiten Vorschlag.

Der Plan zur Organisation des Seminars erhielt insoweit Zustimmung, als eine Unterteilung in Untergruppen für sinnvoll erachtet wurde. Folgende Teilbereiche des Gesamtthemas wurden gebildet:

1. Wie ist der Ausdruck entstanden? (Untersuchung der Gesetzgebungsmaterialien)
2. Wie hat ihn die Rechtsprechung bisher verwandt? (Untersuchung veröffentlichter und — soweit möglich — auch nicht veröffentlichter Entscheidungen)
3. Welche Auslegungshilfen hat die Literatur bisher angeboten?

Nach Abgabe der Meldungen wiesen die Untergruppen annähernd gleiche Stärke auf.

Bedenken erhoben sich gegen die im Plan vorgesehene Abfolge der Untergruppenarbeit: Da nicht das Erlernen festgelegter Kenntnisse und Fertigkeiten Inhalt des Seminars sei, sondern die gemeinsame Arbeit an einem Thema, müsse eine weitgehende Koordination und Kooperation zwischen den Untergruppen gewährleistet sein, damit ein Voranschreiten auf gleicher Ebene ermöglicht werde. Gleichzeitige Tätigkeit der Untergruppen sei auch schon deswegen erforderlich, weil eine Gruppe auf die Hilfe einer anderen angewiesen sein könne. Die Arbeitsweise der Untergruppen und des Plenums werde durch das vorgeschlagene Schema in eine Zwangsjacke gepreßt.

---

[2] Auf dem Titelblatt ist auch die Sekretärin am Lehrstuhl von Prof. Naucke als Mitarbeiterin in dem beschriebenen Seminar aufgeführt.

Die Einwände überzeugten das Plenum und führten zu dem Beschluß, alle drei Untergruppen sofort tätig werden zu lassen. Nach Ablauf von drei Wochen sollte dem Plenum in seiner zweiten Sitzung Bericht über die bisherige Untergruppenarbeit erstattet werden. Die Ergebnisse sollten anschließend einer Diskussion unterzogen werden, in der auch versucht werden sollte, die gemeinsame Zielrichtung weiter zu entwickeln.

B. Bericht über Ablauf und Verfahren des Seminars

I. Darstellung des zeitlichen Ablaufs

Den zeitlichen Ablauf des Seminars nach Abschluß der Vorarbeiten kann man in drei große Blöcke gliedern: die Beschaffung und Bearbeitung des Materials im Sommersemester 1970 (1.), die redaktionelle Überarbeitung des Textes in den Sommerferien (2.) und seine „Ratifizierung" sowie die Vorbereitung der Veröffentlichung im Wintersemester (3.).

1. Sommersemester

a) (bis 13. 5.) Materialsammlung, Formulierung einer Arbeitshypothese

Nachdem über das Thema entschieden war und sich die Arbeitsgruppen konstituiert hatten, diente der erste Monat der Sammlung des Materials: der Gesetzgebungsmotive, der Äußerungen in der juristischen Literatur und der ersten Entscheidungen. In dieser Phase wurde auch die Befragung von Richtern über ihre Haltung zur Eindämmung der kurzen Freiheitsstrafe erwogen, aber schließlich verworfen; die Durchführung schien zu zeitraubend und organisatorisch zu schwierig.

Die Stoffsammlung führte zu einem vorläufigen Ergebnis: Die §§ 14, 23 StGB sind schlecht anzuwenden. Der Gesetzgeber muß aber praktikable Normen setzen, und zwar durch klare Berücksichtigung der Strafzwecke.

Daraus ergab sich die weitere Frage: Hat der Gesetzgeber das im Fall der Bestimmung „Verteidigung der Rechtsordnung" getan? Wenn ja, ist eine Anwendung der Norm im Einzelfall möglich? Wenn nein, hat der Gesetzgeber sich jedenfalls an Fallgruppen orientiert, die bei der Entscheidung helfen können?

Damit war zugleich die zukünftige Arbeitsrichtung für die Arbeitsgruppe „Gesetzesmaterialien" gekennzeichnet. Für die anderen Gruppen lautete sie entsprechend: Wie reagieren die verschiedenen Autoren, wenn der Gesetzgeber keine Hilfe bietet — erkennen sie das Dilemma oder übergehen sie das Problem? (Arbeitsgruppe „Literatur") bzw.: Welcher Zusammenhang besteht zwischen den Problemen, die in der Gesetzgebungsgeschichte und Literatur auftauchen, und den Versuchen der Gerichtspraxis, mit dem Begriff „Verteidigung der Rechtsordnung" zu arbeiten? (Arbeitsgruppe „Rechtsprechung").

b) (bis 11. 6.) Diskussion des Materials, Entscheidung über die endgültige Arbeitsrichtung

In der Diskussion, die nach der Überarbeitung des Materials unter den neuen Gesichtspunkten folgte und die sich über 3 Plenarsitzungen hinzog, wurden 2 Alternativen für die endgültige Arbeitsrichtung des Seminars erörtert.

1. Mit dem Begriff „Verteidigung der Rechtsordnung" ist nichts anzufangen. Auf diese Feststellung kann man sich beschränken.
2. Der Begriff „Verteidigung der Rechtsordnung" ist vage und eine Kompromißformel. Dennoch sollte man versuchen, Fallgruppen für die Anwendung zu finden, oder auch objektive Interpretationsversuche mit den herkömmlichen Auslegungsmethoden machen.

Hinter der Entscheidung zwischen den beiden Alternativen wurde eine prinzipielle Frage sichtbar: Soll man unbrauchbare Bestimmungen hinnehmen und das Beste daraus zu machen suchen oder ihre Anwendung konsequent ablehnen, jedenfalls dann, wenn die Ablehnung ihrerseits zu einem vernünftigen Sachergebnis führt?

Nach langer Debatte — auch über die Konsequenzen beider Alternativen und die Aussichten für eine Realisierung in der Praxis — entschied sich das Seminar schließlich mit 12 : 1 Stimmen bei einer Enthaltung für die 1. Alternative in der folgenden, präzisierten Fassung:

Als Ergebnis wird die Feststellung angestrebt, wie sie sich in der bisherigen Gruppenarbeit herauskristallisiert hat: Der Begriff „Verteidigung der Rechtsordnung" ist zu ungenau, als daß er in der Rechtspraxis angewandt werden dürfte. Strenge Anforderungen an die Bestimmtheit im Rahmen der Untersuchung der Teilbereiche Gesetzesmaterialien, Literatur und Rechtsprechung leiten zu diesem Ergebnis hin. Dabei wird auch zu zeigen sein, daß sich selbst mit einer Auslegung nach objektiven Kriterien ohne Berücksichtigung der Entstehungsgeschichte kein anderes Resultat gewinnen läßt; anderslautende Behauptungen in Rechtsprechung und Literatur sind als verschleierte Versuche zu kennzeichnen, eine eigene Entscheidung, der es an einer Verbindlichkeit fehlt, an die Stelle der (fehlenden) Entscheidung des Gesetzgebers zu setzen.

Das Ergebnis wird von der Überzeugung getragen, daß Freiheitsstrafen unter 6 Monaten nicht verhängt werden dürfen (entsprechendes gilt für die Vollstreckung gemäß § 23 Abs. 3 StGB).

Damit waren für die Arbeitsgruppen die Gesichtspunkte genannt, unter denen das gefundene Material zu gliedern und zu bearbeiten war.

c) (bis 14. 7.) Vorlage der Gliederung (23./30. 6.) und des vorläufigen Textes der Arbeitsgruppen

2 Wochen brauchten die Arbeitsgruppen zur Fertigung der Gliederung und 2 weitere Wochen bis zur Vorlage einer ersten Textfassung. Diese Zeiträume, relativ lang für die Gliederungen und sehr kurz für die Texte, finden in zwei Gründen ihre Erklärung: 1. In die erste Hälfte (Gliederung) fiel eine ausgiebige Seminarkritik (s. u. II. 1. a. cc), die hauptsächlich um Autoritätsfragen kreiste. 2. Durch die langwierige Arbeit am Material und die ständige Diskussion waren allen Teilnehmern die Probleme so vertraut, daß die schriftliche Ausführung der Gedanken zügig erfolgen konnte.

2. Ferien

Zu Beginn der Sommerferien diskutierte das Plenum die bis dahin vorliegende Fassung des Textes. Es wurden den Gruppen Vorschläge zur Korrektur gemacht. Daraufhin fertigten die Arbeitsgruppen eine zweite Fassung, die dann an eine Redaktionsgruppe mit 5 Mitgliedern (darunter Vertreter aus allen Gruppen) zur weiteren Überarbeitung abgegeben wurde.

Die Redaktionsgruppe tagte während der Ferien (mit einmonatiger Unterbrechung) 2mal wöchentlich und legte zu Beginn des Wintersemesters dem Plenum ihre Neufassung vor.

Eine weitere Arbeitsgruppe begann im Oktober mit der Besprechung und Abfassung dieses Berichtes über die Arbeitsweise des Seminars.

3. Wintersemester

Zu Beginn des Wintersemesters wurde nach den in der Redaktion vorgenommenen Korrekturen eine Neufassung des Manuskriptes in mehreren Exemplaren angefertigt. Diese Arbeit, bei der auch neue Äußerungen in der Literatur und Gerichtsentscheidungen berücksichtigt werden mußten, zog sich über einen Monat hin. Erst Ende November konnte mit der Vorbereitung der abschließenden Beratung begonnen werden, die dann bis zum 20. Dezember dauerte. Für die „Ratifizierung" des Textes wurde folgendes Verfahren festgelegt und praktiziert:

Die Arbeitsgruppen hatten ca. 2 Wochen Zeit, den Text zu beraten und Änderungsvorschläge zu formulieren. Die Änderungswünsche waren schriftlich an einen Beauftragten des Plenums einzureichen. Dieser war ermächtigt, grammatikalische und kleine stilistische Änderungsvorschläge auszuklammern und selbständig zu korrigieren. Alle anderen Fragen (ca. 100 Abänderungsanträge) wurden im Plenum beraten. Konnte keine Einigkeit zwischen dem jeweiligen Autor und demjenigen, der eine Änderung beantragt hatte, erzielt werden, entschied der Autor. Inhaltlich wichtige Fragen wurden durch Beschluß des Plenums entschieden.

Im Mittelpunkt der Diskussion standen während der Abschlußberatungen zwei Fragenkreise:

1. Das Selbstverständnis und die Intentionen des Seminars als Arbeitsgruppe. Die Erörterungen hierzu gingen aus von dem vorläufigen Text dieses Anhangs. Anknüpfungspunkte waren die häufige Verwendung der Worte „wir" und „unser", der Begriff „Kollektiv" sowie das Verhältnis von Individual- und Gruppenarbeit und ihr Ort im Rahmen einer Universitätsausbildung nach unseren Vorstellungen. Die Ergebnisse sind aus der Endfassung des folgenden Abschnitts II. zu entnehmen.

2. Die Formulierung der Z u s a m m e n f a s s u n g im Hauptteil der Arbeit zum Begriff „Verteidigung der Rechtsordnung". Einige Teilnehmer meldeten verfassungsrechtliche Bedenken an gegenüber der Empfehlung, nach den §§ 14, 23 StGB aus dem Gesichtspunkt der „Verteidigung der Rechtsordnung" n i e eine kurze Freiheitsstrafe zu verhängen bzw. n i e eine längere Strafe (§ 23 Abs. 3 StGB) zu vollstrecken. Ihre Einwände wurden in der jetzt vorliegenden, präzisierten Formulierung der Z u s a m m e n -

f a s s u n g berücksichtigt (und nach Ansicht der Mehrheit widerlegt). Diese Formulierung der Zusammenfassung wurde dann in der Schlußabstimmung mit 9 : 3 Stimmen als endgültig beschlossen[3].

---

[3] Bereits in einer früheren Sitzung war beschlossen worden, die abweichende Meinung im Anhang abzudrucken. Sie lautet:

Bei der Handhabung eines Gesetzes hat der Richter von den Art. 20 Abs. 3 und 97 Abs. 1 GG auszugehen. Rechtsprechung und Richter sind an das Gesetz gebunden; sie dürfen nicht von der Anwendung bestimmter Gesetze absehen. Diese Anwendungspflicht gilt jedoch nur für verfassungsmäßige Gesetze. Nach unserer Meinung verstoßen aber die §§ 14 Abs. 1 und 23 Abs. 3 StGB wegen ihrer Unbestimmtheit gegen Art. 103 Abs. 2 GG.

Art. 100 Abs. 1 GG überträgt jedoch die richterliche Befugnis, die Verfassungswidrigkeit eines (nach h. M.: nachkonstitutionellen) Gesetzes festzustellen, vom im Einzelfall entscheidenden Gericht an das Bundesverfassungsgericht. Insoweit ist dem Richter die Entscheidungs-Kompetenz genommen.

Solange das Bundesverfassungsgericht die Verfassungswidrigkeit eines Gesetzes nicht oder noch nicht festgestellt hat, hat der Richter von der Gültigkeit des Gesetzes auszugehen. Ein gültiges Gesetz muß aber angewendet werden. Es hat erkennbar den Sinn, bestimmte Sachverhalte regelnd zu erfassen, und sei das Gesetz auch noch so ungenau.

Geht man davon aus, neben der Feststellung der Verfassungswidrigkeit durch das Bundesverfassungsgericht und der Anwendung der Norm durch den Richter gebe es für den Richter noch eine dritte Möglichkeit, nämlich die Nichtanwendung der Norm, weil es keine allgemeingültigen und -verbindlichen Kriterien für ihre Anwendung gebe, so vermengt man entweder die Frage der logischen Möglichkeit und die der Zulässigkeit einer Heranziehung der Norm, oder aber man verneint die Befugnis des Richters zur Heranziehung der Norm, eine Frage, über die nach Art. 100 Abs. 1 GG gerade nicht der einzelne Richter, sondern das Bundesverfassungsgericht entscheiden soll.

Das Argument, wegen der großen Ungenauigkeit der §§ 14 u. 23 StGB sei eine Entscheidung im Einzelfall nur durch richterliche Willkür herbeizuführen, was der Gesetzgeber aber nicht verlangen oder auch nur erwarten könne, überzeugt nicht: Er hat es gerade verlangt, teilweise sogar ausdrücklich, indem er die Richter zur Bildung brauchbarer Anwendungskriterien aufgefordert hat. Ob der Gesetzgeber dies darf, darüber hat wegen Art. 100 GG nur das Bundesverfassungsgericht zu entscheiden.

Überzeugen kann ebensowenig die Behauptung, die Nichtanwendung der Norm sei ein genaues Nachvollziehen des Gesetzgeberbeschlusses: Dieser läuft doch gerade darauf hinaus, der Richter solle die Anwendungsfälle kurzer Freiheitsstrafen teilweise selbst bestimmen; eine Nichtanwendung widerspricht offensichtlich diesem Gesetzgeberwillen.

Es trifft auch nicht zu, daß Art. 103 Abs. 2 GG für die Forderung, die §§ 14 und 23 StGB nicht anzuwenden, soweit es um den Begriff „Verteidigung der Rechtsordnung" geht, lediglich mitmotivierend gewesen sei. Die Behauptung, der Gesetzgeber könne keine Entscheidung auf den Richter delegieren, stützt sich doch im Strafrecht gerade auf Art. 103 Abs. 2 GG. Der Richter zieht also — ausdrücklich oder nicht — verfassungsmäßige Bedenken für die Begründung der Nichtanwendung heran, was Art. 100 Abs. 1 GG entgegenläuft.

Eine Konsequenz der Forderung, die §§ 14 und 23 StGB teilweise nicht anzuwenden, besteht auch darin, daß Entscheidungen des Bundesverfassungsgerichts zu Art. 103 Abs. 2 GG nicht mehr zu ergehen brauchen. Rät man zur Nichtanwendung von Gesetzen, in denen der Richter nur durch eigene Wert- oder Willkür-Entscheidungen zu einer Anwendung kommen könnte, so entfällt eine Vorlagepflicht gemäß Art. 100 Abs. 1 GG, da es bei der Entscheidung auf diese Gesetze ja nicht ankommt. Daß aber ein Gesetz, das

II. Darstellung zur Methode

1. Arbeit im Plenum

a) Gegenstand der Arbeit im Plenum

aa) Inhaltliche Erörterung des Seminarthemas

Im Vordergrund der Arbeit des Seminars stand die Erörterung des Sachthemas, d.h. der Entstehung, Beurteilung und Handhabung des Begriffes „Verteidigung der Rechtsordnung".

bb) Fragen der juristischen Methode

Die Diskussion des Themas führte aber zwangsläufig auch immer zu Fragen der juristischen Methode und der dahinterstehenden Wertungsfragen. Diese

keine eigene Entscheidung des Richters verlangt, dennoch Art. 103 Abs. 2 GG widersprechen sollte, ist nicht ersichtlich.

Es bleibt also festzustellen, daß der Richter zunächst von der Verfassungsmäßigkeit des Gesetzes auszugehen hat und die Verfassungswidrigkeit nicht selbst feststellen kann. Ein gültiges Gesetz muß aber auch angewendet werden, da eine Nichtanwendung eine Umgehung des Gesetzes bedeuten würde. Wann die §§ 14 und 23 StGB anzuwenden sind, muß der Richter entscheiden, wobei er aber, wie wir aufgezeigt haben, aus dem Gesetz nur entnehmen kann, daß es bestimmte Fälle erfassen will. Welche Fälle das sind, dafür hat der Richter fast keine Anhaltspunkte. Es gibt keine verbindliche Interpretation der §§ 14 und 23 StGB.

Wir können nun zwar den Richtern nicht raten, die §§ 14 Abs. 1 und 23 Abs. 3 StGB im hier untersuchten Teil überhaupt nicht zu berücksichtigen. **Um aber die ungenaue Arbeitsweise des Gesetzgebers nicht weiter als nötig zu unterstützen oder zu verschleiern, um die Angeklagten vor unvorhersehbaren Ergebnissen weitgehend zu schützen, vor allem aber aus kriminalpolitischen Erwägungen können wir den Richtern empfehlen, den ihnen vom Gesetzgeber eingeräumten Spielraum auszunutzen und die §§ 14, 23 StGB im hier untersuchten Teil möglichst einschränkend zu interpretieren.** Damit ist auch ein Ergebnis vereinbar, daß der einzelne Richter auf Grund seiner Wertentscheidung in den ihm vorliegenden Fällen zu keiner Verhängung oder Vollstreckung einer Freiheitsstrafe gelangt.

Mit dieser Forderung erreichen wir — bis auf die seltenen Anwendungsfälle — unser kriminalpolitisches Ziel, keine kurzen Freiheitsstrafen zu verhängen oder zu vollstrecken. Wir erreichen damit aber auch methodisch ein befriedigendes Ergebnis, da Art. 20 Abs. 3 GG ernster genommen wird, wenn man eine Gesetzesanwendungspflicht des Richters bejaht, als wenn man den Richter von der Anwendungspflicht völlig freistellt. Außerdem bestehen gegen dieses Vorgehen keine verfassungsmäßigen Bedenken. Das Argument, die Wahl einer methodischen Möglichkeit hänge auch vom Ergebnis ab und die Methode der Nichtanwendung der Normen führe zum gewünschten Ergebnis, hat seine Grenzen in dem von der Verfassung abgesteckten Rahmen.

Die Frage der Vorlagepflicht nach Art. 100 Abs. 1 GG taucht damit nur noch in den seltenen Fällen auf, in denen der Richter glaubt, eine Anwendung der §§ 14 und 23 StGB — für den Fall deren Verfassungsmäßigkeit — bejahen zu können oder zu müssen. Das Erfordernis eines Vorlagebeschlusses hängt dann davon ab, ob die Bindungswirkungen des Verfassungsgerichtsurteils zu § 14 StGB gemäß § 31 BVerfGG auch den vorliegenden Fall erfassen.

zu erörtern, entsprach der Intention des Seminars, ein Beispiel zu liefern für eine transparente und nachvollziehbare Diskussion und Entscheidung rechtlicher Probleme. Wichtig war dabei die Erkenntnis, daß auch hinter dem kleinsten Problem Grundwertungen und -entscheidungen verborgen sind. Wichtig war aber auch, daß sich das Seminar entschied, die Diskussion nicht so allgemein wie *möglich,* sondern so konkret wie möglich und nur so allgemein wie vom Sachproblem her *nötig* zu führen.

cc) Seminarkritik

Ein weiteres Feld der Diskussion in Plenum war die Seminarkritik. Die häufige kritische Betrachtung der eigenen Arbeit half dem Seminar, Sachprobleme besser zu erkennen, Methodenfragen offen auszudiskutieren und gruppendynamische Prozesse zu sehen. Am deutlichsten wurde dies bei einer spontanen Diskussion über Fragen der Fixierung auf Autoritäten und die Rolle des Professors in diesem Seminar.

Diese Debatte untermauerte eine Praxis des Seminars, die aus der Not entstanden war: Entscheidungen, mit denen das Plenum im Moment überfordert gewesen wäre und bei denen einzelne von ihrem Informationsvorsprung hätten profitieren können, zu vertagen und vor der endgültigen Beschlußfassung in den Arbeitsgruppen abzuklären.

dd) Veröffentlichung

Schließlich befaßte sich das Plenum mit der Frage einer Veröffentlichung. Eine Publikation lag von Anfang an in der Absicht des Seminars, sowohl von der Aktualität des Sachthemas her als auch aus dem Charakter des Seminars als didaktisches Modell. Die Absicht wurde zum festen Plan, als etwa Mitte des Sommersemesters feststand, daß das Material eine erfolgverprechende Bearbeitung in Richtung unserer Hypothesen versprach. Diskutiert wurden die Vor- und Nachteile der Veröffentlichung in einem Verlag und eines Eigendrucks. Die Verlagsdiskussion wurde auch unter dem Gesichtspunkt geführt, daß jede Eingliederung in eine Serie eines Verlages zugleich Entscheidung für eine Verlags-Konzeption bedeute.

Die Fragen wurden Anfang des Wintersemesters einer Arbeitsgruppe von 4 Mann zur Vorarbeit überlassen. Die Gruppe stellte eine Liste von Verlagen zusammen, denen nacheinander die Arbeit vorgelegt werden sollte. Auf die positive Antwort bereits des ersten Verlages hin entschied sich das Plenum im Dezember dafür, die Arbeit dort drucken zu lassen.

Außerdem war zunächst offen gewesen, ob das Ergebnis in Aufsatzform oder (und) als Monografie veröffentlicht werden sollte. Für die Veröffentlichung als Aufsatz in einer Zeitschrift sprachen die Schnelligkeit dieses Verfahrens und der mit Sicherheit erreichbare große Leserkreis. Die Form der Monografie wurde deshalb erwogen, weil sich evtl. nur so das umfangreiche Material verarbeiten ließe. Für die Monografie sprach auch unsere Absicht, der Darstellung des Sachthemas einen Bericht über die Arbeitsweise des Seminars anzufügen.

Die Entscheidung fiel nach dem Vorliegen der ersten umfangreichen Textfassung zugunsten der Monografie.

b) Organisation

Das Plenum tagte im Sommersemester (3 Monate) 9mal, im Wintersemester 7mal (bis Ende Dezember).

II. Darstellung zur Methode

Der *Tagungsrhythmus* was sehr verschieden: Es gab Pausen von 3 Wochen, aber es gab auch Wochen, in denen 3mal getagt wurde. Das hing vom Stand der Arbeiten am Thema ab.

Der *Vorsitz* wurde abwechselnd von einem der studentischen Seminarteilnehmer geführt. Da im Sommersemester niemand mehrfach zum Vorsitzenden gewählt wurde, hat also die Mehrheit der Beteiligten einmal dieses Amt innegehabt. Im Wintersemester wurde das Prinzip des Wechsels im Vorsitz durchbrochen; längere Arbeitsabschnitte wurden über mehrere (2 bzw. 5) Sitzungen mit demselben Verhandlungsleiter besprochen.

Über die Sitzungen des Plenums wurde regelmäßig *Protokoll* geführt. Häufig wurden von den Arbeitsgruppen oder von einzelnen Teilnehmern *Arbeitspapiere* eingebracht. Auch die *Tagesordnung* ging mehrfach auf solche Initiativen zurück. Sonst wurde sie zu Anfang der Sitzung aufgestellt.

Formale Erfordernisse für *Abstimmungsmehrheiten* wurden nicht festgelegt. An den entscheidenden Stellen des Seminars, wenn Weichen für den Fortgang im Sinne der einen oder anderen Alternative gestellt werden mußten, kamen eindeutige Mehrheiten zustande. Den Vertretern der Mindermeinung wurde Gelegenheit gegeben, den Fortgang der Arbeit aus ihrer Sicht zu kritisieren.

Als *Tagungsort* diente im Sommersemester der Fakultätensitzungssaal der Universität. Im Gegensatz zu den auf Frontalunterricht angelegten Hörsälen ermöglichte er eine Arbeit am runden Tisch. Im Wintersemester stand im neuen Großen Hörsaalgebäude ein — ursprünglich als Dozentenzimmer geplanter — Arbeitsraum zur Verfügung.

2. Arbeit in der Gruppe

a) Allgemeines für alle Arbeitsgruppen

Zahlenmäßig waren die Arbeitsgruppen etwa gleich stark (4 bzw. 5 Personen)[4]. Der Tagungsrhythmus war bei allen Gruppen unregelmäßig. Er richtete sich nach der Aufgabenstellung aus dem Plenum. Zumeist wurde nach einer Plenarsitzung das Material zur Bearbeitung verteilt und bis zur nächsten Vollversammlung in häufigen Treffen der Gruppe erörtert und präpariert.

b) Besonderheiten

Im einzelnen ergaben sich eine Reihe von Besonderheiten in den Gruppen, die teilweise durch den Gegenstand der Untersuchung bestimmt waren, die jedoch teilweise auch in enger Beziehung zur personellen Zusammensetzung der Gruppen standen.

aa) Gruppe „Gesetzesmaterialien"

Die Gruppe, an der Prof. Naucke beteiligt war, befaßte sich mit den Gesetzesmaterialien. Sie hatte eine abgeschlossene Stoffmenge zu bearbeiten, die sich zudem gut auf die einzelnen Mitglieder der Gruppe verteilen ließ

---

[4] Die Gruppe „Literatur" umfaßte ab Juli 1970 dadurch 6 Mitglieder, daß sich ihr ein neu eingetretener Assistent anschloß.

(Sachgebiete: E 62, AE 66, Sonderausschuß für die Strafrechtsreform, Bundestagsberatungen). Diese Gruppe übernahm in zeitlicher Hinsicht eine „Schrittmacherfunktion", d. h. sie war bei allen Terminarbeiten schneller als die anderen Gruppen.

bb) Gruppe „Literatur"

Demgegenüber erschienen im Bereich der Literaturuntersuchung (ebenso wie bei der Untersuchung der Rechtsprechung) ständig neue Äußerungen, die aufgearbeitet werden mußten.

Die Arbeitsgruppe „Literatur" hatte den Stoff zunächst, nach Autoren gegliedert, auf die einzelnen Teilnehmer verteilt. Dies war solange sinnvoll, als es galt, das Material zu sammeln und zu einer ersten Übersicht zu gelangen.

Die Aufteilung erwies sich jedoch als ungeeignet, um zu einer Zusammenfassung des Stoffs nach Sachgesichtspunkten zu gelangen. In diesem Stadium erwies sich die Kommunikation in der Gruppe und die ständige Diskussion einer sachdienlichen Gliederung als unzureichend, um die Leistungen der einzelnen Mitglieder der Gruppe zu einem geschlossenen Produkt zusammenzufassen. Es trat dabei in dieser Gruppe, in der Studenten und Referendare vertreten waren, am deutlichsten das Problem zutage, daß die Seminararbeit nur e i n e der Beschäftigungen jedes Seminarteilnehmers war. Plötzliche Anforderungen von anderer Seite führten zu einer Krise und zum Stocken der Arbeit. Mit erheblichem Verzug gegenüber der Auswertung der Gesetzesmaterialien und der Rechtsprechung mußte sich diese Gruppe zu einer Neusichtung und -verteilung des Stoffes entschließen, was zu einer großen Arbeitsbelastung (zudem unter Zeitdruck) für die im Moment verbleibenden Mitarbeiter führte.

cc) Gruppe „Rechtsprechung"

Die nur aus Studenten bestehende Arbeitsgruppe „Rechtsprechung" praktizierte am konsequentesten die Methode der Gruppenarbeit und gelangte streckenweise zu Kollektivarbeit. Darunter ist hier verstanden: Stoffsammlung und Gliederung bis ins Detail durch die Gruppe (freilich mit Vorarbeit Einzelner), Diskussion, Abfassung des Textes, wobei die einzelnen Mitautoren austauschbar werden. Es zeigte sich aber, daß vor allem Abschnitte, die eine Fülle von Details verarbeiten, als spezifische Leistung des einzelnen Verfassers in die Gesamtarbeit eingehen.

3. Arbeitsweise der Redaktion

Die Mitglieder der Redaktion legten zu jeder Sitzung schriftlich formulierte Änderungsvorschläge vor. Bei den Sitzungen war stets derjenige anwesend (einer bzw. mehrere), der die vorliegende Fassung des zur Debatte stehenden Abschnittes geschrieben hatte. Er konnte zu den Änderungsvorschlägen Stellung nehmen und hatte — zugleich für die Gruppe — ein Vetorecht.

Die von der Redaktion verabschiedeten Änderungen wurden anschließend vom jeweiligen Verfasser in den Text eingearbeitet.

Wichtige Aufgabe war es auch, soweit das noch nötig war, die einzelnen Abschnitte inhaltlich und formal zu koordinieren. Wesentliche inhaltliche

Änderungen wurden nicht mehr vorgenommen. Stilistische Eigenheiten der einzelnen Verfasser wurden weitgehend toleriert.

4. Arbeitsmethode des Gesamtseminars

Die Arbeitsweise des Gesamtseminars, wie sie sich nach einer gewissen Anlaufzeit einspielte, kann so beschrieben werden:
Im Plenum wird eine These aufgestellt, Alternativen werden entwickelt. In der Diskussion wird über die Arbeitshypothese entschieden. Der Stoff wird zur Aufbereitung und Überprüfung an die Gruppen überwiesen. Auf Grund der Ergebnisse der Gruppenarbeit wird im Plenum erneut diskutiert, die Hypothese bestätigt oder neu formuliert. — Diese Arbeitsweise erfuhr eine qualitative Verbesserung durch Vertagen der Abstimmung und nochmaliges Vorschalten der Gruppen vor wichtigen Entscheidungen (s. o. 1. a. cc).

C. Kritische Bemerkungen zum Seminar

I. Probleme

Wenn auch von Anfang an Klarheit darüber bestand, daß das Seminar in Gruppenarbeit durchgeführt werden solle, so bedeutet das keineswegs, daß wir von vornherein e i n e ganz bestimmte Methode der Gruppenarbeit praktiziert hätten. Auch das Erarbeiten der oben (B. II. 4) beschriebenen Methode war ein Experiment. Schon von daher wird es verständlich, daß wir regelmäßig auf Probleme stießen. Vielfach waren die Probleme aber auch allgemeinerer Art, z. T. waren sie bedingt durch die äußere und inhaltliche Situation, in der sich z. Z. die Juristenausbildung vollzieht.

1. Probleme allgemein methodischer Art

a) Autoritätsfragen (Im Plenum / in der Gruppe)

Wir hatten uns bemüht, durch organisatorische Hilfen wie den Wechsel im Vorsitz zu vermeiden, daß sich die Erörterungen des Seminars auf eine Person und ihre Äußerungen fixieren. Aber wir erkannten bald, daß auch solche Hilfen das dahinterstehende Problem nicht lösen, sondern allenfalls besser erkennen lassen; denn oft spielte sich doch statt einer Diskussion unter Leitung des Vorsitzenden ein Dialog mit dem Professor ab. Es zeigte sich also, daß bei aller entgegengesetzten Intention das Verhaltensmuster der Studenten vielfach noch auf den Professor als Zentralfigur ausgerichtet ist. Dies Problem wurde noch verstärkt durch das Bestehen dreier verschiedener Rollen, die der Professor in einem solchen Reform-Seminar ausfüllt: normaler Teilnehmer, Tutor und Professor (s. o. B. II. 1. a. cc und B. II. 4).

In den *Gruppen* tauchten Autoritätsfragen subtilerer Art auf: Wer dominiert in den Sitzungen, wer ist treibende Kraft, wer leistet Kleinarbeit, wer liefert die Ideen?

Die Existenz der Gruppe verleitet dazu, eigene Ideen (eines einzelnen also) dadurch mit dem Hauch stärkerer Legitimation zu versehen, daß man sie als Gruppenmeinung darstellt.

Anhang C. Kritische Bemerkungen zum Seminar

b) Unterschiedliche Leistung und Image des einzelnen im Plenum und in der Gruppe

Daraus ergaben sich oft erhebliche Verschiebungen zwischen Leistung und Image in der Gruppe einerseits und im Plenum andererseits. Teilnehmer, die in der Gruppe dominierend und kreativ waren, hielten sich im Penum zurück, und Teilnehmer mit großem informellem Einfluß im Plenum konnten das nicht immer durch entsprechenden Einsatz in der Gruppe legitimieren.

c) Kollektives Arbeiten oder Summe von Einzelleistungen?

Wie schon angedeutet, führte das Experiment der Bearbeitung je eines Teilgebietes in Arbeitsgruppen zu sehr verschiedenen Ergebnissen. Sie reichen von reiner Aufteilung des Stoffes bis zur gemeinsamen Bearbeitung. Das bedeutet: Es kann von einem Werk eines Teams gesprochen werden, das sich wieder aus drei Arbeitsgruppen zusammensetzt. Die vorliegende Monografie ist nach unserer Meinung mehr als eine Aneinanderreihung von Beiträgen verschiedener Autoren. Sie wird von den Autoren gemeinsam verantwortet. Als kollektive Leistung (i. S. der oben II. 2. b. cc gegebenen Beschreibung) kann und sollte sie aber insgesamt nicht bezeichnet werden.

d) Problem von persönlicher Wertentscheidung und Mehrheitsbeschluß, Minderheitsvotum

Die gemeinsame Anfertigung wissenschaftlicher Arbeiten führt zwangsläufig zu der Frage, ob Wertentscheidungen durch Mehrheitsbeschluß gefällt werden können. Das Seminar ist sich an dem entscheidenden Punkt der Sacherörterung (s. o. B. I. 1. b) klar darüber geworden, daß es um eine Wertentscheidung geht. Es hat klargestellt, daß mit der Abstimmung kein Wertproblem gelöst werden kann, sondern nur darüber entschieden wird, für welche Richtung sich — nach ausgiebigem Argumentieren — mehr Stimmen finden. Wertungsfragen, über die mit Mehrheit entschieden wird, können für den einzelnen nur verbindlich sein, wenn er mit der Wertung übereinstimmt. Inwieweit den Unterlegenen eine Mitarbeit weiter möglich ist, hängt von der Bedeutung der Frage ab sowie davon, welchen Minderheiten-Respekt ihnen die Mehrheit einräumt. Die Einspruch-Möglichkeit, wie sie für die Minderheit in unserem Seminar bestand, ist oben (B. I. 1. b und 3) geschildert worden.

e) Keine Vermittlung bestimmter Arbeitsanweisungen

Weiterhin muß ein Problem wenigstens erwähnt werden, das die Seminar-Arbeit von Anfang an begleitet hat. Das Seminar wollte „wissenschaftlich" arbeiten. Dabei war man sich darüber einig, daß „wissenschaftlich" jedenfalls heißen sollte: sachliche und methodische Klarheit und Überprüfbarkeit, verbunden mit einer eindeutigen Stellungnahme gegen eine Wertneutralität wissenschaftlicher Jurisprudenz. Wie man aber von einer solchen — oder auch einer anderen — Auffassung von Wissenschaftlichkeit in der Jurisprudenz zu bestimmten Arbeitsanweisungen kommt, das ist im ganzen offengeblieben. Das Seminar hat, obwohl es ein wissenschaftliches Sachergebnis vorlegen will, keine Antwort auf die Frage gefunden, wie man wissenschaft-

I. Probleme 157

liches Arbeiten im Bereich des Rechts lernen oder lehren kann. Daß bestimmte juristische Arbeitsgewohnheiten vermittelt, diskutiert und teilweise vielleicht sogar präzisiert worden sind, versteht sich von selbst.

2. *Probleme, die sich aus der gegenwärtigen Situation des Jurastudiums an einer deutschen rechtswissenschaftlichen Fakultät ergeben*

a) Kontinuierliche Arbeit aller Teilnehmer erforderlich /
Seminar ist aber nur e i n e von vielen Beschäftigungen

Das Seminar „Verteidigung der Rechtsordnung" bedeutete für jeden Teilnehmer kontinuierliche und intensive Mitarbeit über etwa anderthalb Semester, für einige einschließlich der Ferien (rechnet man noch die „Vorläufer" dazu, sind es mehr als 2 Semester). Allgemein gesagt: Eine ernsthaft in Form der Gruppenarbeit betriebene Unterrichtsveranstaltung beansprucht den einzelnen erheblich mehr als herkömmliche Seminare, Übungen und Kolloquien. In diesem Zusammenhang ist als Tatsache zu registrieren, daß Dauer und Intensität der Arbeit aller Seminarteilnehmer das übliche Maß ganz erheblich überschritten haben; dabei ist als Kriterium für das übliche Maß das Anfertigen und Besprechen von Seminarreferaten überkommener Art anzusehen. Diese Tatsache wird man auf der Aktivseite der Seminarveranstaltung buchen können. Teilnehmer und Leiter von juristischen Lehrveranstaltungen etwa in der Form, die hier geschildert wird, können künftig davon ausgehen, daß verbindliche juristische Arbeit erwartet werden kann ohne Zensurendruck. Ob die genannte Tatsache uneingeschränkt als Aktivposten zu bewerten ist, steht freilich noch nicht fest. Die Zahl der Sitzungen, Verabredungen und Diskussionen war groß; die Menge an beschriebenem und vervielfältigtem Papier war erstaunlich. Die Frage, ob der Aufwand — gemessen an dem Sachergebnis und an dem möglichen Ergebnis für die Arbeitsweise der Teilnehmer — nicht zu groß war, liegt auf der Hand. Diese Frage betrifft nicht nur das hier beschriebene Seminar und andere Lehrveranstaltungen, die im Anschluß an dieses Seminar geplant werden. Diese Frage betrifft auch das Bestreben, in der juristischen Ausbildung in kleinen, auf einem sachlich hohen Niveau stehenden Gruppen zu arbeiten. Das bedeutet bei der derzeitigen Gestaltung der juristischen Ausbildung, daß eine große Belastung für jeden Teilnehmer zu denjenigen hinzukommt, die durch die „normalen" Vorhaben der einzelnen (allgemeines Studium, Examensvorbereitung, Referendardienst, Dissertation, Lehrverpflichtungen) schon bestehen. Beteiligung an einer solchen Veranstaltung ist also im Moment ein mit erheblicher Arbeit verbundener „Luxus". Diese Tatsache bewirkt, daß schon die Beantwortung der Frage, ob man teilnimmt, unter Druck erfolgt, erst recht die Teilnahme selbst.

b) Seminar mit numerus clausus / Massenveranstaltungen

Die Durchführung des Seminars war nur mit einem numerus clausus, der in der Einleitung (A.) beschrieben und begründet worden ist, möglich. So gesehen, war das Seminar auch „Luxus", nämlich eine relativ befriedigende Lehrveranstaltung für einige wenige, denen die Menge derjenigen Studenten gegenübersteht, die sich mit dem stupiden Übungsbetrieb für die Pflichtscheine begnügen müssen. Die Tatsache, daß jedes Seminar — auch das

„klassische" — mit „numerus clausus" stattfindet, ist ein schwacher Trost, aber kein Argument für eine Zulassungsbeschränkung. Denn das Problem bleibt, daß u. U. hier ein exklusiver Zirkel kritische Rechtswissenschaft betreibt auf Kosten der Kommilitonen. Dagegen kann man sagen (ohne das Problem zu lösen): Mit dem Seminar „Verteidigung der Rechtsordnung" wurde inhaltlich ein Stück Studienreform vorweggenommen, und es ist ein nachvollziehbares Modell geschaffen worden.

c) Kollision mit der derzeitigen Organisation der Fakultät und des Instituts

Die Gruppenarbeit ließ uns auf ein banales, aber bedeutsames Problem stoßen: Im räumlichen Bereich einer gesamten juristischen Fakultät steht kein einziger Raum für Arbeitsgruppen von 5, 10 oder 15 Leuten zur Verfügung. Die Arbeitsgruppen mußten sich deshalb behelfen, indem sie in Privatwohnungen, in Dozentenzimmern oder -Vorzimmern tagten.

Weiter erwies es sich, daß das Sekretariat (sprich: eine Mitarbeiterin, zeitweilig noch ein Assistent, der sich um Fragen der Organisation kümmerte) eines Lehrstuhls allein mit der Arbeit an einem solchen Seminar über weite Strecken schon ausgelastet ist.

Diese organisatorischen Schwierigkeiten können wahrscheinlich nicht als technische Pannen abgetan werden, die mit mehr Erfahrung zu vermeiden sind. Je länger das Seminar lief, um so intensiver wurde der Eindruck, daß die organisatorischen Schwierigkeiten bedingt sind von einer nur selten begrifflich klarwerdenden Struktur einer Rechtswissenschaftlichen Fakultät. Rechtswissenschaftliche Leistung wird offenbar lediglich als individuelle Leistung aufgefaßt — beim Studenten ebenso wie beim wissenschaftlichen Mitarbeiter und beim Lehrstuhlinhaber. Dementsprechend gibt es mehr oder weniger gut organisierte und ausgestattete individuelle Arbeitsplätze. Bibliotheken, Schreibtische, Schreibmaschinen, Diktiergeräte, Telefone: alle diese juristischen Hilfsmittel sind nur darauf zugeschnitten, daß eine Person sie für sich benutzt. Wenn einer bestimmt, was andere tun sollen, so leistet die Struktur einer Rechtswissenschaftlichen Fakultät und eines juristischen Seminars noch organisatorische Hilfe. Die gleichberechtigte Zusammenarbeit mehrerer Juristen im Rahmen einer Rechtswissenschaftlichen Fakultät aber scheint bei der Planung oder beim „Werden" einer solchen Fakultät gar nicht vorstellbar gewesen zu sein. Als Konsequenz ist zu fordern: in den Fakultäten müssen sachlich, personell und in der Struktur die Voraussetzungen für die Gruppenarbeit geschaffen werden, um eine Entscheidung der Fakultätsangehörigen zwischen individueller und Gruppenarbeit überhaupt erst zu ermöglichen.

d) Fragen der Seminarscheine (Bewertungsproblematik)

Die Problematik der Leistungsbewertung wurde während des Seminars deutlich und gab Anlaß zu einer Aussprache. Fest stand für alle Teilnehmer, daß ein Leistungsnachweis bei der Teilnahme nur sekundär interessiere. Aber: daß Seminarscheine ausgegeben werden sollten, darüber war auch schnell Einigkeit zu erzielen; sie sind zur Zeit der einzig anerkannte Nachweis aktiver Teilnahme an einer Lehrveranstaltung. Ebenso bestand jedoch Einigkeit über die Schwierigkeit, besser: Sinnlosigkeit einer differenzierenden Bewertung. Eine solche wäre ohnehin nur unter Mitarbeit der Gruppen möglich gewesen — die Teilnehmer waren dagegen. Das Seminar einigte sich mit Prof. Naucke darauf, daß er Scheine mit folgendem Inhalt ausstellte: „N. N. hat an dem Seminar... teilgenommen und einen Beitrag zu dem Unterthema (Gesetzesmaterialien, Literatur bzw. Rechtsprechung) geleistet. Der Beitrag von N. N. ist in eine Gesamtdarstellung des Seminarthemas eingegangen, die nach Möglichkeit publiziert werden soll; eine Benotung der Einzelbeiträge ist daher nicht erfolgt. Der Beitrag von N. N. steht einem Seminarreferat üblicher Art mindestens gleich." Diskutiert worden war auch die Alternative „Der Beitrag entspricht einem überdurchschnittlichen Seminarreferat"; sie wurde aber abgelehnt.

3. Schwierigkeit, den lerntheoretischen Ansatz zu beachten

Auffällig ist, daß eine sorgfältige lerntheoretische oder lernpsychologische Fundierung oder auch nur eine lerntheoretische kritische oder erklärende Begleitung des Seminars unterblieben ist; auch die gruppendynamischen Fragen, die das Seminar aufwarf, sind eher aus zufälligen Anlässen und ohne fachmännische Kenntnis erörtert worden. Deswegen geht dieser Bericht über das Seminar auf diese Fragen auch nicht weiter ein; es ist aber zu hoffen, daß die hier mitgeteilten Fakten später eine Aufarbeitung mit den Begriffen der Lerntheorie und Lernpsychologie ermöglichen.

Bei der späteren Diskussion, warum das lerntheoretische Interesse nicht stärker beachtet worden ist, fand man die sicherlich vorläufige, d. h. der Präzisierung, Ergänzung oder auch der Modifizierung bedürftige Erklärung, daß das Sachthema und die Notwendigkeiten, dieses Sachthema aufzuarbeiten, sich zu sehr aufgedrängt habe; das juristische Sachthema habe die lerntheoretische und lernpsychologische Fundierung verdrängt oder unmöglich gemacht. Ob diese vorläufige Erklärung richtig ist, ob — für den Fall der Richtigkeit — diese Erklärung nur zufällig dieses eine Seminar betrifft oder eine allgemeine Schwierigkeit bei wissenschaftlicher Gruppenarbeit im Bereich der Jurisprudenz andeutet, ist offen.

II. Positive Erfahrungen, Ausgangsbasis für Empfehlungen

a) Methodische Ehrlichkeit
(Offenlegen und Diskussion von Wertungsfragen)

Wenn oben (I. 1. d) auf die Antinomie von Mehrheitsbeschluß und Wertentscheidung hingewiesen worden ist, so muß man auch die positive Kehrseite sehen, die unsere Arbeitsmethode hat. Die Diskussion in der Gruppe oder im Plenum bringt oft überhaupt erst die Wertungen auf den Tisch, die bei Einzelarbeiten so häufig — bewußt oder unbewußt — unterschlagen werden und stillschweigend als Voraussetzung in die Argumentation eingehen. Insofern zwingt die Gruppenarbeit zu größerer methodischer Ehrlichkeit, die Voraussetzungen werden offengelegt, sie werden nachvollziehbar und diskutierbar. Dazu hat auch das in juristischen Arbeiten wenig geübte Verfahren beigetragen, eine Hypothese offen zu bilden, sie nach Erörterung abzuwandeln und dann den Versuch zu machen, die These zu bekräftigen.

b) Ständige Überprüfung eigener Entscheidung durch Diskussion

In der Gruppe besteht auf jeder Station eines Entscheidungsprozesses die Möglichkeit, die einzeln gefällte Entscheidung in der Diskussion zu überprüfen. Irrwege und Sackgassen werden eher erkannt.

c) Die Arbeitsweise ermöglicht die relativ schnelle und erschöpfende Bearbeitung eines aktuellen Themas

Die gewählte Arbeitsweise ermöglicht die relativ schnelle und erschöpfende Bearbeitung eines aktuellen Themas. Zwar hat das „relativ schnell" in unserem Fall 8 Monate bis zur Endfassung und 15 Monate bis zum Erscheinen des Buches gedauert, aber dabei muß man die oben (I) aufgezählten schwierigen Bedingungen und Hemmnisse berücksichtigen.

Ein — bereitwillig akzeptiertes — Verzögerungselement war die Tatsache, daß wir uns in jedem Stadium der Arbeit über die Methode im einzelnen klarwerden und einigen mußten. Entscheidet man sich von vornherein für e i n e bereits im Detail ausgearbeitete Methode, entfällt dies Moment.

Überträgt man die Methode auf die Praxis, so sind Tempo und Effektivität natürlich außerdem steigerbar, wenn für die Beteiligten die „Nebenbeschäftigungen" entfallen oder geringeres Gewicht haben.

d) Die Arbeitsweise ist praxisnäher als das „einsame Forschen"

Die Arbeitsweise in der Gruppe ist außerdem praxisnäher als das „einsame Forschen". Sie kann beispielhaft und lehrreich sein für die Arbeit z. B. in einem Kollegialgericht, im Gesetzgebungsreferat eines Ministeriums, in Parlamentsausschüssen und Expertenkommissionen.

Nach dem unter a bis d Gesagten empfiehlt sie sich ihrer Transparenz und Überprüfbarkeit wegen als Arbeitsweise von Experten in der Demokratie.

e) Diskussion auf relativ hohem Niveau trotz unterschiedlicher Voraussetzungen

Eine Diskussion auf relativ hohem Niveau erwies sich als möglich trotz des verschiedenen Studien- und Wissensstandes der Teilnehmer. Dazu dienten zwei Voraussetzungen, die gegeben waren bzw. beschlossen und eingeübt wurden: 1. Die Bereitschaft und Erwartung der Teilnehmer, auch schwierige Fragen in ihrer Problematik zu erkennen und auszudiskutieren. 2. Das Recht für alle Teilnehmer, an jedem Punkt der Diskussion Einspruch zu erheben, wenn jemand sich „überfahren" fühlte. Mit dem System der Vertagungen (s. o. B. II. 1 a. cc, b) wurde dies perfektioniert.

f) Flexibilität des Seminars

Hervorzuheben ist die Flexibilität des Seminars: Der Tagungsrhythmus ergab sich nicht aus einem starren Plan, sondern aus dem Stand der Diskussion in der *Sache*. Das erforderte natürlich auch erhöhte Flexibilität der Teilnehmer.

g) Kontinuierliche Mitarbeit

Die Teilnehmer haben im großen und ganzen — zu den Schwierigkeiten s. oben I. 2 — kontinuierlich über die ganze Zeit mitgearbeitet und sich bemüht, stofflich nicht nur das eigene Teilgebiet, sondern die ganze Materie zu überschauen.

Das steht im Gegensatz zum üblichen Seminar, in dem jeder Referent in der Regel doch nur einen einmaligen Auftritt hat, wobei immer ein starkes Informationsgefälle zwischen dem Referenten und den Zuhörern besteht.

III. Fazit

Das Gesamtresultat ist unserer Meinung nach positiv. Die Erfahrungen aus unserem Seminar in Form der Gruppenarbeit lassen sich — modifiziert — auf nahezu alle z. Z. an juristischen Fakultäten praktizierten Veranstaltungsformen übertragen. Wenn die große Studienreform noch nicht kommt — „kleine Lösungen" wie diese können sie Stück für Stück vorwegnehmen, inhaltlich und organisatorisch.

Die Studienreform beginnt dort, wo man sie praktiziert, statt zu warten.

Entscheidungsverzeichnis

BGH

1 StR 353/70, v. 8. 12. 70: JZ 71, 267
4 StR 25/70, v. 12. 2. 70: VRS 38, 334
4 StR 5/70, v. 19. 2. 70: VRS 38, 333
4 StR 71/70, v. 28. 4. 70: VRS 39, 95
4 StR 238/70, v. 21. 1. 71: JZ 71, 268

Bay ObLG (Bay)

RReg 1a St 218/69, v. 26. 11. 69: s. Anm. 1
RReg 1a St 267/69, v. 18. 2. 70: BA 70, 400
RReg 1b St 194/69, v. 11. 2. 70: NJW 70, 871; BA 70, 334; MDR 70, 520; JZ 70, 554; VRS 38, 339
RReg 1b St 191/69, v. 15. 4. 70
RReg 2 St 42/70, v. 14. 4. 70
RReg 2a St 248/69, v. 4. 12. 69
RReg 2b St 180/69, v. 3. 11. 69
RReg 2b St 179/69, v. 4. 11. 69
RReg 4a St 195/69, v. 30. 10. 69: MDR 70, 344
RReg 5 St 3/70, v. 25. 3. 70: s. Anm. 1
RReg 5 St 47/70, v. 29. 7. 70
RReg 5 St 60/70, v. 12. 8. 70
RReg 6 St 13/70, v. 27. 4. 70: DAR 70, 210; JZ 70, 511; MDR 70, 779; NJW 70, 1382; JuS 70, 589; VRM 70, 51; VRS 39, 22

Celle (Ce)

1 Ss 358/69, v. 15. 1. 70: NJW 70, 872; MDR 70, 521; VRS 38, 336
2 Ss 43/70, v. 13. 4. 70: DAR 70, 188
3 Ss 321/69, v. 12. 11. 69
3 Ss 371/69, v. 6. 1. 70
3 Ss 26/70, v. 10. 3. 70
3 Ss 33/70, v. 10. 3. 70
3 Ss 12/70, v. 24. 3. 70

Düsseldorf (Dü)

1 Ss 675/69, v. 22. 1. 70: NJW 70, 767
2 Ss 86/70, v. 13. 5. 70: VRS 39, 328

Frankfurt (Fr)

1 Ss 140/70, v. 10. 6. 70
2 Ss 729/69, v. 18. 2. 70: NJW 70, 957
2 Ss 769/69, v. 18. 2. 70
3 Ss 759/69, v. 14. 1. 70
3 Ss 57/70, v. 25. 5. 70

---

[1] In *Rüth*, Die Rechtsprechung des Bayerischen Obersten Landesgerichts in Verkehrsstrafsachen, DAR 70, 263, unter 2 a (Bay 1 a St 218/69) und unter 2 e (Bay 5 St 3/70).

Hamburg (Hg)	1 Ss 146/69, v. 21. 1. 70:	MDR 70, 437
Hamm (Ha)	1 Ss 1268/69, v. 28. 4. 70:	NJW 70, 1384
	1 Ss 63/70, v. 28. 4. 70:	MDR 70, 693
	1 Ss 256/70, v. 16. 7. 70:	DAR 70, 328
	2 Ss 1149/69, v. 4. 12. 69:	VRS 38, 178; BA 70, 479
	2 Ss 185/70, v. 23. 4. 70:	VRS 39, 98; NJW 70, 1614
	2 Ss 104/70, v. 30. 4. 70:	MDR 70, 693
	3 Ss 1254/69, v. 28. 4. 70:	VRS 39, 97
	4 Ss 7/70, v. 25. 2. 70:	NJW 70, 870
	4 Ss 110/70, v. 29. 4. 70:	VRS 39, 330
Kammergericht (KG)	2 Ss 265/69, v. 13. 11. 69:	VRS 38, 176; JR 70, 227
	2 Ss 267/69, v. 13. 11. 69:	VRS 38, 330
Karlsruhe (Ka)	3 Ss 1/70, v. 5. 2. 70:	DAR 70, 132; VRM 70, 56; VRS 38, 332; Die Justiz 70, 162
Koblenz (Ko)	1 Ss 51/70, v. 30. 4. 70:	MDR 70, 693
	1 Ss 52/70, v. 30. 4. 70	
	1 Ss 54/70, v. 25. 6. 70	
	1 Ss 89/70, v. 9. 7. 70	
	1 Ss 91/70, v. 16. 7. 70	
	1 Ss 111/70, v. 23. 7. 70	
Köln (Kö)	1 Ss 401/69, v. 25. 11. 69:	MDR 70, 254; VRM 70, 21; NJW 70, 258; VRS 38, 108; BA 71, 61
	1 Ss 9/70, v. 24. 2. 70:	VRS 39, 27; BA 70, 401
	1 Ss 27/70, v. 17. 3. 70:	MDR 70, 694; GA 70, 314
Oldenburg (Ol)	1 Ss 229/69, v. 28. 10. 69	
	1 Ss 71/70, v. 28. 4. 70	
	4 Ss 445/69, v. 3. 2. 70:	MDR 70, 435; DAR 70, 246; VRM 70, 28; VRS 38, 426
Schleswig (Sl)	1 Ss 356/69, v. 1. 10. 69	
	1 Ss 397/69, v. 1. 10. 69:	s. Anm. 2
	1 Ss 233/69, v. 8. 10. 69:	s. Anm. 2
	1 Ss 533/69, v. 21. 1. 70:	BA 70, 396
Stuttgart (St)	1 Ss 36/70, v. 28. 1. 70	
	1 Ss 82/70, v. 25. 3. 70	
	1 Ss 191/70, v. 29. 4. 70	
	2 Ss 6/70, v. 26. 2. 70	
	2 Ss 406/70, v. 27. 8. 70	
	3 Ss 460/69, v. 9. 9. 69:	Die Justiz 69, 328

---

[2] In *Ernesti/Jürgensen*, Aus der Rechtsprechung der Strafsenate des Schleswig-Holsteinischen Oberlandesgerichts im Jahre 1969, SchlHA 70, 192.

	3 Ss 420/69, v. 15. 9. 69:	Die Justiz 69, 329
	3 Ss 640/69, v. 10. 11. 69:	NJW 70, 258;
		Die Justiz 70, 15
	3 Ss 681/69, v. 22. 12. 69:	Die Justiz 70, 163
	3 Ss 726/69, v. 22. 12. 69:	Die Justiz 70, 93
	3 Ss 20/70, v. 16. 2. 70	
	3 Ss 270/70, v. 1. 6. 70:	Die Justiz 70, 237
		VRS 39, 417
	3 Ss 307/70, v. 22. 6. 70	
Zweibrücken (Zw)	Ss 150/69, v. 20. 11. 69:	DAR 70, 106; BA 70, 330
	Ss 159/69, v. 2. 12. 69:	MDR 70, 434;
		BA 70, 332

Literaturverzeichnis

Baumann: Resozialisierungsgedanke und Rechtsgüterschutz im 1. und 2. StrRG, DRiZ 1970, S. 2.

Behnke: Möglichkeiten zur Bekämpfung der Alkoholtäter im Rahmen des 1. StrRG, BA 1969, S. 336.

Cramer: Das Strafensystem des StGB nach dem 1. April 1970, JurA 1970, S. 183.

Dede: Zur Strafaussetzung bei Trunkenheitsfahrt, MDR 1970, S. 721 ff.

Dreher: Anmerkung zum Urteil des Kammergerichts vom 23. 11. 1969, JR 1970, S. 227 ff.

— Kommentar zum StGB, 31. Aufl. 1970 (Zitierweise: Dreher).

Dünnebier: Die Strafzumessung bei Trunkenheitsdelikten im Straßenverkehr nach dem Ersten Gesetz zur Reform des Strafrechts als Beispiel für die Verwendung der kurzen Freiheitsstrafe, JR 1970, S. 241 ff.

Eickhoff: Das Verhältnis von Fahrerlaubnisentziehung und kurzfristiger Freiheitsstrafe, NJW 1971, S. 272 ff.

v. Gerkan: Verhängung und Aussetzung kurzer Freiheitsstrafen nach dem Ersten Gesetz zur Reform des Strafrechts, Kraftfahrt und Verkehrsrecht 1969, S. 291 f.

Granicky: Die Strafzumessung bei alkoholbedingten Verkehrsstraftaten nach dem 1. StrRG, BA 1969, S. 449 ff.

Hamann: Grundgesetz und Strafgesetzgebung, 1963.

Händel: Das Verhältnis der Geldstrafe zur kurzfristigen Freiheitsstrafe, BA 1970, S. 204 ff.

Horstkotte: Der Allgemeine Teil des Strafgesetzbuches nach dem 1. September 1969, NJW 1969, S. 1601 ff.

— Die Vorschriften des Ersten Gesetzes zur Reform des Strafrechts über die Strafbemessung (§§ 13—16, 60 StGB), JZ 1970, S. 122 ff.

Hohler: Die Strafrechtsreform — Beginn einer Erneuerung, NJW 1969, S. 1225 ff.

Jagusch: Gegen Strafzumessungskartelle im Straßenverkehrsrecht, NJW 1970, S. 1865 ff.

— Strafzumessungsempfehlungen von Richtern im Bereich der Straßengefährdung, NJW 1970, S. 401 ff.

Jescheck: Lehrbuch des Strafrechts, AT, 1969 (Zitierweise: Jescheck).

Knoche: Das Verhältnis der Geldstrafe zur kurzfristigen Freiheitsstrafe, BA 1970, S. 198.

Koch: Die „Verteidigung der Rechtsordnung" bei Verkehrsvergehen, NJW 1970, S. 842.

Kunert: Kurze Freiheitsstrafen und Strafaussetzung zur Bewährung nach den Vorschriften des Ersten Gesetzes zur Reform des Strafrechts, MDR 1969, S. 705 ff.

Krüger: Ahndung der Alkoholdelinquenz nach dem 1. StRG, Blutalkohol 1969, S. 352 ff.

Lackner: Strafrechtsreform und Praxis der Strafrechtspflege, JR 1970, S. 1.

Lackner-Maassen: Kommentar zum StGB, 5. Aufl., 1969 (Zitierweise: Lackner-Maassen).

Martin: Geldstrafe oder Freiheitsstrafe bei Trunkenheit am Steuer? Blutalkohol 1970, S. 13.

Maunz-Dürig-Herzog: Grundgesetz-Kommentar, 1968.

Mezger-Blei: Strafrecht I, AT, 14. Aufl., 1970 (Zitierweise: Mezger-Blei).

Petters-Preisendanz: Kommentar zum StGB, 26. Aufl., 1969.

Quack: Strafvollzug und „Verteidigung der Rechtsordnung" bei Verkehrsdelikten, ZRP 1971, S. 30 ff.

Sax: Grundsätze der Strafrechtspflege, S. 909, in Bettermann-Nipperdey-Scheuner, Die Grundrechte Bd. III, 2. Halbband, 1959.

Schmidhäuser: Strafrecht, AT, Lehrbuch, 1970 (Zitierweise: Schmidhäuser).

Schönke-Schröder: Kommentar zum StGB, 15. Aufl.

Spiegel: Geldstrafe oder Freiheitsstrafe bei Trunkenheit am Steuer? Blutalkohol 1970, S. 28 ff.

Sturm: Die Strafrechtsreform, JZ 1970, S. 81 ff.

Schneble: Die Berliner Empfehlungen, Blutalkohol 1969, S. 433 ff.

— Kann auf eine Freiheitsstrafe bei „Trunkenheit am Steuer" verzichtet werden? SchlHA 1970, S. 47 ff.

Schoene: „ . . . zur Verteidigung der Rechtsordnung unerläßlich", NJW 1970, S. 2241 f.

Welzel: Das deutsche Strafrecht, 11. Aufl., 1969 (Zitierweise: Welzel).

Zabel: Freiheits- oder Geldstrafe bei Alkoholdelikten, Blutalkohol 1970, S. 132 ff.

Printed by Libri Plureos GmbH
in Hamburg, Germany